María Corredera González

La guerra civil española en la novela actual

Ediciones de Iberoamericana

Serie A: Historia y crítica de la Literatura
Serie B: Lingüística
Serie C: Historia y Sociedad
Serie D: Bibliografías

Editado por
Mechthild Albert, Walther L. Bernecker,
Enrique García Santo-Tomás, Frauke Gewecke,
Aníbal González, Jürgen M. Meisel,
Klaus Meyer-Minnemann, Katharina Niemeyer

A: Historia y crítica de la Literatura, 50

María Corredera González

La guerra civil española en la novela actual

Silencio y diálogo entre generaciones

Iberoamericana • Vervuert • 2010

Gedruckt mit Unterstützung des Förderungs- und Beihilfefonds Wissenschaft der VG WORT

Amor de Dios, 1 – E-28014 Madrid
Tel.: +34 91 429 35 22 - Fax: +34 91 429 53 97

Elisabethenstr. 3-9 – D-60594 Frankfurt am Main
Tel.: +49 69 597 46 17 - Fax: +49 69 597 87 43

Iberoamericana Vervuert Publishing Corp.
9040 Bay Hill Blvd. - Orlando, FL 32819

info@iberoamericanalibros.com
www.ibero-americana.net

ISBN 978-84-8489-548-0 (Iberoamericana)
ISBN 978-3-86527-598-1 (Vervuert)

Zugl.: Bergische Universität Wuppertal, Univ., Dissertation 2008

Depósito Legal: B-43.280-2010

Fotografía de la cubierta: Beate Moser

Diseño de la cubierta: Michael Ackermann
Impreso en España por : Book Print Digital S.A.

Este libro está impreso íntegramente en papel ecológico sin cloro.

Índice

Agradecimientos

Este libro es fruto de la tesis doctoral revisada y actualizada que presenté en noviembre de 2008 en el departamento Geistes- und Kulturwissenschaften de la Bergische Universität Wuppertal.

Quiero expresar mi especial agradecimiento a la Prof. Dr. Ursula Link-Heer, por dirigirme y animarme en este trabajo, así como por su confianza de muchos años. A ella debo la idea de realizar un trabajo de investigación sobre la guerra civil y la de esta publicación.

Mi sincero agradecimiento al Prof. Dr. Reinhold Görling, por su disposición y confianza y cuyo libro *Dinamita cerebral* fomentó mi motivación y no pocas ideas.

Gracias también y especialmente a Filipp Henze y a mis hermanas Mercedes e Ignacia, así como a todas aquellas personas que de alguna manera me han apoyado en este trabajo.

Introducción

La guerra civil española (1936-1939) ha sido desde sus comienzos germen e inspiración de una vasta creación literaria que no ha parado hasta nuestros días. Durante los años mismos de la guerra se vivió una explosión de numerosísima producción cultural y literaria que tuvo una dimensión internacional debido al compromiso político de escritores e intelectuales de todo el mundo en favor de la cultura y contra el fascismo[1] y a la llegada de las Brigadas Internacionales; la idea revolucionaria en el bando republicano recogía también el pensamiento de que la guerra podía ganarse no sólo militar, sino moral, intelectual y culturalmente. La popularización de la poesía[2], el teatro, las crónicas, las autobiografías, los reportajes y las novelas junto a los carteles, el cine, la fotografía, etc. no tenía exclusivamente una función artística, sino que formaban parte de la lucha.

La creación literaria no cesó sin embargo con el final de la guerra, sino que ha continuado hasta nuestros días; en los años posteriores a la contienda, el tema de la guerra civil siguió siendo para numerosos escritores y cineastas, tanto extranjeros como españoles, sobre todo aquellos que vivieron en el exilio, motor de materia literaria y testimonial, así como de producción fílmica[3]. En la España

---

[1] Baste recordar el "II Congreso Internacional de Escritores Antifascistas" realizado en Madrid, Barcelona y Valencia en julio de 1937 en la que participaron escritores e intelectuales de todo el mundo.

[2] La creación literaria y esencialmente la poética fue muy intensa especialmente en el bando republicano. Además de romanceros y antologías fueron centenares de folletos y pliegos sueltos los que aparecieron durante la guerra. Junto a voces de poetas renombrados se unieron las de los milicianos anónimos (García de la Concha 1992). Véanse las recopilaciones de Serge Salaün (1971, 1982 y 1985).

[3] Maryse Bertrand de Muñoz (2001: 243) habla de más de mil trescientos libros publicados hasta 1990 en casi todos los países occidentales. Véanse asimismo los tres tomos de la misma autora *La guerra civil española en la novela. Bibliografía comentada* (1982).

Respecto a la producción fílmica destacamos, entre otras, además de las películas basadas en novelas de éxito internacional como *Tierra de España* (1937) basada en la novela *L'espoir* de Malraux, el

de la dictadura franquista, en la transición y en la democracia, la guerra siguió apareciendo como tema principal o telón de fondo en novelas, autobiografías y testimonios[4].

Pero ha sido desde mediados de los años noventa y principalmente desde el cambio de siglo hasta nuestros días cuando el tema de la guerra civil ha vuelto a ocupar de nuevo en España un destacado lugar en la cultura y la opinión pública, con enorme y especial resonancia en la literatura. La novela de Javier Cercas, *Soldados de Salamina*, obtuvo rápidamente un gran éxito y una buena acogida de un público lector y, poco después, un enorme eco en el cine[5], o el éxito de la novela de Dulce Chacón, *La voz dormida*, son una muestra de la presencia de este tema en la memoria colectiva de los españoles. Se vuelve a hablar con gran ímpetu del pasado de la guerra y sus consecuencias, de la dictadura y la represión franquista.

Las editoriales, por su parte, facilitan y fomentan la proliferación de publicaciones, reeditando novelas y testimonios y otorgando premios[6]. Se publican por primera vez libros de fotografías inéditas y los museos presentan a su vez exposiciones de fotografías y documentos anclados y sepultados en los archivos históricos[7]. Los historiadores ofrecen nuevas dimensiones y perspectivas de trabajo

---

éxito en Francia de la película documental *Mourir à Madrid* (1963) de Frédéric Rossif, *Canciones para después de una guerra* (1971) y *Caudillo* (1977) de Basilio Martín Patino, *Las largas vacaciones del 36* (1976) de Jaime Camino, *Las bicicletas son para el verano* (1984) de Jaime Chávarri, *La vaquilla* (1985) de Luis García Berlanga, así como *¡Ay, Carmela!* (1990) de Carlos Saura, *Tierra y Libertad* (*Land and Freedon*) (1995) de Ken Loach o *Libertarias* (1996) de Vicente Aranda. Compárese en Reig Tapia (1999).

[4] De las publicadas en España, recordamos, como ejemplos de posguerra, *Nada* de Carmen Laforet (1944), *La colmena* de Camilo José Cela (1951), y como novelas plenamente de guerra, la trilogía de José María Gironella, *Los cipreses creen en Dios* (1953), *Un millón de muertos* (1961), *Ha estallado la paz* (1966) o *San Camilo, 1936* (1969) de Camilo José Cela. Asimismo recordamos *Las guerras de nuestros antepasados* de Miguel Delibes escrita en 1975, *Días de llamas* de Juan Iturralde en 1979 reeditada en el 2002 o *Herrumbosas lanzas* de Juan Benet escrita entre 1983-1986.

[5] La novela fue llevada al cine con el mismo título por el director David Trueba. A partir del éxito de dicha novela, Javier Cercas cuenta entre uno de los escritores jóvenes españoles con más popularidad.

[6] Por ejemplo, las novelas comentadas en este trabajo han sigo galardonadas con los Premios de Novela Fernando Lara, Premio Nacional del Libro o Premio Nacional de la Crítica.

[7] Entre otros, del Archivo Histórico de Salamanca destacan exposiciones de fotografía de guerra de autores como Robert Capa, Kati Horna o Albert-Louis Descamps. De gran interés es la exposición *Propaganda en guerra* que se presentó en Salamanca de noviembre de 2002 a enero de

hasta ahora apenas tratadas, donde además de los archivos históricos tienen en cuenta y valoran el testimonio y la historia oral. Paralelamente han sido numerosas las publicaciones en los últimos años de historiadores y periodistas que han tratado el tema de la represión franquista, las cárceles y los campos de trabajo del franquismo[8]. Los medios de comunicación —como los diarios, la radio y la televisión— han colaborado a su vez a la difusión asidua de informaciones y publicaciones sobre temas que afectan especialmente a la memoria de los vencidos, como son el exilio, el maquis, los niños de la guerra o las mujeres en la represión, presentando testimonios, reportajes y documentales[9]. Por último, se debe subrayar la labor de asociaciones como la que desde el año 2000 está llevando a cabo la Asociación para la Recuperación de la Memoria Histórica (ARMH), en la

2003 dentro de los actos como Ciudad Europea de la Cultura. En el Museo del Prado tuvo lugar de junio a setiembre de 2003 la exposición *Arte protegido. Memoria de la Junta del Tesoro Artístico de la guerra civil*, primera muestra de fotografía en las que se refleja la historia del edificio y de sus colecciones durante los años de la contienda. De noviembre de 2003 a abril de 2004 el Museu d'Història de Catalunya presentó la exposición, *Les presons de Franco*, mediante imágenes y ambientación temática del lugar, el final de la guerra y la victoria franquista, los diferentes caminos que llevaban a la prisión y la tortura.

[8] Si por un lado han aumentado considerablemente las investigaciones y las publicaciones críticas sobre el franquismo y la represión franquista —que en parte exponemos más adelante en este trabajo—, por otro, hemos de mencionar también el enorme éxito del libro profranquista *Los mitos de la guerra civil* (2003) de Pío Moa, un ex miembro del grupo terrorista GRAPO, que a pesar de no ser tenido en cuenta por los historiadores y la escasez de datos comprobables que utiliza en sus libros ha conseguido una venta de 200.000 ejemplares. Fenómeno que comenta el historiador Francisco Espinosa: "Escribe lo que alguna gente quiere leer. Es inasumible. Parece experto en todo. En unos meses escribe un libro sobre Franco, pero esa gente prefiere leer eso que un trabajo de años de investigación de Paul Preston [...]". Citado en "Treinta años sin Franco", *El País*, 20/11/2005.

[9] De entre la cantidad de artículos publicados en la prensa, destacamos entre muchos otros los siguientes aparecidos en *El País Semanal*: Dulce Chacón: "Las mujeres que perdieron la guerra", nº. 1353, 1/9/02; Juan Cruz: "Exiliados de la guerra civil", nº 1355, 15/9/02; Número completo con once artículos, "Exilio. La historia olvidada", nº 1372, 12/1/03; Jordi Soler: "La misión del embajador Rodríguez", nº 1410, 5/10/03; Lola Hueto Machado: "Regreso al exilio", nº 1425, 18/1/04.

Basado en testimonios, véanse las películas-reportajes de Pedro Carvajal (2002): *Exilio. El exilio republicano español*; Jaime Camino (2002): *Los niños españoles de la URSS*. Referente al maquis, cabe resaltar el reportaje dirigido por Javier Corcuera (2002): *La guerrilla de la memoria. Recuerdo de los maquis*.

Con motivo de los 70 años de la guerra civil y para recordarla, *Informe Semanal* de RTVE ha emitido una serie de documentales sobre la guerra desde julio a diciembre de 2006.

búsqueda y recuperación de los restos de las víctimas de la guerra y la represión franquista; las excavaciones de fosas comunes, identificación y exhumación de cadáveres fusilados en masa y enterrados en campos, caminos y cunetas por toda la geografía española, ha abierto un debate público de alcance internacional que cuestiona el interés y la responsabilidad política y moral de partidos políticos y el gobierno hacia las víctimas de la guerra civil y del franquismo. De este modo, estas víctimas han pasado, de pertenecer a la memoria silenciada y oprimida de testigos y familiares, a formar parte de la memoria pública de los españoles. Las calaveras y los esqueletos encontrados en estas fosas comunes son la evidencia de que existe hoy un pasado oculto, enterrado, esperando a que sean las nuevas generaciones, como los nietos de estas víctimas[10], las que se hagan cargo hoy de dar voz a ese pasado silenciado y lo hagan formar parte del presente.

En el siguiente trabajo exponemos el análisis de cinco novelas publicadas entre 1999 y 2003[11] que ilustran, cómo, por un lado, la guerra civil española sigue viva en la memoria colectiva de los españoles y, por otro, cómo sigue existiendo un pasado silenciado, dormido, que es necesario despertar; asimismo estas novelas ilustran cómo son hoy las generaciones que no participaron en la guerra las encargadas de traer al presente ese pasado silenciado, reprimido, en peligro de desaparecer en el olvido, y entablar una relación de diálogo con él.

Aunque las novelas que a continuación presentamos estén escritas por dos generaciones de escritores distintas, Jorge Semprún y Juan E. Zúñiga eran niños o adolescentes durante la guerra, Antonio Soler, Dulce Chacón y Javier Cercas, nacieron en pleno o tardofranquismo, estas novelas están escritas bajo la mirada de la distancia de la guerra. En la pluralidad de temas que estas obras presentan existe una línea de coincidencia en todas ellas: la de presentar la guerra y sus consecuencias teniendo en cuenta a las víctimas de la guerra.

Los protagonistas de las novelas que exponemos son mujeres y hombres todos ellos víctimas de la guerra. No se trata aquí de cuestionar el valor o el coraje individual de estos personajes, sino el de subrayar su condición de víctima. Las mujeres encarceladas, vejadas y fusiladas que nos presenta Dulce Chacón en *La*

[10] La ARMH comenzó por la búsqueda en el año 2000 que Emilio Silva llevó a cabo para encontrar los restos de su abuelo republicano fusilado y enterrado en una fosa común con otros trece hombres más en octubre de 1936 en Priaranza del Bierzo (León) de donde era natural (Emilio Silva 2003).

[11] Por orden de publicación: *El nombre que ahora digo* (1999) de Antonio Soler; *Soldados de Salamina* (2001) de Javier Cercas; *La voz dormida* (2002) de Dulce Chacón; *Capital de la gloria* (2003) de Juan Eduardo Zúñiga y *Veinte años y un día* (2003) de Jorge Semprún.

voz dormida, aunque muestren su coraje en la cárcel y en su apoyo al maquis, son mujeres víctimas de la represión franquista, consecuencia de la victoria de la guerra. Igualmente, las mujeres de *Capital de la gloria* que nos presenta Juan E. Zúñiga están atrapadas en un Madrid sitiado y bombardeado. En *El nombre que ahora digo*, Antonio Soler nos acerca a la vida, ilusiones, deseos y miedos de un grupo variado de artistas, toreros, cupletistas, que al cargo del sargento Solé Vera y vistos desde la mirada defectuosa del joven Sintora, son prisioneros del laberinto y del monstruo de la guerra.

Las novelas *Soldados de Salamina* de Javier Cercas y *Veinte años y un día* de Jorge Semprún, al contrario que las novelas anteriores, parten de dos fusilamientos en el bando de los sublevados cometidos por los defensores de la República para dar luego un giro de perspectiva y presentarnos cómo estos últimos acaban siendo víctimas de la victoria de Franco, mientras se nos muestran las contradicciones y complejidades que crea una guerra. En *Soldados de Salamina*, el conocido escritor y uno de los fundadores de la Falange, Rafael Sánchez Mazas, tras conseguir escapar ileso de un fusilamiento en masa por los republicanos es descubierto por un soldado miliciano que le perdona la vida. En el entramado de ambigüedad que presenta la novela, el rol de víctima termina sin embargo para este falangista con la victoria de Franco, mientras que el miliciano, un sin nombre que —como uno de aquellos soldados de Salamina— sigue luchando por la democracia y la libertad hasta la liberación de París, acaba siendo víctima del olvido. También Semprún toma como germen de su novela la muerte del más joven de los hermanos Avendaño, una familia de terratenientes que es víctima de la euforia colectiva de los jornaleros explotados desde generaciones, para presentarnos el cambio de roles tras el franquismo. Tras la victoria, la familia Avendaño vuelve a hacer víctimas a los jornaleros y sus descendientes, haciéndoles representar año tras año aquella muerte. Pero no sólo son víctimas los jornaleros y sus descendientes, sino los descendientes de los opresores. Las generaciones posteriores se dan cuenta de que sobre ellos pesa no sólo la herencia de la violencia de la guerra, sino la de la opresión y la represión de la dictadura franquista.

Para presentarnos hoy el pasado de estas víctimas los autores de las siguientes novelas se basan en la memoria. La memoria es la que les posibilita rescatar del pasado, partes de la historia que han quedado silenciadas, arrinconadas por la historia dominante de los vencedores. De ahí, la importancia de los testimonios y que traten en primer lugar de hacer hablar a las víctimas, a los testigos de las víctimas o a los que los recuerdan. Pero también la memoria hace presente ese pasado y rellena en el presente, vacíos, partes de la historia que están hoy ausentes.

Por eso, los temas que tratan estas novelas atañen principalmente a los vencidos, porque la memoria de los vencidos es al mismo tiempo la memoria de los oprimidos. Una memoria sometida por los vencedores a ser silenciada públicamente, en peligro, cuando se extingan los testigos y sus transmisores, de perderse en el olvido. Una memoria obligada al silencio, primero, por los esfuerzos de los vencedores de eliminarla, imponiendo mediante la tergiversación de la historia y la propaganda la memoria oficial de los vencedores. Los vencidos no sólo fueron condenados tras la guerra y durante el franquismo al exterminio físico y psíquico, sino condenados mediante el terror y el miedo a ocultar la palabra. Un miedo que se oculta tras el silencio y que dura hasta nuestros días. Dulce Chacón en su entrevista con mujeres supervivientes explica cómo todavía en el año 2000 estas mujeres siguen sintiendo miedo a hablar[12]. Emilio Silva, en el proceso de exhumación de las fosas, ve cómo la gente sigue aún hoy teniendo miedo a los antiguos asesinos[13]. En segundo lugar, el silencio continuado en la transición; continuar silenciando por un "nunca más" a la guerra[14] fue el coste que tuvieron que pagar los vencidos en favor del progreso hacia la democracia.

Actualmente existe un proceso inverso al de la transición y las primeras décadas de democracia respecto al silencio de las víctimas; hoy se busca conocer el pasado mediante los testimonios de los testigos, de ahí la importancia que tiene la palabra del testigo. Estamos viviendo en los límites de una época, en la que están desapareciendo los testigos y las víctimas de la guerra civil y la represión franquista, y donde en breve no quedarán testigos que puedan rememorar sus experiencias personales, y sus recuerdos tendrán que sustentarse en la memoria de las nuevas generaciones. Halbwachs (1997/1968) subraya la concepción de la memoria como construcción social; si el acto de recordar es personal, individual, el recuerdo se mantiene y se apoya colectivamente. Por eso los recuerdos se presentan en relación a otros individuos y son éstos y en función del presente, los que ayudan a construir los recuerdos comunes que se encuentran vivos en los miembros de un grupo. De esta forma, según Halbwachs, mientras exista o se

[12] Dulce Chacón: "Las mujeres que perdieron la guerra", *El País Semanal*, nº 1353, 1/10/2002.

[13] "Nosotros hemos estado excavando en pueblos donde bajábamos de un monte al sitio donde dormíamos, y por el camino estaba el asesino en un banquillo sentado tranquilamente, tomando el sol. Y los hijos al asesino le siguen teniendo miedo" (Walther L. Bernecker 2005: 182).

[14] Véase Paloma Aguilar (1996).

mantenga viva la memoria entre los miembros de un grupo, no se puede hablar aún de historia[15].

El testigo es la puerta directa hacia el pasado y el único que con su testimonio ayuda a reescribir la historia y muestra una verdad que no se encuentra ni en los monumentos ni en los archivos históricos. De ahí la imposibilidad de callar[16] o la obligación de hablar del superviviente, porque además, él es el portador a las nuevas generaciones de una experiencia trágica personal y a un tiempo colectiva de la época que le tocó vivir. El testimonio del testigo es por tanto el legado más verdadero que las viejas generaciones dejan a las nuevas. Jorge Semprún e Irme Kertész, supervivientes del Holocausto, tienen claro que con la desaparición de los supervivientes desaparece con ellos el recuerdo vivo de lo que fue un campo de concentración nazi: "Dentro de poco tiempo —escribe Semprún— cuando todos habremos muerto, nadie podrá intentar rememorar, para compartirlo, o lanzarlo en desafío al mundo en torno, el recuerdo de una explanada de concentración [...]. Ya nadie podrá atreverse a describir lo que fueron las enfermerías de los campos, los barracones de inválidos [...] lo que fue el olor de los hornos crematorios [...]"[17]. Kertész (1998/2002: 82-83) habla a su vez del compromiso como superviviente de contar sus experiencias: "Es la situación de un sobreviviente [de la suya] que ha querido sobrevivir y, es más, explicar su supervivencia; que perteneciendo a la última generación de los sobrevivientes, tiene claro que con la desaparición de dicha generación también desaparece del mundo el recuerdo vivo del holocausto"[18].

Pasarán años y olvidaremos todo repite Zúñiga en los relatos de *Capital de la Gloria* y expresa con ello su preocupación por el peligro que se corre con el paso del tiempo de olvidar el pasado si no se recuerda. Por eso nos trae a la memoria

---

[15] En España se ha extendido el término de "memoria histórica" en los medios de comunicación y en los investigación, para expresar indistintamente lo concerniente tanto a la memoria colectiva como a la historia. Compárese por ejemplo en Aguilar (1996).

[16] "Schweigen ist unmöglich" es el título a las conversaciones entre Jorge Sempún y Elie Wiesel (1995/1997) en relación a sus experiencias en el campo de concentración nazi y a su función en la transmisión de éstas como sobrevivientes.

[17] En Jorge Semprún: "El Holocausto", *El País Semanal*, nº 1478, 23/01/2005, p. 34.

[18] No es casual por tanto la proliferación de reportajes en los últimos tiempos que la televisión alemana ofrece sobre el tema del Holocausto y la Segunda Guerra Mundial, la importancia que se otorgan también a los testigos, e incluso la construcción en Berlín del Holocaust-Mahnmal (2005) en recuerdo de los judíos de toda Europa, víctimas del Holocausto.

un pasado tan importante entonces como fue la defensa de Madrid, la *capital de la gloria*, en alusión y recuerdo a los versos de Rafael Alberti. Pero lo que nos recuerda no son hazañas gloriosas, sino las esperanzas y deseos frustrados de una capital que lucha contra el fascismo. Nos recuerda a mujeres desorientadas, edificios fríos y destruidos por las bombas, a brigadistas que dan su vida en la lucha por la libertad y contra el fascismo. Lo que Zúñiga nos presenta es la esperanza de una gloria frustrada, un Madrid que se va destruyendo y descomponiendo hasta su rendición.

La novela de Jorge Semprún gira fundamentalmente en función de la memoria oral. En la transmisión oral del relato de un asesinato de guerra convertido en representación expiatoria tras la guerra y en asociación con la pintura de Judit y Holofernes de Artemisia Gentileschi, se mezclan tanto las memorias de los testigos y sus descendientes como la de todos aquellos que oyeron contar la historia de aquella muerte del 36, así como la memoria del autor. Semprún se basa en la memoria para hacer presente mediante el recuerdo de aquella muerte el sometimiento y la opresión de los vencidos durante el franquismo, así como el rol secundario destinado a la mujer, pero también para recordarnos las primeras revueltas estudiantiles de 1956, una disidencia contra el régimen surgida de la generación de los hijos de éste, que apostaron ya entonces por la reconciliación entre vencedores y vencidos.

Dulce Chacón no oculta el haberse basado principalmente en testimonios orales para escribir su novela y es consciente de que lo que ella cuenta son historias censuradas y silenciadas que nunca se contaron. *La voz dormida* despierta no sólo voces, sino recuerdos que atañen al sufrimiento y a las penalidades que tuvieron que vivir las mujeres encarceladas y condenadas a ser fusiladas, más que por hechos, por sospechas; tratadas como no seres, víctimas en "estado de excepción", sometidas a espacios sin leyes[19]. Chacón nos recuerda por ello la injusticia cometida a las llamadas simbólicamente "Trece Rosas". Trece mujeres jóvenes, algunas menores de edad, que fueron, tras la victoria de Franco, encarceladas y poco después

[19] La idea del "estado de excepción" en el que viven los oprimidos proviene originariamente de la Tesis VIII en "Über den Begriff der Geschichte" (Sobre el concepto de historia) de W. Benjamin (1974: 697). Reyes Mate (2006, pp. 152-153) señala la vigencia del estado de excepción y recuerda el símbolo en que se ha convertido Guantánamo, como ejemplo de un "espacio sin ley donde van a parar los sospechosos de querer hacer daño al imperio" y donde los detenidos son "un claro ejemplo de una situación en la que la ley se retira del sujeto, pero no para liberarle sino para privarle de su condición de tal".

fusiladas, por sospecha de haber pertenecido a las Juventudes Socialistas Unificadas (JSU). Una injusticia extensible a todos aquellos que durante la guerra y en el franquismo fueron torturados, encarcelados y fusilados.

Los narradores de las novelas de Cercas y Soler, al carecer de igual modo de una memoria personal sobre la guerra por no haberla vivido, acuden a la memoria de los que sí la vivieron, familiares o testigos, para conocer y saber verdaderamente lo que pasó en ella. El narrador de *Soldados de Salamina* se alimenta de la memoria oral de los testigos que le dan información sobre el fusilamiento fallido de Rafael Sánchez Mazas. Asimismo, el narrador de *El nombre que ahora digo* acude a la memoria del personaje de Sintora basándose en los cuadernos que éste escribió durante y después de la guerra. Estos narradores descubren mediante la memoria de los otros, un pasado que o bien les parecía remoto y sin conexión con la realidad o bien les había pasado desapercibido. El narrador de *Soldados de Salamina* atraído primero por la historia de guerra casi novelesca del falangista Rafael Sánchez Mazas se da cuenta de que el pasado de la guerra civil sigue vivo en la memoria de los testigos y sus descendientes y de que pertenece al presente. Por su parte, el narrador de la novela *El nombre que ahora digo* se encuentra en los escritos del joven Sintora con seres inmortalizados en su memoria fotográfica, rostros y voces que como fantasmas vuelven tiempo después a su memoria; seres a los que les tocó vivir y luchar en la guerra y que representan a su vez a todos aquellos otros rostros y seres sin nombre que vivieron los horrores de la contienda y que, sin dejar nombre ni huella, desaparecieron en la bruma de la guerra.

Lo relevante de estas novelas es que, además de traer al presente aspectos de la historia casi desconocidos o ciertamente olvidados, se fijan en personajes sin nombre, desconocidos o anónimos, para resaltar así la importancia de todos aquellos que lucharon y dieron su vida por unas ideas de libertad truncada, y presentar de esa forma, cómo hoy, que existe la libertad, nadie los recuerda. Estas novelas ponen por tanto nombre y rostro a los olvidados de la historia.

Pero, ¿por qué y para qué recordar hoy ese pasado silenciado y a sus víctimas? Las víctimas son hoy las huellas, los rastros de una injusticia pasada. Conocer el pasado teniendo en cuenta a las víctimas no sólo nos ayuda a entender y conocer cómo está hecho el presente, sino que nos ofrece la posibilidad de influenciarlo y transformarlo para que esas injusticias no vuelvan a ocurrir, al mismo tiempo que se reconoce la deuda presente de las injusticias pasadas. Según Reyes Mate (2003: 24) la memoria es justicia porque puede abrir expedientes —las de las víctimas que sufrieron injusticias pasadas— que la ciencia histórica ha dado por archivados y reivindicar sus derechos pendientes; mientras el olvido por el contrario añade a la injusticia pasada su archivo, de tal forma que desaparezca en las conciencias de las generaciones presentes la reivindicación de unos derechos pendientes[20].

Pero cabe preguntarnos si solamente el hecho de hacer memoria, de recordar a las víctimas o las injusticias pasadas sirve para aprender de la historia, para que una guerra no vuelva a repetirse o para prevenir nuevas o similares víctimas e injusticias. Tzvetan Todorov nos recuerda que "el culto a la memoria no sirve siempre a las buenas causas" y observa que a veces recordar lleva a lo que él llama "abusos de la memoria", por lo que cuestiona en algunas situaciones la importancia del olvido. Muchos de los genocidios y matanzas recientes del siglo XX se cometieron en nombre de un recuerdo del pasado. En Ruanda o en las guerras de Yugoslavia no dejaron de recordar las matanzas pasadas de las que unos y otros habían sido víctimas, explica, entre otros ejemplos, Todorov. El haber sido víctimas no es por sí mismo un antídoto que prevenga convertirse en agresor, aunque las nuevas víctimas no tengan nada que ver con los antiguos agresores. Nos recuerda también las atrocidades que en 1958 los franceses cometieron con los argelinos, y el comienzo generalizado de la tortura en Argelia, a pesar de que los recuerdos de la Segunda Guerra Mundial estuvieran vivos en Francia; o en Israel, el recuerdo de haber sido víctimas del Holocausto no evita por su parte que los israelíes practiquen una política no irreprochable referente a los derechos de existencia y dignidad de sus vecinos palestinos (Todorov 2002: 193-205).

Los ejemplos que expone Todorov nos muestran el mal uso de la memoria o lo difícil que resulta aprender del pasado y evitar que sea el odio y la venganza el alimento de la memoria.

La reivindicación de la memoria de la guerra civil que, en nuestro caso, hacen las víctimas y sus descendientes al gobierno y a la opinión pública están muy lejos por el contrario de querer encender viejos resquemores o enfrentar a víctimas y verdugos, como subrayan una y otra vez los descendientes y familiares afectados, sino que reivindican la memoria de las víctimas de la guerra para que se haga algo de justicia respecto a las injusticias pasadas, y se les devuelva su dignidad, así como para que las injusticias pasadas no vuelvan a repetirse[21]. De la

---

[20] La misma idea nos la encontramos en otros de sus ensayos, *La razón de los vencidos* de 1991 y *Medianoche en la historia* de 2006.

[21] Tanto las víctimas como los descendientes de éstos o las diferentes asociaciones coinciden con la idea de que el objetivo de desenterrar a los muertos y darles sepultura no es para avivar enfrentamientos

misma manera, las novelas que a continuación presentamos nada tienen que ver con querer exaltar a uno u a otro bando, porque no tratan de recuperar ni reconstruir un pasado glorioso, no tratan de añoranzas ni utopías, sino de dar rostro, voz y nombre a los olvidados, a las víctimas de la guerra, en definitiva, tratan de hacer memoria para que se tenga en cuenta el pasado de la guerra, y se conozcan los sufrimientos que hombres y mujeres vivieron en nombre de la libertad, al mismo tiempo que ayudan a recuperar su dignidad.

Pero para construir un presente teniendo en cuenta las injusticias pasadas, es decir, a los silenciados de la historia, que es igual que tener en cuenta a los derrotados de la guerra, se ha de interrumpir, en el sentido de Walter Benjamin[22], el *continuum* de la historia, el legado histórico de los vencedores y opresores transmitido de generación en generación, y traer al presente la representación del *discontinuum* que es la historia de los oprimidos. Por eso apela Benjamin el derecho que las generaciones pasadas tienen sobre el presente, y la responsabilidad de las generaciones actuales respecto a las pasadas[23].

Cuando el actual gobierno español y los diferentes partidos políticos discutían recientemente[24] sobre si se debía llevar a cabo o no y en tal caso qué y cómo la propuesta de ley para la reparación moral de las víctimas del franquismo y de la guerra civil, así como la retirada de los todavía existentes símbolos franquistas y falangistas de los lugares públicos de España, lo que se debatía en realidad era cómo continuar pensando la historia reciente de España, qué memoria es la que ha de seguir dominando; se debatía en definitiva si continuar con la tradición histórica de los vencedores, la impuesta por el franquismo y la continuación de la transición, y anular de este modo la verdad histórica y el derecho de las víctimas a que se les haga justicia, o crear una nueva tradición que recoja las injusticias pasadas, la de los vencidos y oprimidos y se reconozca la deuda y la responsabilidad de las generaciones actuales respecto al pasado. Lo que sería, con esta

---

pasados, sino para devolver a las víctimas la dignidad perdida y poder honrar públicamente la memoria de sus muertos. Si bien también hubo víctimas en el bando de los sublevados, la mayoría de éstos fueron desenterrados y honrados durante el franquismo. Véase por ejemplo en "La memoria recuperada" de *Informe Semanal* (2006).

[22] W. Benjamin en "Problem der Tradition I. Die Dialektik im Stillstand" ("El problema de la tradición I". La dialéctica en suspenso) (1974: 1236).

[23] Véase la Tesis II de W. Benjamin (1974: 694). Compárense igualmente en Reyes Mate (2006).

[24] Véanse, entre otros, los diferentes artículos de *El País* de los días 24/06/2006; 9/12/2006; 14/12/2006; 15/12/2006; 23/03/2007 y 20/04/2007.

última opción, entender que la democracia y la libertad que disfrutamos hoy los españoles, está construida también con el sufrimiento de las víctimas del franquismo y de la guerra civil.

En España, son hoy las generaciones que no participaron en la guerra y especialmente las más jóvenes, como los autores de las novelas o todos aquellos jóvenes que colaboran en las excavaciones de fosas comunes, las que han entablado ya una relación de responsabilidad respecto al pasado y a las víctimas de la guerra. La responsabilidad de desenterrar las calaveras[25], que junto con los restos de sus objetos, denuncian la verdad silenciada de la historia. Pero la responsabilidad pasa también por hacer parte del presente un pasado desconocido, y como en las novelas, dar la palabra a voces silenciadas por la historia, apoderándose mediante la ficción narrativa de la verdad de su memoria. Por eso, la conexión de compromiso que entablan las generaciones actuales con el pasado es una relación de diálogo, porque traen al presente partes de la historia que han quedado interrumpidas, que están ausentes en nuestro presente.

Sin duda, en la relación de las generaciones actuales con el pasado existen factores como son el distanciamiento temporal y el generacional que les incita a mirar hacia el pasado de forma más objetiva y a reflexionar sobre él.

El sociólogo Karl Mannheim cuando abarca en 1928 el problema generacional tiene en cuenta el aspecto social y el componente dinámico que se da en todo acontecer social. Mannheim presenta dos fenómenos, la *conexión generacional* y la *situación generacional*[26] para comprender el alcance generacional. La primera corresponde, más que a una presencia circunscrita en una determinada unidad socio-histórica, a la *participación* en el *destino común* de esa unidad histórico-social[27]. La segunda, es un fenómeno por el que se caracteriza nuestra sociedad y que se define por factores impuestos por la naturaleza debido al cambio

---

[25] La ARMH (Asociación de la Recuperación de la Memoria Histórica) se está encargando de esta labor; pero también las novelas que presentamos "desentierran calaveras" en sentido más metafórico, ya que no sólo tratan de recuperar la memoria de los muertos, sino de tener en cuenta a los olvidados de la historia.

[26] Hemos optado por la traducción de "situación" (*Lagerung*) en relación a las traducciones española de Ignacio Sánchez de la Yncera, *El problema de las generaciones*, Reis. CIS, nº 62, Valencia, 1993 y francesa de Gérald Manger et Nia Perivolaropoulou, *Le problème de générations*, Nathan, Paris, 1999. Esta traducción de *situación* no equivale en ningún momento al concepto marxista de "situación de clase".

[27] Mannheim explica que la *conexión generacional* es más determinante que la *situación generacional*, ya que esta última sólo contiene posibilidades potenciales y sólo la continuidad cronológica

generacional[28], en los que destaca la importancia de la continua renovación generacional en la que —mientras desaparecen los anteriores portadores— se dan paso a los nuevos portadores de la cultura, lo que produce una nueva forma de distanciamiento hacia el objeto, y una nueva forma de asimilación y desarrollo de lo existente, del mismo modo que para estos nuevos portadores deja de ser relevante aquello que antes lo era en la historia, crean, por otro lado, una revisión nueva y necesaria respecto a lo acumulado. Asimismo tiene en cuenta cómo se conforman los recuerdos en la sociedad y la necesidad de reflexión en aquellos modelos donde las experiencias pasadas se realizan de forma inconsciente; también apunta la necesidad constante de su transmisión y el carácter continuo del cambio generacional.

El hecho de que las generaciones que no vivieron la guerra, a diferencia de las que la padecieron, no lleven consigo ninguna experiencia personal de ella, y tampoco arrastren rencores y odios personales, les facilita ver y revisar de forma más objetiva el pasado de la guerra y sus consecuencias; pero también este aligeramiento de peso del pasado puede hacer que estas generaciones se desentiendan de él más fácilmente y miren más al futuro que al pasado. Algo así ocurrió en la transición española, en la que el protagonismo de una generación joven fue decisivo en el proceso de transición político que facilitó el consenso pacífico[29] hacia la democracia.

En las generaciones de escritores que tratamos, tanto el factor generacional como temporal crean un distanciamiento de objetividad respecto al pasado, como se puede observar en las novelas de Zúñiga y Semprún que, aunque pertenezcan a una generación más vieja que Cercas, Soler o Chacón, escriben desde la misma perspectiva social y temporal que éstos.

---

no es suficiente para constituirla, ya que necesita haber nacido en un mismo contexto histórico-social —en la misma comunidad de vida histórica— y en el mismo periodo de tiempo. Lo que no quiere decir es que todos los individuos que estén en una *situación* generacional común participen de la *conexión* generacional. También habla de *unidades generacionales* que surgen dentro de una conexión generacional, como formas diferentes de vincularse que tiene un grupo concreto, así como la aparición de *estilos* o *entelequias generacionales* (Mannheim, 1964/1928: 542).

[28] Lo que Mannheim (1964: 529-530) llama “Grundtatsachen im Gebiete der Generationserscheinungen” (“Hechos básicos en el campo de los fenómenos generacionales”).

[29] A pesar del éxito positivo de la transición el consenso no se dio sin límites y deficiencias, como el silencio y el olvido al que fueron relegadas las víctimas de la guerra y la represión franquista, como hoy se reivindica. Como tampoco se dio libre de muertes como exponemos en el capítulo primero.

En las generaciones más jóvenes existe además una necesidad de conocer y dar a conocer la verdad histórica y poder reflexionar sobre ella, por eso, se acercan a los testigos y echan mano de sus testimonios para conocer de forma directa sus experiencias. La entrevista se convierte así en la relación de diálogo más directa entre dos generaciones con experiencias tan distintas; una que vivió la guerra y otra ajena a ella. Por eso, por ejemplo, el joven narrador de la novela *Soldados de Salamina* busca desesperadamente a los testigos que ayudaron a esconder al conocido falangista, pero su obsesión llega por conseguir entrevistarse con el único testigo posible que le puede desvelar lo que verdaderamente ocurrió, Miralles, el miliciano anónimo que le salvó la vida. Las entrevistas a su vez que graba el historiador americano Leidson y que éste entrega al narrador son material imprescindible en la novela *Veinte años y un día*. La autora Dulce Chacón al final de la novela da las gracias a una larga lista de testigos que "le regalaron su historia". En estas novelas, la verdad de los testimonios prevalece sobre la de los archivos. Los testimonios oficiales que aparecen en *La voz dormida* o en *Veinte años y un día* deconstruyen incluso la historia oficial. Como nos lo demuestra la novela de Chacón, para muchos la guerra no terminó el 1 de abril de 1939 como afirma el parte oficial de guerra del Generalísimo; ni los partes oficiales de la policía en *Veinte años y un día* muestran la verdad de las revueltas estudiantiles del 56.

Por último se debe subrayar el rol que estas generaciones de escritores y narradores tienen como espectadores del pasado[30], observadores objetivos, convertidos al mismo tiempo en responsables de transmitir y actualizar la palabra del testigo. Si el sobreviviente, como indica Imre Kertész (2002/1998: 83), "no es más que el portador radicalmente trágico de la condición humana", el oyente crea una relación de complicidad con el testigo, que le convierte en transmisor de su memoria, incorporándose, según Mate (2003: 183) "como un eslabón en la cadena que recuerda una injusticia".

[30] Véanse Benjamin (1974); Reyes Mate (2003).

CAPÍTULO I

El silencio de los vencidos

Entender hoy el interés y el compromiso que las generaciones actuales muestran por el pasado reciente de España, el debate político y público sobre la memoria histórica, la necesidad de hacer justicia y devolver la dignidad a las víctimas de la guerra civil y la represión franquista, supone tener en cuenta, no sólo el exterminio comenzado en la guerra civil por el bando de los sublevados a los defensores de la República, sino la violencia y la represión que éstos ejercieron durante el franquismo con el objetivo de eliminar tanto al vencido como su memoria; los mecanismos de adoctrinamiento y socialización del Nuevo Estado, así como la tergiversación de la historia a la hora de imponer la historia oficial de los vencedores. Pero también se han de tener en cuenta las consecuencias surgidas *a posteriori* del llamado *pacto del silencio* o consenso político que llevó a cabo la élite española en el proceso de transición a la democracia. En definitiva, se trata de conocer en qué términos se impuso la memoria dominante para entender la dimensión que los silencios tienen en la historia reciente de España.

El silencio de los vencidos en la dictadura

Para los derrotados el fin de la guerra no correspondió a la llegada de la paz, sino al comienzo de una Victoria que no reconoció a los vencidos y cuyo vencedor "nunca accedió a ningún tipo de reconciliación que mitigara los efectos de la derrota de los perdedores y volviera a integrarlos en la vida nacional", escribe Santos Juliá (2004: 288). Los vencedores continuaron con un proceso de eliminación y exterminio del vencido que habían empezado en la guerra. El mito de las dos Españas[1], recuperado en la guerra como discurso del destino trágico de

[1] La idea de las "dos Españas" es anterior a la guerra civil de 1936; tiene sus raíces a finales del siglo XVIII y se pone de manifiesto con la guerra de la Independencia (1808-1914), con la invasión francesa en 1808 y la caída del "antiguo régimen" (la monarquía absoluta y la sociedad jerarquizada).

España, de enfrentamiento entre dos bandos, fue instrumentalizado por los sublevados para crear el mito de la España verdadera, auténtica, católica, contra la anti-España, una España que no era la verdadera, sino extranjera, bárbara, laica y a la que había que erradicar. La Iglesia, que apoyó desde el primer momento el golpe de estado de Franco contra la Segunda República democráticamente establecida y que bendijo la guerra como Cruzada, colaboró también a convertir la metáfora de las dos Españas en el mito de la España salvadora y redentora contra la anti-España encarnadora del mal (Juliá, 2004: 287 y ss.). Con la victoria, este discurso se instituyó y se impuso como memoria oficial y dominante, no sólo para dar sentido o legitimación a una guerra de Cruzada redentora; al origen divino de Franco, "Caudillo por la gracia de Dios", o a la unidad de España, "una, grande y libre", sino para legitimar la violencia de un Estado, basado en ella desde sus orígenes, y conseguir perpetuarse en el poder. La paz de la victoria conllevaba en su médula la violencia y la represión dirigida principalmente al exterminio del vencido que era el portador de una ideología que había que erradicar. "La violencia —explica Moreno— fue un elemento estructural del franquismo. La represión y el terror subsiguiente no eran algo episódico, sino el pilar central del nuevo Estado, una especie de *principio fundamental del Movimiento*" (en Juliá 1999: 277).

Con el fin de legalizar la violencia hacia el vencido, los vencedores crearon leyes y tribunales, donde el acusado carecía de los mínimos derechos y garantías de llegar a tener un juicio justo. Encarcelados y torturados antes de ser acusados, eran víctimas de procesos irregulares en tribunales ilegítimos, que les condenaba no por la justificación de los hechos, sino por la sospecha. Por ejemplo, con la Ley de Responsabilidades Políticas del 9 de febrero de 1939 con carácter retroactivo a 1934 podía ser acusado cualquiera por contribuir a la "subversión de todo orden de que se hizo víctima a España" o por oponerse al "Movimiento Nacional"[2]. Una ley tan genérica como ella podía llevar a cualquiera a los Tribunales, bien por haber tenido alguna relación con el gobierno de la República o bien por oponerse al golpe de estado contra ella; pero además tenía carácter póstumo, con lo cual la responsabilidad podía recaer sobre sus herederos; la represión por tanto era extensible a todos los miembros de la familia. Los Consejos de

Véanse Ramón Menéndez Pidal (1982, 5ª ed./1947); Julián Marías (1985); Reinhold Görling, (1986), Santos Juliá (2004).

[2] Véanse en Núñez Díaz-Balart y Rojas Friend (1997: 28) que incluye el artículo textual; Moreno (en Juliá 1999).

Guerra de Justicia Militar y los Tribunales regionales de Responsabilidades Políticas llevaron de esta forma a la cárcel, a los campos de concentración o al paredón a miles de vencidos, acusados la mayoría por delito de "adhesión a la rebelión"; las ejecuciones arbitrarias y "paseos" al principio de la posguerra y la "ley de fugas"[3], aplicada esta última a huidos y guerrilleros, se encargaron del resto.

Al vencedor se le concedió un poder sobre el vencido que servía de campo de cultivo para los ajustes de cuentas o las rencillas personales, o para acusar por miedo a ser acusado; pero ante todo, se le concedió el derecho y el deber de ejercer la violencia física y moral sobre el vencido; el deber de erradicar el mal que había atentado contra la España sana y verdadera. Bastaba la sospecha de que alguien fuera "rojo", es decir, pudiera tener antecedentes liberales, socialistas, comunistas, marxistas, anarquistas o se le considerara masón, para que rápidamente fuera llevado ante los Consejos de Guerra, encarcelado y prontamente fusilado tras asistir a uno de tantos juicios sumarísimos sin posibilidad de garantías y derechos[4]. Esto supuso el hacinamiento en las cárceles, el llamado "turismo carcelario"[5], las condiciones de falta de higiene, el hambre y las consecuentes epidemias a los que fueron destinados hombres y mujeres con o sin sus hijos pequeños, sin enumerar las numerosas palizas y las torturas sistemáticas, humillaciones y vejaciones a las que se les sometía.

La reclusión como los trabajos forzados, además de ser castigos que servían para apartar de la sociedad a seres que consideraban inferiores, enfermos y portadores del mal, y hacer de ellos sujetos obedientes y sumisos al Nuevo Estado, eran, junto a los fusilamientos, las formas más violentas de la represión para infundir el terror y el miedo.

Pero el fusilamiento y la cárcel no fueron las únicas formas de represión y depuración contra el vencido; el exilio fue una forma más, que llevó al destierro a cerca de un millar de hombres, mujeres y niños a salir de España con la esperanza de salvar sus vidas, encontrando muchos de ellos, en vez de la libertad,

---

[3] Según Moreno "La práctica del "paseo" y de la "ley de fugas" tuvo en la posguerra dos apuntes escandalosos: los meses de abril y mayo de 1939 y el que puede calificarse como "trienio del terror" (1947-1949)", en (Juliá 1999: 333).

[4] Sobre el funcionamiento de los Consejos de Guerra, véase Núñez Díaz-Balart y Rojas Friend (1997).

[5] Se llamaba *turismo carcelario* al traslado de los presos de una cárcel a otra por toda española, en condiciones inhumanas y de forma repentina y sin avisar ni a los a los mismos presos ni a sus familiares. Véanse entre otros los testimonios de las víctimas en T. Cuevas (1985); R. Vinyes (2002); R. Vinyes, M. Armengou, R. Belis (2002).

campos de concentración y en vez de la vida, el exterminio nazi[6]. Entre los exiliados había un buen número de intelectuales, escritores, profesores que fueron acogidos principalmente en el continente americano. Los que se quedaron en España fueron a su vez víctimas de la represión laboral, ligada a la depuración de los empleos públicos, siendo la más drástica la que se llevó a cabo contra el personal docente, dando de baja a buen número de catedráticos universitarios y destituyendo especialmente a los maestros liberales con la finalidad de erradicar las influencias liberales, la filosofía krausista o la Institución Libre de Enseñanza[7]. Los vencidos fueron condenados así a la marginación y al silencio. Humillados y estigmatizados, fueron apartados de la sociedad, convertidos en ciudadanos sin espacio y sin derechos; algunos prefirieron huir al monte, e incluso convertirse en *topos*[8], antes que caer en manos de los vencedores. El vencido necesitaba la ayuda o caridad del vencedor, avales, salvoconductos, certificados de buena conducta para sobrevivir en una España de posguerra cuya cotidianidad eran el hambre y el frío, las cartillas de racionamiento y el consecuente estraperlo, la prostitución y las enfermedades. Una España aislada y autárquica, dominada por la censura y dividida por vencedores y vencidos, por ricos y pobres, por el centro de las ciudades y la periferia de los suburbios y las chabolas[9]. La economía y la cultura —explica Richards (1999)— estaban ligadas al ambiente de violencia que invadía el país, siendo fruto del castigo de los vencedores, así como el aislamiento que vivió España en los años de posguerra y la autarquía económica facilitaron la labor de depuración de los vencidos.

El terror y el miedo impuestos por la violencia y la represión atentaban contra la dignidad y la memoria de los vencidos, quedando sometidos a guardar si-

---

[6] Sobre la vida en el exilio véanse los testimonios en Martín Casas y Carvajal Urquijo (2002/2003) y el correspondiente DVD, el número de *El País Semanal* dedicada al Exilio del 12 de enero de 2003 o en Moreno (Juliá 1999). Entre otros, véase también José Luis Abellán (1976 y 1988).

[7] Los empleados públicos para demostrar su afinidad al régimen, debían presentar declaraciones juradas de su actuación antes y después del 18 de julio necesitando testigos avales que pudieran testificar la declaración. Lo que dio lugar al "expediente depurador", del que dependía la confirmación del cargo hasta el traslado o la definitiva inhabilitación del servicio (Moreno, en Juliá 1999: 361 y ss.).

[8] Eran aquellos que por miedo a la represión se lapidaban en los muros de sus casas. Sobre la vida de los *topos*, véase el libro basado en testimonios de Torbado y Leguineche, *Los topos*, publicado en 1977.

[9] Véanse las novelas *La colmena* (1951) de Camilo José Cela y *Tiempo de silencio* (1961) de Luis Martín-Santos.

lencio sobre su pasado. El temor a ser delatados, a ser ejecutados, a que sus familias fueran estigmatizadas y sus hijos discriminados en una sociedad de vencedores, les obligó a silenciar su pasado, a ocultar sus ideas, a no poder llorar públicamente a sus muertos. El silencio fue principalmente una manera más del exterminio de la identidad del vencido y del dominio del vencedor hacia éste; obligarles a silenciar su pasado era hacerles interiorizar su culpa y su condición de inferioridad. Como apunta Richards (1999: 7) "La violencia implicaba la eliminación brutal de cualquier opción alternativa: el exterminio de la memoria y de la historia".

En las zonas rurales o pequeñas, el silencio significaba también la sumisión hacia el vencedor, ya que era difícil ocultar un pasado que todos conocían[10]. El silencio era así una expresión de la interiorización del miedo, convirtiéndoles en clandestinos de sí mismos. Juan Goytisolo escribe en un artículo en 1975, pocos días después de la muerte de Franco, que las consecuencias del sistema fueron "un verdadero genocidio moral" al que todos, en algún momento de su vida, se vieron abocados "con el dilema de emigrar o transigir con una situación que exigía de nosotros silencio y disimulo, cuando no el abandono suicida de los principios, la resignación castradora, la actitud cínica y desengañada"[11].

Sin embargo, en el derecho de las víctimas a sobrevivir, el silencio fue también una forma de supervivencia que les posibilitaba no sólo seguir viviendo, sino poder seguir conviviendo con sus asesinos. Como escribe Vázquez Montalbán (1986: 33) sobre los españoles de los años cuarenta: "Hablaban mucho. Callaban mucho. Pero por encima de todo trataban de olvidar todo lo que podían, y el derecho a la supervivencia de sus razones para sobrevivir era la mejor terapéutica automática que podían aplicarse". Los efectos terapéuticos de un olvido inmediato ante una experiencia traumática son también conocidos por víctimas del Holocausto. Jorge Semprún cuenta que escribir en el año 45 o 46 sobre su experiencia en el campo hubiera sido contraproducente porque le hubiera mantenido "en la memoria de la muerte"[12].

---

[10] Jordi Gracia apunta que, a diferencia del anonimato posible en las ciudades, en las zonas rurales era imposible escapar al dominio del alcalde, del cura y del amo de las tierras, y el mostrar —como se ven en las fotografías de la época— su obediente adhesión y sumisión a los mismos (en Gracia y Ruiz Carnicer, 2004: 20).

[11] Artículo recogido en Gracia y Ruiz Carnicer (2004: 432).

[12] Interviú de Ricardo Cayuela a Semprún (2003: 39). Quince años después Semprún escribió *El largo viaje* en 1963 sobre su experiencia en el campo de concentración nazi y en 1995 escribe *La*

Sin embargo, el hecho de que tuvieran que silenciar su pasado no significa que olvidaran, que borraran de sus memorias sus experiencias de guerra o de posguerra o las de sus familiares o conocidos. Basta que se les haya dado la oportunidad, como nos lo demuestran los numerosos testimonios aparecidos recientemente[13], para darnos cuenta de la necesidad que tienen los testigos o los hijos de éstos de contar su historia y de que ésta sea escuchada.

Mientras que por un lado el régimen franquista depuraba y relegaba al silencio a los vencidos, por otro, constituía una memoria dominante mediante procesos de adoctrinamiento y socialización de un discurso consustancial a la legitimación de la guerra. Desfiles de la Victoria y ceremonias religiosas protagonizados por Franco, la Iglesia, el Ejército y la Falange que se difundían a través del NO-DO[14]; conmemoraciones ritualizadas de dos comienzos: el de la guerra, el 18 de julio, y el de la victoria, el 1° de abril; placas recordatorias en las iglesias a los "Caídos por Dios y por la Patria", monumentos, nombres en las calles y símbolos religiosos y falangistas, estaban destinados a perpetuar la memoria de los vencedores, y a recordar quiénes podían hablar y quiénes debían callar. La Iglesia católica que colaboró en la maquinaria depuradora física y psíquica del vencido, presente en los paseos, ejecuciones y torturas, siempre omnipresente, absorbió según Santos Juliá (2006: 32) "todos los cultos que de otra forma hubieran derivado hacia la creación de un ceremonial estrictamente civil de tipo fascista y / o militar" y se encargó del control de la moral pública y de reconvertir mediante el inculcamiento del sufrimiento, la resignación y la culpa, a los hombres y las mujeres vencidos, que poseídos por el mal de una ideología, debía reeducarlos en la ideología social y política del Estado[15].

---

escritura o la vida donde reflexiona entre la dicotomía de mirar hacia el futuro y elegir la vida o la escritura, que era lo mismo que mirar al pasado y confrontarse con la muerte.

[13] En los últimos años han proliferado los testimonios de las víctimas recogidos sobre todo tanto en DVD como en libros y que abarcan testimonios tanto del exilio como de brigadistas, guerrilleros o represaliados en las cárceles franquistas. Por la gran audiencia en la radio que tuvieron, destacamos los testimonios recogidos en Elordi (2003), libro basado en el programa *Hoy por Hoy* emitido por la radio en la cadena Ser entre setiembre de 2001 y junio de 2002.

[14] No-Do era el Noticiario Documental de información oficial que durante el franquismo se transmitía obligatoriamente en las salas de cine antes de que comenzara la película. Hay que tener en cuenta la gran importancia del monopolio propagandista de este noticiario, si pensamos que en España existía una enorme censura en todos los sentidos, y además se carecía de cualquier otro medio audiovisual —que no fuera el cine— como la televisión.

[15] Matilde Eiroa señala que las órdenes religiosas y Acción Católica "no sólo llevaban la palabra de Dios, sino la ideología social y política del Estado. Inculcando las consignas de disciplina, servicio,

Los vencidos se vieron así obligados a participar en la socialización que les imponían sus vencedores, a colaborar en la vida moral y religiosa de la comunidad, mientras que sus hijos crecían entre la dicotomía de una memoria privada transmitida en el ámbito familiar y el adoctrinamiento de una historia hecha por los vencedores, manipulada y tergiversada en narraciones maniqueas de los mitos de una historia oficial que recuperaba un pasado glorioso, heroico, imperial y católico; que ensalzaba la figura del Caudillo y el "Glorioso Alzamiento"[16], y que recordaba siempre al "ausente", José Antonio, y la revolución pendiente, mientras que propagaba sentimientos de odio hacia la República, presentándola como ilegítima y culpable de la guerra, y a los republicanos como rebeldes, invasores extranjeros, enemigos y traidores de la patria, y repetía los crímenes del "terror rojo" y la persecución religiosa. De este modo, se tergiversó o dejó de existir una parte de la Historia de España; los exiliados tampoco existían o eran enemigos conspiradores del Estado y los maquis no eran guerrilleros sino bandoleros. No debe extrañar por tanto que durante todo el franquismo se siguiera propagando que Guernica fue bombardeada por los mismos republicanos e incendiada por sus mismos habitantes, sin nunca llegar a reconocer la intervención alemana[17].

Incluso el discurso propagandístico oficial de la paz que se fue estableciendo en el franquismo y que culminó con la conmemoración de "25 años de Paz" convirtiendo el "Desfile de la Victoria" en "Desfile de la Paz", giraba en torno a la función legitimadora de la guerra. La guerra había sido necesaria para lograr la paz anhelada (Aguilar, 1999). El discurso de Carrero Blanco[18] que dio el año de la conmemoración de los 25 años de paz en el Valle de los Caídos sigue siendo fiel a los discursos de principios de posguerra, proclamando la necesidad que hubo de la guerra, que no fue la de una guerra civil sino de liberación contra el poder extranjero y de Cruzada en favor de la Fe Católica que se encontraba en peligro del poder ateo[19]. Lo que nos muestra que nunca hubo un verdadero sen-

---

obediencia, sumisión, paciencia, resignación se pretendía mantener inamovible a una población castigada (citado por Moreno, en Juliá 1999: 355).

[16] Glorioso Alzamiento era la forma del franquismo para expresar el golpe de Estado, y el Glorioso Movimiento Nacional o Guerra de salvación para referirse a la guerra.

[17] Esta propaganda se inculcaba además en los textos de la enseñanza. Véanse Carolyn P. Boyd (en Juliá 2006); Aguilar (1999).

[18] El almirante Carrero Blanco, designado por Franco como su continuador del régimen, fue asesinado en 1973 en un atentado por el grupo terrorista ETA.

[19] El discurso está citado en Aguilar (1999: 121).

timiento en la élite de la dictadura franquista de crear una paz que tuviera en cuenta a los vencidos, sino que por el contrario, seguía siendo una paz bélica, de dominio del vencedor y sumisión del vencido.

La consolidación del discurso oficial como memoria dominante, respecto a la necesidad de la guerra como la del logro de la paz en la dictadura franquista, dio sus frutos, si pensamos, según la información que aporta Paloma Aguilar (en Juliá 2006: 303), que la mitad de los entrevistados en 1995 consideraba que Franco pasó a la historia como un gobernante que garantizó la paz durante 40 años, teniendo en cuenta que el número se había reducido con el tiempo y que eran las generaciones más jóvenes las que mostraban una visión más negativa del franquismo.

A la pregunta si la sublevación del 18 de julio de 1936 fue un golpe de Estado carente de toda justificación o un alzamiento justificado por la situación del caos, el periódico conservador *El Mundo* en julio de 2006[20] presenta un titular que dice: "La mitad de los españoles rechaza el golpe del 18 de julio".

¿Debemos entender con ello que la otra mitad está a favor del "alzamiento justificado"? En el subtítulo y también en el primer párrafo del mismo artículo se explica sin embargo que es un tercio de los consultados los que piensan que fue "un alzamiento fundamentado por la situación de caos y violencia".

El artículo pretende sin duda mostrar cómo la justificación de la guerra —en terminología franquista— sigue dividiendo a los españoles 70 años después de la guerra y tras años de consolidación democrática, (aunque en la realidad se trate no de la mitad sino de un tercio de los encuestados).

Relevante es sin duda el hecho de que todavía exista en España una parte importante de la sociedad continuadora del legado de la memoria dominante del franquismo y por lo tanto veladora de la memoria de los vencedores. El hecho por ejemplo de que el archivo privado de Franco no sea aún de propiedad estatal, sino que esté dirigido y velado por la Fundación Francisco Franco, presidida por la hija de Franco y subvencionada por el Ministerio de Cultura para "proyectos archivísticos", destinada a difundir la memoria de Franco, así como "los logros y realizaciones llevadas a cabo por su Régimen"[21], es un ejemplo evidente de la preservación y transmisión histórica de la herencia de los vencedores.

---

[20] Se trata de 1.000 encuestas del diario *El Mundo* (18/7/2006).

[21] En este tiempo gobernaba el PP con mayoría absoluta. En el BOE de fecha de 21 de agosto de 2003 <www.fnff.es/datos.htm>.

Asimismo, el Valle de los Caídos, el monumento más significativo del franquismo destinado a perpetuar la memoria de Franco y la de los "Caídos por Dios y por la Patria", cuenta todavía hoy, en el sentido de Walter Benjamin, más como documento de cultura que como de barbarie[22]. Convertido principalmente en lugar turístico donde se muestra la grandeza de una construcción, continúa siendo el lugar donde se honra cada 20 de noviembre la memoria de la muerte del dictador[23]. Mucho menos se tiene presente la memoria de los trabajadores presos que lo construyeron, en su mayoría víctimas de la violencia y de la represión del franquismo, en qué condiciones y por qué llegaron a trabajar en el mausoleo memorístico de su verdugo y el significado histórico y humano de tanta barbarie.

El silencio continuado en la transición

La valoración positiva de la transición española se debe al logro de haber conseguido llevar a cabo de forma pacífica el paso de un régimen dictatorial a una democracia. Un éxito que la ha convertido en modelo ejemplar de poder ser imitado por otros países con procesos similares (Aguilar 2001: 3). Sin embargo, a pesar de que en el año 2000 el 86% de los españoles se mostrara orgulloso del proceso de transición española (Aguilar 2006: 303) son cada vez más los investigadores y periodistas[24] que cuestionan el llamado *pacto del olvido* que se dio en el proceso de transición española como resultado del consenso político entre las élites del régimen de Franco y de la oposición. Un consenso que abogó por olvidar el pasado, hacer "borrón y cuenta nueva" (Aguilar 1996; 2001) como ca-

[22] Véase la Tesis VII de W. Benjamin (1974: 696).

[23] Por ejemplo, el 20 de noviembre de 2006 según informaciones de *El País* (20/11/2006) asistieron, en la Basílica del Valle de los Caídos, a la misa convocada por la Fundación Francisco Franco entre 4.000 y 4.500 personas; el año anterior, que se cumplía el 30 aniversario de su muerte, alcanzaron las 6.000 personas (*El País*, 20/11/2005). Esta ceremonia ha ido acompañada con regularidad con manifestaciones profranquistas-falangistas, con banderas e insignias donde se canta el "Cara al sol" brazo en alto. Exaltaciones que han sido prohibidas con la puesta en vigor de la Ley de la Memoria Histórica.

[24] Desde los años ochenta se viene cuestionando la ejemplaridad de la transición tanto en ensayos como en trabajos académicos. Para una relación más exhaustiva véase Aguilar (2001:3). Desde el cambio de siglo hasta nuestros días han aumentado las críticas respecto al olvido de las víctimas, llegando a formar parte incluso del debate político, como tratamos más abajo.

mino para lograr un futuro democrático y reconciliar a esas "dos Españas" que arrastraban el mito de irreconciliables.

Las leyes de amnistía, primero la de 1976 y especialmente la amnistía total de 1977, esta última aprobada por el nuevo gobierno democrático y el apoyo de la gran mayoría de los grupos parlamentarios, debían servir —según los políticos que lo acordaron— de reconciliación nacional, una forma de cerrar el pasado, enterrar y superar cuarenta años de dictadura y acabar con las divisiones de la guerra (Aguilar 2001: 22). La reconciliación entre vencedores y vencidos de la guerra se entendía como uno de los requisitos imprescindibles para la convivencia en paz y en democracia y cuenta como uno de los logros de la transición. En el año 2002, escribe el titular del diario *El País*[25], el Rey, con motivo del 25° aniversario de su proclamación, "recuerda emocionado la reconciliación de las "dos Españas" en las primeras Cortes democráticas". Los deseos de una reconciliación nacional, así como la idea de una amnistía general y la decisión de olvidar la guerra, no eran, según Juliá[26], algo nuevo de la transición. Baste recordar las protestas estudiantiles de febrero de 1956 contra el régimen de Franco y el *Manifiesto Universitario* donde aparece la idea de la reconciliación. Esa misma idea la expresa el PCE en el Comité Central en junio del mismo año.

Si la amnistía de 1977 se entendió como puente hacia el futuro, con esta ley quedaron por un lado impunes las violaciones de los derechos humanos durante la guerra y de la dictadura y por otro, y en consecuencia, las víctimas quedaron relegadas al silencio y al olvido. Si bien se sacaron de las cárceles a todos los presos políticos de la oposición, también se canceló cualquier posibilidad de pedir responsabilidades políticas al régimen de Franco y poder llevar ante los tribunales[27] a

---

[25] Este artículo recoge así los recuerdos que el Rey expresa ante las cámaras de TVE: "Fue impresionante porque la sensación que tuve, es que ahí estaban las dos Españas y que era una España reconciliada. Fue impresionante" (*El País*, 20/11/2000).

[26] Según Juliá (1999: 234), estuvo ya presente en la guerra en el presidente de la República, en pequeños círculos de exiliados, y más tarde en grupos de la oposición de los años cuarenta y cincuenta, así como desde 1962 entre los reunidos en Múnich y el nuevo movimiento obrero.

[27] Por primera vez, un año después de aprobada la Ley de Memoria Histórica y casi setenta años después de terminada la guerra, el juez de la Audiencia Nacional Baltasar Garzón abre una causa contra Franco y otros 44 miembros de su gobierno por "crímenes contra la Humanidad". Esta imputación ha vuelto a abrir un intenso debate público y jurídico sobre el tema. Un intento fallido al no ser apoyado ni por el fiscal jefe Javier Zaragoza ni por los magistrados de la Audiencia Nacional alegando, entre otros, la incompetencia de Garzón para investigar los crímenes de la guerra civil y del franquismo, la prescripción de los crímenes y la amnistía de 1977. Véanse por ejemplo los artículos publicados en *El*

cualquier persona, "autoridad, funcionarios y agentes del orden público", que hasta entonces hubiera cometido delitos contra el ejercicio de los derechos de las personas[28].

La guerra se convirtió en aquellos momentos en discurso de reconciliación entre los españoles. Según Paloma Aguilar, la presencia de la guerra en la memoria de los españoles y el miedo a que volviera a repetirse una guerra sirvieron en la transición para olvidar, borrar y enterrar un pasado que no debía volver a repetirse. Esta autora escribe: "se opta por alejar y silenciar la historia y por perseguir un único objetivo: *nunca más* consentir una nueva contienda fratricida" (Aguilar 1996: 31). La guerra se presentaba entonces acorde a la idea de reconciliación como una "tragedia nacional", una "locura colectiva", cuya responsabilidad y culpabilidad debía repartirse entre todos y en la que ambos bandos cometieron atrocidades por igual. Se trataba de construir un futuro dejando atrás los lastres de un pasado sangriento, del que la mayoría de la sociedad española había quedado consciente o inconscientemente, física o moralmente dañada; olvidar ese pasado atroz y traumático adquirió en la transición una dimensión de reconciliación.

Pero, ¿se trataba realmente de una verdadera reconciliación la que hizo posible el encuentro y el diálogo entre los seguidores de Franco y la oposición? Independientemente de que existiera un enorme deseo por parte de la mayoría de la sociedad española de vivir en democracia y libertad —aunque tal vez incluso por ello—, la reforma política que dio paso a la democracia fue impulsada por el legado del franquismo y dirigida por ministros que pertenecían al gobierno de la dictadura. Los deseos del Rey de conseguir una reconciliación nacional y de ser el rey de todos los españoles fueron la garantía personal de iniciar un proceso de transición a la democracia, que a su vez le han garantizado la permanencia de la corona y el reconocimiento de los españoles[29]. "Sabía desde el principio —comenta el Rey— que una monarquía no podía ser sin que fuera democrática" (*El País*, 20/11/2000).

País, 20/10/2008; 29/10/2008; 31/10/2008; 19/11/2008; 28/11/2008. Por el contrario, este intento de condenar por vía judicial los crímenes del franquismo ha llevado al juez Garzón a tener que declarar ante el Tribunal Supremo por la denuncia interpuesta del pseudo sindicato ultraderechista Manos Limpias acusándole de prevaricación. Véase *El País*, 08/09/2009.

[28] Compárense Aguilar (2001: 20-21); Juliá (2006: 51-53).

[29] La valoración positiva del Rey y su reconocimiento se deben también a su intervención contra el golpe de Estado del 23F en 1981.

Relevante en el proceso de transición fue sin duda el hecho de que fuera una nueva generación que no había vivido la guerra, de la que surgieron los protagonistas principales que llevaron a cabo la transición. La generación conocida como "generación del príncipe", en la que destacan el mismo Rey, Adolfo Suárez presidente del gobierno o Felipe González, líder de la oposición[30]. La necesidad de la presencia de gente joven que llevara a cabo el proceso de transición era algo que el Rey tenía claro: "Se trataba —dice éste— de pasar de una época ya superada a una época nueva, con todos sus imponderables, sus peligros y sus esperanzas. Para tener éxito en ese paso se necesitaban hombres nuevos, jóvenes, hombres con una visión del mundo que sus mayores no osaban tener. Bajo el franquismo, el poder absoluto lo ejercía un anciano. Y yo, el recién llegado, era un hombre joven, con una necesidad casi física de rodearme de hombres jóvenes como yo" (citado en Prego, 1995: 478).

Desaparecidos aquellos que antaño hicieron o se vieron confrontados en la guerra, esta joven generación encargada de continuar con el legado de España no estaba marcada por el sufrimiento directo de la contienda ni por posibles odios y rencores personales al carecer de experiencias propias de la misma —Felipe González, por ejemplo, creció en plena dictadura—, lo que les permitía más fácilmente, aligerados del peso del pasado, olvidar los aspectos sangrientos de la guerra, mirar hacia el futuro y conseguir una política de diálogo entre aquellos que años atrás representaban a los bandos confrontados.

Pero esas ventajas que ofrecía esta generación, puesta la mirada en el futuro, se saldó también con el coste del olvido de las víctimas de la guerra y de la dictadura franquista. Aquellos que habían dado y sacrificado su vida por la libertad fueron relegados al silencio y al olvido. El consenso de la élite política convirtió la transición según Gregorio Morán (1999) en el reino de los desmemoriados, donde la memoria histórica quedaba oculta y dilapidada y los errores del pasado quedaban delegados a la sociedad, sin que los líderes políticos asumieran su parte de responsabilidad. Ni la reconciliación ni el pacto del olvido significó y tuvo las mismas consecuencias para los antiguos vencedores y vencidos, ni la reparación económica ni moral fue la misma para ambos.

[30] Los políticos más jóvenes que llevaron a cabo la transición nacieron entre 1930 y 1945. El Rey, Juan Carlos de Borbón y Borbón, nació en el exilio en Roma en 1938. Adolfo Suárez nació en 1932, es por tanto un niño de la guerra y de la posguerra. Felipe González nació en 1942 en plena posguerra (Victoria Prego 1999).

Mucho más lejos quedaban aún, tanto por parte del gobierno como de la oposición, los deseos de revisar el pasado, exigir responsabilidades políticas al gobierno de Franco o crear juicios que esclarecieran la verdad histórica. Porque el gobierno reformador de la transición había surgido del seno del gobierno franquista, aunque fueran ahora otras las personas claves con cargos decisivos —afines al Rey y con impulso democrático— y porque tampoco se desmanteló ni la justicia ni las Fuerzas Armadas[31]. Por el contrario, existía el continuo temor a que estas últimas junto con el apoyo de los franquistas más ortodoxos desestabilizaran el proceso de transición o dieran un golpe de estado[32] y pusieran así no sólo en peligro la democracia, sino la monarquía; por parte del gobierno había también una cierta incertidumbre de las posibles exigencias o reacciones de la oposición, mientras que por su parte, ésta, la oposición, trataba de no quedarse al margen del cambio político y sus peticiones giraban más en torno al marco del reconocimiento y las libertades políticas y sindicales que de pedir responsabilidades pasadas o demandar los derechos de las víctimas que debían quedar canceladas mediante la amnistía. Según Felipe González, la ausencia de un planteamiento de responsabilidades políticas al régimen franquista se debía a que "había una relación de fuerzas que era absolutamente negativa para la oposición" y de lo que se trataba era de ver cuánto cedía el gobierno. "Entonces —dice Felipe González— no sólo no se planteaba la posibilidad de pedir responsabilidades a los franquistas por los desmanes de la dictadura, sino que por lo que se luchaba todavía en aquel momento era por garantizar la libertad de los que habían estado sometidos a las restricciones de la dictadura. [...]. Y no nos olvidemos: cuando aquí se llega a la decisión primera de amnistía, no se está amnistiando a los responsables del régimen. ¡De lo que se está hablando es de la amnistía de las responsabilidades políticas de la oposición al régimen! Los herederos de la situación anterior [...] no pensaban en si se iban a pedir responsabilidades a los franquistas. ¡Estaban pensando en cuánto soltaban la cuerda y cuánto había de perdón para los malos, que seguíamos siendo nosotros!" (citado en Prego 1995: 584-585). De lo que no habla Felipe González es de la amnistía total, ésta ya firmada en 1977 tras las primeras elecciones libres después de más de cuarenta

[31] Sobre la continuación de la Justicia y el Ejército en la transición véase Aguilar (2001).

[32] Los secuestros del GRAPO del presidente del Consejo de Estado y representante de la ultraderecha franquista, Antonio María de Oriol en 1976 y del teniente general Emilio Villaescusa, presidente del Consejo Supremo de Justicia Militar en 1977, consiguieron momentos de duda y peligro en el proceso de transición por el temor constante a que las Fuerzas Armadas reaccionaran con un golpe de Estado ante los atentados terroristas de extrema izquierda, del GRAPO y de ETA, así como también reaccionaran a la legalización del PCE (Prego, 1995).

años, en la que si bien se amnistía a todos los presos políticos del franquismo —incluso los relacionados con delitos de sangre— se amnistía también a todos los responsables de la guerra y la dictadura franquista[33], y el consecuente silencio y olvido al que fueron relegadas las víctimas en la democracia. Una anotación similar hace Victoria Prego (1995: 667) sobre la ruptura total con el pasado que hace el Partido Comunista en la democracia: "Está claro que el Partido Comunista —escribe Prego— ha cedido en muchos de los puntos que habían constituido hasta ahora su identidad política a cambio de conquistar un puesto desde el que caminar, como todos los demás, por la vía de la reforma defendida por el gobierno y respaldada masivamente por el pueblo español. Otra cosa es que por esta vía de la reforma se acabe alcanzando finalmente una situación política de ruptura total con el pasado, como sucederá".

La sociedad española de la transición tampoco era la misma que la de guerra o la posguerra. El 70% de los españoles en la transición no había vivido la guerra (Aguilar 2001: 25). El exilio y la represión de la dictadura habían eliminado a buena parte de los que defendieron la República y los que quedaban, llevaban sobre sus cuerpos y sus mentes las huellas de la represión y del silencio. Por otro lado, las transformaciones sociales y económicas del tardofranquismo, el giro de la Iglesia a favor del cambio democrático y los deseos comunes de la sociedad de conseguir la tan ansiada libertad, hicieron también posible el proceso de una transición a la democracia de forma pacífica, no obstante llena de contratiempos, incertidumbres y asesinatos[34].

Del seno del régimen, las revueltas estudiantiles de mediados de los cincuenta, la lucha clandestina y obrera de la oposición hasta finales del franquismo habían creado una generación de jóvenes que cada vez se distanciaba más de la vieja que se alimentaba de la guerra y del franquismo, de tal forma que la sociedad española en la transición se encontraba no sólo separada por lazos de sangre

[33] Véanse Aguilar (2001); Juliá (2006).

[34] Aguilar (2001: 10-11) habla de 460 muertes violentas ocurridas entre 1975 y 1980. Especialmente resonancia tienen las diferentes muertes y secuestros en la llamada "semana trágica" en enero de 1977 (Prego 1995: 617 y ss.). Una de las manifestaciones en pro de la amnistía costó la vida de un estudiante, muerte causada por Guerrilleros de Cristo Rey, y al día siguiente, de otra estudiante a consecuencia de un bote de humo de la policía. Pero sin duda, fue la matanza de Atocha el suceso que más conmocionó a políticos y la opinión pública, en la que nueve personas, siete abogados laboralistas miembros del PCE y Comisiones Obreras, un estudiante y un empleado de bufete fueron tiroteados a bocajarro —cinco de ellos murieron, cuatro fueron gravemente heridos— en su despacho en Madrid por un grupo de fascistas ultraderechistas.

—los de la guerra— sino también por lazos generacionales: las generaciones más viejas que cargaban con las vivencias personales de la guerra se distanciaban cada vez más de las más jóvenes, que dispuestas a desligarse de la herencia de la contienda, trataban de subirse al tren del futuro que era sinónimo del de la libertad. A su vez, el miedo generalizado y el temor siempre presente a que volviera a repetirse otra guerra, así como la presencia todavía reciente de la represión[35] actuaron reactivando el aprendizaje del silencio con el que la sociedad española se había visto obligada a vivir durante casi cuarenta años.

Los mecanismos de la censura y el miedo después de tantos años de represión se habían interiorizado tan profundamente en los españoles que ante la libertad seguían actuando en forma de autocensura. Juan Goytisolo expresa un sentimiento de vértigo ante el vacío que le mostraba la libertad de poder decir lo que pensaba sin rodeos, y la necesidad primeramente de liberarse internamente de la censura que se había colado en su alma para poder escribir con verdadera libertad: "La libertad de expresión —escribe— no es algo que se adquiera fácilmente. Por experiencia propia sé que me fueron precisos grandes esfuerzos para eliminar por mi fuero interior un huésped inoportuno: el policía que se había colado dentro sin que aparentemente nadie le hubiera invitado a ello. [...]. Lucha no exterior sino interna contra el modelo de censura intrapsíquica, de censura incluida en el "mecanismo del alma", según la conocida expresión de Freud".

Ante las huellas internas de la represión y la censura, la sociedad española de la transición debía de nuevo empezar a aprender a vivir, a sentir y a expresarse en libertad. El gobierno de la transición se vio forzado a trasmitir al pueblo la necesidad y el derecho a hablar. La canción propagandística de "Habla, pueblo, habla" para que la gente votara sí al referéndum del 15 de diciembre de 1976 incitaba —más allá de pedir el voto— a que la gente perdiera el miedo y rompiera ese silencio que los españoles llevaban grabados si no en sus mentes, en sus almas.

La función de los medios de comunicación en la transición a favor de la reconciliación de los españoles fue también muy importante: la radio o TVE, el diario *El País*, revistas como *Opinión*, *Cambio 16* o *Interviú*, transmitían la necesidad de tolerancia, de convivencia entre esas dos Españas eternamente divididas, y fomentaban la necesidad de respetar la opinión de vecino y de defender la suya propia. Por ejemplo, el anuncio televisivo de Tabacalera en la Navidad de

[35] La presencia en la sociedad de la violencia de Franco estaba reciente. El asesinato del comunista Juan Grimeau en 1963 o la respuesta a acciones terroristas que Franco saldó poco antes de su muerte con la firma de cinco penas de muerte a militantes de ETA y del GRAPO.

1976 con el lema "Es el momento" o "Es la hora del encuentro"[36] presentaba un paralelismo entre un encuentro generacional de padre e hijo, lleno de reconciliación, arrepentimiento, perdón y paz —el hijo que, con añoranza, vuelve a la casa abandonada de sus padres y el padre que lo acoge con emoción y perdón— y el encuentro de todo un pueblo, en el sentido de reconciliación nacional; la canción "Libertad sin ira"[37] lanzada también en 1976 y utilizada como emblema para el proceso de transición mostraba también esa relación de distancia entre los viejos y los jóvenes, aquellos todavía marcados por rencores de la guerra, mientras se incitaba a que cada uno guardara su miedo y su ira a cambio de la libertad. Pero también lo que transmitía era el dolor y miedo que habitaba en la gente, gente obediente que lo único que pedía era poder vivir en paz.

Se buscaba con estos mensajes el que los vencedores y sus descendientes por un lado aprendieran a vivir respetando la opinión del vencido y empezaran a reconocerlo como a uno igual, mientras que este último, el vencido, debía guardarse sus posibles rencores y miedos pasados a cambio de la libertad. El coste de la libertad por tanto que debía pagar el vencido que arrastraba sobre sí, la violencia de la guerra y del régimen, la exclusión y el silencio era que siguiera guardando silencio. Pero con ese silencio lo que se le exigía era también renunciar a que se le reconociera como víctima y a que se le hiciera justicia.

El silencio y el olvido a las víctimas de la guerra y del franquismo no sólo se limitó al proceso de transición sino que se prolongó en la democracia hasta nuestros días, como nos lo muestran las peticiones de las víctimas al Gobierno y los debates políticos y públicos actuales sobre la deuda pendiente a las víctimas de los vencidos o a sus descendientes, mientras los vencedores —y entre ellos los verdugos— siguieron ocupando el espacio público.

En tiempos adversos para el recuerdo del pasado, los esfuerzos de las propias víctimas fueron muchos, especialmente el de las mujeres que se sintieron, con la

[36] Un joven vuelve a la casa del pueblo en Navidades a reencontrase con sus padres; el texto dice lo siguiente: "Es el momento del encuentro/ del encuentro de dos generaciones/ del encuentro de la vida/ del encuentro de los hombres/ quizás sea también el encuentro de todo un pueblo/ para hacer un país más grande, más hermoso, más fuerte./ Es la hora del encuentro./ Felicidades". En *Transición española*, DVD 6, de RTVE.

[37] Lanzada por *Diario 16* era interpretada por el grupo Jarcha; dice así: "Dicen los viejos que en este país hubo un guerra/ que hay dos Españas/ que guardan aún el rencor de viejas deudas/ [...] Pero yo solo he visto gente/ que sufre y calla, dolor y miedo/ gente que solo desea/ su pan, su hembra y la fiesta en paz./ Libertad, libertad/ sin ira, libertad/ guárdate tu miedo y tu ira/ porque hay libertad/ sin ira, libertad /y si no la hay, sin duda la habrá" [...]. Vázquez Montalbán (2000).

responsabilidad y la obligación de emplear su fuerza en dejar constancia del sufrimiento y de la palabra del testigo. Mujeres como Tomasa Cuevas que a pesar de ser doblemente olvidadas —por víctimas y por mujeres—, tuvieron la fuerza y la lucidez de recoger y grabar los testimonios orales de muchas mujeres que como ella fueron víctimas de la represión de la dictadura, que vejadas y torturadas pasaron su juventud y su vida en las cárceles franquistas o el de tantas otras que lucharon y apoyaron a la guerrilla. Juana Doña por ejemplo había narrado ya a finales del franquismo en una novela-reportaje sus experiencias y la de otras compañeras represaliadas como ella. Testimonios todos ellos ignorados o relegados al olvido en las primeras décadas de la democracia, pero que sin embargo, hoy son fuentes imprescindibles tanto para historiadores e investigadores como para literatos. Estas mujeres se encontraron además con enormes dificultades para poder publicar sus libros, su lucha fue también la búsqueda de un editor que estuviera interesado en publicarlos, lo que nos demuestra el desdén y desinterés de la sociedad en indagar en algunos de los aspectos más crueles del pasado. Tomasa Cuevas (1986) comenta el esfuerzo que tuvo que hacer para que se publicaran los testimonios recogidos de tantas compañeras que como ella fueron perseguidas y sufrieron la represión en comisarías y cárceles por haber luchado contra el fascismo y en la resistencia : "me propuse a mi misma que no quedarían olvidados en una carpeta. Me ha costado muchas rabietas con los editores, mucho tiempo perdido, y por que no decirlo también pesetitas, pero todo lo doy por bien empleado, por que ello me permite daros a conocer"[38]. Fernanda Romeu también explica en su libro las dificultades que tuvo para publicar un trabajo de investigación realizado entre 1989 y 1991, basado principalmente en testimonios de mujeres que apoyaron la guerrilla, topándose con respuestas de

[38] Cita del original. Hemos de recordar que, a pesar de tener la salud física quebrantada de una vida dura y maltratos en las comisarías, la inmensa cantidad de grabaciones que Tomasa Cuevas reunió de sus antiguas compañeras de cárcel y de mujeres que lucharon o apoyaron en la guerrilla fueron hechas sin medios y mecanografiadas por jóvenes compañeras que la ayudaron a copiar las grabaciones (Prólogo de Teresa Pàmies, en Cuevas 1985).

La trilogía de Tomasa Cuevas *Cárcel de mujeres*, tomos I y II de 1985 y *Mujeres de resistencia* de 1986 han vuelto a ser editadas y corregidas en un sólo volumen por Jorge J. Montes Salguero en 2004 con el título: *Testimonios de mujeres en las cárceles franquistas*, Huesca, Instituto de Estudios Altoarogoneses. También una selección de estos testimonios han sido publicados en 2005 con el título de *Presas*, Barcelona, Ikaria y traducidos y publicados en 1998 por la profesora de la Universidad de California Mary E. Giles con el título, *Prison of Women. Testimonies of War Resistence in Spain 1939-1975*.

las editoriales como que no existían recursos económicos o que era una interpretación subjetiva de la historia (1994: 19).

Otras víctimas, por el contrario, defraudadas ante el olvido y abandono a las que fueron sometidas en la transición y la democracia optaron por quitarse la vida. El testimonio de una víctima recogido por Fernanda Romeu en 1990 habla de todas estas víctimas como una generación perdida: "La gente del grupo donde yo estaba ha sido una generación perdida, perdida a nivel de que pienso que el grado de suicidios de toda esta gente ha sido muy alto, o sea, la gente que en los últimos diez años se ha suicidado, se ha pegado un tiro o se ha ahorcado, es incontable. Creo que debe ser la desilusión de la transición"[39]. El suicidio no es una respuesta aislada a la desilusión que invade a las personas que tras haber vivido experiencias tan terribles, como las de la violencia y represión de un estado, cuando llega la libertad tan anhelada, ven que no se hace justicia, que el mundo sigue sin que nada cambie y sin que sus vivencias y luchas sirvan para algo. Otros destinos que sobrevivieron al Holocausto como Paul Celan, Tadeusz Borowski, Jean Améry y Primo Levi acabaron igualmente desilusionados quitándose la vida (Kertész, 2002/1998: 81).

La falta de reconocimiento a las víctimas durante la transición y en las décadas siguientes de la democracia en España, la ausencia de debate público y político, el culto al consenso de la transición de cerrar y silenciar un pasado sin posibilidad de que las víctimas pudieran pedir justicia, conlleva consecuencias que afectan no sólo a las víctimas sino a las generaciones futuras. La negación a esclarecer la verdad de un periodo histórico —aunque en este caso buscara buenos fines—, debilita y extingue la memoria de los vencidos en favor de la memoria dominante de los vencedores y usurpa el derecho a las nuevas generaciones a conocer la verdad histórica. Varias generaciones de españoles arrastran así el desconocimiento de la verdad de la historia reciente de España[40].

Sin duda, las demandas de reconocimiento y justicia que ha habido en los últimos años tanto de los colectivos de víctimas y sus familiares y asociaciones como por ejemplo la ARMH (Asociación de la Recuperación de la Memoria Histórica) u organismos internacionales de derechos humanos, así como las numerosas investigaciones recientes que presentan listas con nombres de las vícti-

[39] Testimonio de Lucía González, recogido por Fernanda Romeu (1994: 237).

[40] Ese desconocimiento se debe, además de la falta de debate público, a las parcialidades o carencias en la enseñanza de la historia reciente de España. Compárese Carolyn P. Boyd (en Juliá 2006).

mas y con testimonios de los testigos o la difusión y recepción sobre la guerra y la represión que han ejercido el cine y la literatura actual, han fomentado un debate público sobre las víctimas de la guerra civil y la dictadura que ha tenido transcendencia política. Treinta años después de la transición y a pesar de los grandes intentos en este periodo y en la democracia de cerrar un pasado sangriento de la guerra y la dictadura mediante el silencio y el olvido se abre un debate no sólo público, sino por primera vez político sobre la necesidad de rehabilitar y reconocer de forma oficial a las víctimas de la guerra civil y del franquismo. La conocida "Ley de Memoria Histórica"[41] a pesar de haber desatado entre los diferentes grupos parlamentarios un polémico debate respecto a qué debía abarcar y cómo se había de llevar a cabo, fue apoyada por la inmensa mayoría de los partidos políticos excepto por el PP[42] y ERC. Con esta ley la mayoría de los partidos políticos son conscientes y expresan su responsabilidad política hacia las víctimas de la guerra y del franquismo y la necesidad de reparar la deuda de las injusticias pasadas[43]. De la misma manera, el Congreso aprueba una proposición de Ley en la que declara el 2006 como Año de la Memoria y en la que se incluye el reconocimiento a todos los hombres y mujeres que fueron víctimas de la guerra y de la represión franquista[44].

---

[41] Aunque la propuesta de ley no incluye la palabra "memoria", y una ley no debería imponer ni la memoria individual ni la colectiva, entendemos que se le llama "Ley de Memoria Histórica" como forma de expresar el olvido al que han estado relegadas las víctimas de la guerra y la dictadura —se sobreentiende que afecta especialmente a los vencidos— y la necesidad no sólo de rehabilitar a las personas, sino también su memoria.

Después de años de debate político, las Cortes Generales aprueban en diciembre de 2007 la Ley de Memoria Histórica, llevada a cabo por el gobierno del PSOE, con el objetivo primordial, como exponemos arriba, de reconocer y rehabilitar, aunque fuera moralmente, a las víctimas de la guerra civil y del franquismo. Curiosamente en el mismo mes, el Vaticano beatifica a 489 nuevos mártires víctimas de la persecución religiosa en la guerra civil y en la Segunda República (entre otros véanse, *El País*, 9/10/2007; 10/12/2007).

[42] La negación del Partido Popular a que se reconozcan a las víctimas de la guerra y del franquismo ha sido siempre rotunda, alegando que contribuye a la división de los españoles y apelando al espíritu de la transición. Tampoco el PP apoyó declarar el 2006 como "Año de la Memoria" (*El País*, 27/04/2006); así como no se ha conseguido que el PP condene el golpe de 1936 (compárese Aguilar, en Juliá 2006: 287).

[43] Véanse en *El País*, 15/12/2006.

[44] Esta declaración proponía también que se reconociera la Segunda República en su 75° aniversario como antecedente de la actual democracia (*El País*, 27/04/2006).

Otra cuestión son los límites que la misma ley incluya, a pesar de que ésta reconozca —como uno de los pasos más avanzados del Gobierno—, la ilegitimidad de los juicios franquistas, como critican los principales organismos internacionales de Derechos Humanos-Amnistía Internacional o el partido político ERC[45]. Además de la condena al franquismo y la ilegitimidad de los tribunales de la guerra civil y del franquismo, otros de los puntos más debatidos han sido qué hacer por ejemplo con el Valle de los Caídos o la retirada de la cantidad de nombres y símbolos franquistas y falangistas que siguen existiendo por toda España tanto en el ámbito público como en el religioso[46]. Pero la rotunda nega-

---

[45] Tras intensos meses de debate respecto a la propuesta de proyecto de ley del Gobierno del PSOE, éste accedió incluir en la ley la ilegitimidad de los tribunales u otros órganos penales o administrativos durante la guerra civil y la dictadura, por lo que se declaran ilegítimas las condenas a las víctimas de Franco. Sin embargo, esta ilegitimidad era insuficiente para Esquerra Republicana de Catalunya (ERC) y las organizaciones internacionales de Derechos Humanos que pedían la anulación de las sentencias, lo que daría paso al derecho de las víctimas a saber quiénes fueron sus verdugos y a poder recurrir judicialmente las sentencias (*El País*, 23/03/2007; 20/04/2007).

Actualmente los puntos más debatidos y criticados especialmente por los afectados de las víctimas afectan a las medidas algo difusas de esta Ley para llevar a cabo la identificación y localización de las víctimas aún enterradas en fosas comunes. La apertura de la fosa común en la que supuestamente está enterrado el poeta Federico García Lorca, que tramitaba el juez Baltasar Garzón a petición de la nieta de uno de fusilados y enterrados junto a García Lorca y de asociaciones como la ARMH, ha desatado por ejemplo un gran debate público y jurídico hasta conseguir ser su apertura y la consecuente exhumación de los restos de García Lorca frenada por el fiscal de la Audiencia Nacional (*El País*, 17/10/2008; 8/11/2008; 13/11/2008). De esta forma, más de 60 asociaciones piden al Gobierno que se modifique la actual ley en el apartado que trata sobre los desaparecidos del franquismo, pidiéndole que sea el Estado el que se encargue de las labores de identificación y exhumación de las víctimas, hasta ahora delegadas a las familias y a la colaboración de las Administraciones (*El País*, 08/07/2009).

Otro de los escabrosos temas que tanto investigadores como afectados de las víctimas han empezado a llevar a debate público es el de "los niños perdidos del franquismo". Niñas y niños separados de sus madres encarceladas o fusiladas en la posguerra y que a temprana edad fueron entregados al Auxilio Social o a instituciones religiosas. Véanse como ejemplos el reciente libro *Los niños del Auxilio Social* de Ángela Cenarro (2009), la novela *Mala gente que camina* de Benjamín Prado (2006), *Irredentas. Las presas políticas y sus hijos en las cárceles de Franco* de Ricard Vinyes (2002) y *Los niños perdidos del franquismo* de R. Vinyes/ M. Armengou/ R. Belis (2002), así como el libro de testimonios *Cárcel de mujeres* de Tomasa Cuevas (1985).

[46] El Valle de los Caídos queda como lugar de culto, prohibiendo eso sí manifestaciones que exalten la guerra civil o a sus protagonistas. Nada se habla de otras posibilidades baremadas, como

ción del PP a aceptar cualquier tipo de ley que reconozca a las víctimas de la guerra y la represión refleja no sólo la existencia de una división política sino de una división social respecto a la necesidad de esclarecer y traer al presente el pasado reciente de España, al mismo tiempo que expresa la evidencia del peso del legado del franquismo en la sociedad española, lo que afecta no sólo a las víctimas y sus descendientes sino al curso de la historia.

---

la de crear un centro de investigación de las víctimas de la guerra y del franquismo. A raíz de la Ley salieron pronto listas de calles con nombres que honraban a figuras que apoyaron el golpe de Estado —sólo en Madrid se contabilizó un mínimo de 160 calles (*El País*, 12/10/2007; 11/10/2007)—. Más difícil que cambiar el nombre de una calle es qué hacer con los monumentos, por ejemplo el Arco del Triunfo en Madrid, cerca de la Ciudad Universitaria, precisamente donde se libró una de las batallas más duras de Madrid.

CAPÍTULO II

La memoria fotográfica: *El nombre que ahora digo* de Antonio Soler

La novela de Antonio Soler *El nombre que ahora digo*[1] (1999) refleja lo que fue y representó el escenario de la guerra civil para un grupo de personajes que lucharon al lado de la República y cuyas historias de guerra quedaron retratadas bajo la mirada fotográfica del jovencísimo Gustavo Sintora.

Basándose en los cuadernos de guerra escritos por Sintora, el narrador, que se presenta en primera persona, reconstruye años más tarde, transcribe, ordena y reescribe en tercera persona, con textos apógrafos en cursiva, la historia de guerra de cada uno de esos personajes cuyos destinos quedaron desde entonces marcados y determinados para siempre.

Personajes extraños, variopintos, de toreros y artistas que se dedicaban a ir dando espectáculos de escenario en escenario en el frente y en los alrededores de Madrid. A este destacamento republicano pertenecía el cabo Solé Vera, el padre del narrador.

El interés que manifiesta el narrador por esos cuadernos, que su autor acabó entregando al cabo Solé Vera, debe radicar en querer acercarse a la figura de su padre, en conocer quién fue y qué hizo en aquella guerra; quiénes fueron realmente esos hombres que conoció en su infancia sin llegar a reparar en ellos; cuáles sus miedos y deseos y qué se debatió en esa guerra que hoy le parece al narrador tan "lejana"[2]. No sólo se acerca el narrador a su padre y al resto de los hombres que hicieron la guerra con él, sino especialmente a Gustavo Sintora, el autor de esos cuadernos que le dan acceso a relacionarse con el pasado.

> Ahora los voy leyendo despacio, recomponiendo aquella historia que sucedió muchos años antes de que yo naciera, y a través de ellos voy conociendo a esos persona-

[1] Galardonada con el Premio Primavera en 1999.

[2] La idea de lejanía respecto a la guerra que siente esta generación —como el narrador—, que no la vivió, aparece tratada más ampliamente en el comentario a la novela de *Soldados de Salamina*.

> jes que tantas veces vi a lo largo de mi infancia. Entonces no eran más que nombres, rostros. Ahora sé verdaderamente quiénes fueron aquellos hombres que combatieron en una guerra lejana (p. 7)[3].

Los cuadernos de Sintora posibilitan al narrador conocer las vivencias que impregnaron para siempre la vida de estos hombres y que les acompañaron el resto de sus vidas. Hombres en cuyos rostros quedaron tatuadas arrugas y cicatrices y en sus recuerdos, fantasmas de la guerra. Pero el interés de este narrador debe basarse también en entender aquel pasado para conocer y entender mejor su presente.

Títeres de la guerra, fantasmas de la memoria

Separado de su familia y perdido de su hermana, huyendo de los bombardeos que aterraban Málaga[4], en el caos del exilio y del fuego de la guerra, tras pasar por un destacamento ruso, Sintora acaba siendo transportado en un camión de vacas y soldados al destacamento del teniente Villegas en Madrid.

Así, y de forma casual, va a ser recogido el adolescente Sintora en este singular destacamento que colabora con la República, llevando por los pueblos y por las trincheras a un grupo de personajes —toreros, artistas y cupletistas, enanos, un mago, un faquir— que, venidos de toda España, se dedicaban a entretener y divertir a un público en guerra en un Madrid sitiado y bombardeado. Un grupo de "saltimbanquis" como lo definiría años más tarde el cabo Solé Vera. Por eso, cuando acogen al joven Sintora, Ansaura, el Gitano, uno de los combatientes

---

[3] Antonio Soler (2000/1999): *El nombre que ahora digo*, Barcelona, Debolsillo. El resto de las citaciones de la novela se indicarán de la misma manera.

[4] Málaga fue drásticamente bombardeada por el bando de los sublevados y sus aliados en enero de 1937. Los habitantes, entre el fuego de los bombardeos, emprenden así un caótico éxodo hacia otras ciudades, como Almería. "La carretera es una hilera interminable de automóviles, de camiones, de carricoches, de caballerías y [...] de caminantes" (Abellá 1975: 215).

Sintora describe así la fragilidad de la vida ante los bombardeos y la huida: "Los proyectiles venían del mar, de un barco diminuto y gris que apuntaba sus cañones hacia la costa mientras que del cielo bajaban los aviones acariciando las copas de los árboles, rozándolos para ametrallar soldados, lámparas, mulos, muertos y camiones. *Todo ardía o parecía que iba a arder,* [...]. *Yo era una bocanada de viento que corría entre las rocas, por entre las ramas de los matorrales que me arañaban las piernas sin dolor.* [...], *la vida era un papel que alguien estaba a punto de echar en medio de una hoguera*" (p. 14).

del destacamento, siente menospreciada su función en la guerra por la idea de que todo lo desechable lo mandaban allí: "—Lo que nos hacía falta era un niño de pañales. Se piensan que el destacamento de Villegas es el coño de la Charito. La última mierda" (p. 11).

Pero este grupo de personajes del espectáculo no estaba lejos de reflejar la realidad histórica del momento que se vivía en la zona republicana. La guerra había llevado a que tanto el gobierno como escritores reconocidos fomentaran la creación de grupos y obras de teatro con la finalidad de combatir por un lado el analfabetismo y promover la cultura, y por otro, como medio de propaganda revolucionaria antifascista sobre los combatientes y la población civil. Junto a Nueva Escena[5] creada por la Alianza de Intelectuales Antifascistas y dirigida por María Teresa León y Rafael Alberti, el Consejo Nacional del Teatro crea las Guerrillas del Teatro, compañías itinerantes que actuaban no sólo en hospitales, guarderías, etc., sino también en el frente (Marrast 1978). Surge, en relación al tipo de literatura de "urgencia" que tanto éxito y producción poética estaba dando en la zona republicana, el denominado "teatro de urgencia[6]" en el que se incitaba a crear un teatro de circunstancia que se adaptara a la necesidad del momento. La parodia y la farsa[7] fue una forma recurrida del "teatro de urgencia" para presentar de forma clara los defectos de los enemigos y conseguir de forma inmediata los objetivos de la propaganda.

Al igual que se colectivizaron las fábricas, se requisaron e incautaron los transportes y automóviles, hoteles de lujo, mansiones de ricos, desde principios de la guerra, los sindicatos de la CNT y UGT incautaron todas las salas de tea-

[5] Nueva Escena ofrece en el Teatro de la Zarzuela representaciones de, entre otros, *El amanecer* de Rafael Dieste, *La llave* de Ramón J. Sender, *Entre dos públicos* de Manuel Altolaguirre o *De un momento a otro* de Rafael Alberti (Marrast 1978).

[6] Así define Rafael Alberti el "teatro de urgencia": "Urge el 'teatro de urgencia'. Hacen falta estas obritas rápidas, intensas —dramáticas, satíricas, didácticas...— que se adapten técnicamente a la composición específica de los grupos teatrales. Una pieza de este tipo no puede plantear dificultades de montaje ni exigir gran número de actores. Su duración no debe sobrepasar la media hora. En veinte minutos escasos, si el tema está bien planteado y resuelto, se puede producir en los espectáculos el efecto de un fulminante" (Marrast 1987: 277).

[7] Representativo de este teatro fueron obras de Rafael Alberti como la adaptación y actualización de la obra de Cervantes de *Numancia*; también escribió entre otros *Los salvadores de España* y *Radio Sevilla*, en este último se ridiculiza al general Queipo de Llano, degradándolo a la categoría de burro.

El general Queipo de Llano utilizó drásticamente el terror, la represión y los fusilamientos en Sevilla y se apoderó de la radio en la que difundía pavor y miedo (Thomas 1995/1976).

tro y espectáculo, de tal forma que en el Madrid de 1937 controlaban todos los teatros de la ciudad (Tuñón de Lara 1985).

Sin embargo, ni el desarrollo del teatro en la guerra civil ni las representaciones teatrales ni la función de las obras de este destacamento son el tema de la obra, como tampoco lo es la idea revolucionaria de la guerra. En la novela no se especifica siquiera a qué grupo de teatro podía pertenecer este destacamento, aunque podría ser un grupo más entre los pertenecientes a las Guerrillas de Teatro, tampoco aparecen asociados a los sindicatos centrales, sino que los transportes que utilizan llevaban pintadas las letras UHP, las siglas de una revolución fracasada, la de Asturias de 1934, en la que socialistas, comunistas, anarquistas y trotskistas acudieron al grito de "¡Uníos, Hermanos Proletarios!". Es la idea de un sueño de antemano perdido, que el personaje Enrique Montoya tiene siempre presente.

> Nadie, Sintorita, nadie nos va a querer cuando esta guerra acabe, ve metiéndote eso en la cabesa, mayormente porque la guerra la van a ganar los otros, los considerados que están ahí enfrente y por las noches gritan que nos van a matar y se van a follar a nuestras señoras (p. 39).

Sin embargo, la novela sí esboza las ganas de entretenerse y divertirse con las que la cantidad de gente acoge el espectáculo. La risa en medio de la guerra y de los obuses, una forma de paliar la cotidianidad de penurias y tristezas de la guerra, incluso cuando esa risa se buscaba en lo chabacano y vulgar, en detrimento del teatro y espectáculo que pretendía y exigía el gobierno, escritores y actores[8] en función de distraer educando.

> En medio de la plaza había un entarimado que parecía un patíbulo pero que era un escenario. El escenario en el que, al caer la noche, cuando los balcones y la plaza entera se llenó de gente, actuaron el mago Pérez Estrada, que con cierta desgana sacó de los pliegues de su capa varias palomas y de dentro de una cadena de pañuelos, todos blancos, los pañuelos y las palomas. Saca un pollo de chilindrón, mago Pérez, Y a mí

[8] Con afán de renovar el repertorio teatral y apartarlo del drama, la comedia y la vulgaridad burguesa anterior a 1936 se comprometieron autores, compositores, actores y escritores como María Teresa León, Luis Mussot, Manuel González y Valentín de Pedro en Madrid, Max Aub y Salvador Soler en Valencia, Rodolfo González Pacheco, Ramón Caral y Josep Plat en Barcelona. María Teresa León sacó partido a su experiencia de teatro soviético con la *Tragedia optimista*, Max Aub adaptó *La madre* de Gorki (Marrast 1986).

sácame una prima que tengo en Cuenca y es muy puta, se reía un grupo de milicianos sentados en el suelo de la plaza (p. 48).

A la sensibilidad, el misterio y el mensaje de magia de Pérez Estrada responde una realidad de público que busca la carcajada en lo obsceno, en el chiste feo, pero que pide un deseo físico real, un pollo, una mujer, en una realidad de necesidad de guerra. Incluso al discurso propagandístico después de la actuación, Montoya critica la propaganda y responde a contravoz: "No, no quiero ser libre si es contigo, y tú me vas a rasionar la libertad y ya me la estás rasionando, metiéndome tanta mierda por las orejas" (p. 48).

En su inocencia de joven adolescente sin pertenencias ideológicas, sino la de haber huido del asedio de bombardeos de Málaga, con un gran desconocimiento social y político de la guerra, Sintora describe las situaciones del conflicto tal y como las ve y las escucha.

Por las explicaciones e indicaciones de su compañero inseparable Enrique Montoya, Sintora se entera de que además de llevar a artistas y toreros transportan en los camiones pintados con las letras UHP, uniformes que cosen en una nave de una antigua capilla, participando así en la revolución social del símbolo proletario que se extendía más allá de colectivizaciones e incautaciones, el mono azul por el traje, la corbata o los sombreros de fieltro (Tusell 2003/1996). También, ilegalmente, transportan a rehenes falangistas, curas o monjas, que en espera de un rescate, mantienen secuestrados en la casa del Marqués, secuestrado él mismo en su propia casa. Son los negocios turbios que tienen con Corrons y los hombres del destacamento de éste y también es la cara sucia de una forma de apropiación, pillaje y represión de la retaguardia republicana. Sin embargo, entre esta amalgama de personajes se da una diferencia ética fundamental en la forma de entender y practicar la guerra por personas que si bien luchaban en el mismo bando distaban mucho de hacerlo con los mismos medios. A diferencia del teniente Villegas, que no quiere saber nada sobre los negocios de represión de Corrons, está éste descrito por Montoya como "comunista infatigable, pistolero, siniestro, paga informasión y en poso seco, en el atillo de un almasén abandonado o donde menos te lo pienses, encuentra enemigos del pueblo" (p. 38). Es la figura siniestra, a quien todos temen, pero con el que negocian. Montoya sintetiza en estos personajes, cuando dice, "porque aquí, aunque parese que todos queremos lo mismo, cada uno va por su cuenta" (p. 41), una situación real de confrontaciones de las diversidades ideologías entre comunistas, trotskistas, anarquistas, socialistas y su manera de afrontar la guerra, que se unieron para un fin común, la lucha antifascista.

Es con estos personajes de este extraño destacamento como Sintora llega a conocer y a ver lo que fue verdaderamente la muerte y la guerra, pero también lo que llegó a representar en esos años difíciles la amistad, el compañerismo y el amor; aquí encontraría Sintora a la mujer que se convierte en su única batalla, la mujer "que llevaría tatuada a fuego el resto de sus días y por la que habría de perder todas las patrias" (p. 21). Su encuentro con Serena, una mujer casada que le dobla casi la edad, y con esos personajes de la Casona impregnan para siempre su vida.

> *No habría querido estar ni allí* [se refiere a Málaga, con su familia] *ni en otro lugar que no fuese aquella casa perdida en medio de una ciudad sitiada por la guerra al lado de aquella gente que se movía muy despacio ante mi mirada, al lado de artistas fracasados o de porvenir incierto, de mujeres con armas, con los hombres que lucharon* (p. 63).

La identificación que siente este protagonista hacia este destacamento va a superar las vicisitudes de la vida en retaguardia y la lucha en el Ebro, la batalla más sangrienta de la guerra civil, sin lograr apartarlo de esos hombres y mujeres que llevará consigo el resto de sus días, acompañándole en su recuerdo; hombres y mujeres con los que dice logró alcanzar "la plenitud de su vida", reaparecerán en la memoria de Sintora.

> [...] *cada día atraviesan sus fantasmas mi vigilia y van a reunirse allí, en lo hondo de mi sueño para resucitar una ciudad perdida, un tiempo de combate y furia en el que ahora, en la distancia, sé que alcancé la plenitud de la vida. Si por algún camino oculto pudiera, yo volvería al fragor de aquel tiempo* [...]. *No importa que luego vinieran los disparos y la huida, la derrota, porque allí estaría ella, una mujer con un campo de girasoles ondeando en la piel* (p. 270).

Muchos años después, en el recuerdo y en el sueño tomarán vida en Sintora todos esos personajes que quedaron grabados en imágenes, como si de fotografías se tratara, en su memoria. Sintora al recordarlos en sus cuadernos les inmortaliza igual que el narrador al reescribirlos y el lector al leerlos. Es la batalla contra el completo olvido al que han estado sometidos, éstos y tantos otros seres cuyos nombres desaparecieron para siempre en la guerra; estos hombres y mujeres del destacamento representan a todos esos otros seres sin rostro, víctimas de la guerra cuyas huellas desaparecieron al quedar relegados al olvido.

> Ellos son el rostro y la voz, la memoria de aquellos otros miles, millones de seres que sin dejar nombre ni huella vivieron los años de la furia. Todos quedaron retratados en esos cuadernos de pastas oscuras y viejas [...] (p. 269).

Hombres, mujeres, niños, convertidos en fantasmas, espectros de la memoria, que vuelven a recobrar la vida sólo mediante el recuerdo de los vivos. Como se dice al final de la novela, el recuerdo es la única victoria posible para todos esos "fantasmas", para todas esas víctimas que desaparecieron con la guerra.

> La guerra ya para siempre iría con él, tronando secretamente en el silencio de su vida. No pudo el olvido vencer a Gustavo Sintora. Quizá aquél fue el único triunfo de su vida, el único combate del que aquellos soldados salieron victoriosos (p. 270).

Del ojo a la memoria fotográfica

El autor de la novela, Antonio Soler, va a presentarnos a través de los ojos esperpentizados de Sintora, la deformación grotesca de personajes y situaciones de la guerra para mostrarnos así su verdadero rostro, el espanto real que produce la guerra. La guerra como monstruo que engendra situaciones horrendas y grotescas.

Para ello, se sirve Soler de este grupo de personajes antihéroes del mundo del espectáculo, personajes de teatro o casi de circo que, además de en su propio escenario, actúan, convirtiéndose en títeres, en un teatro más grande, el escenario real de la guerra.

Es mediante su ojo fotográfico como Sintora retrata lo que verdaderamente es la vida en guerra y lo que ésta encarna. Es el ojo epistemológico que actúa como un objetivo fotográfico, que al mirar pulsa, capta y fija en su cerebro, como si en éste hubiera una película fílmica, los personajes y las situaciones en gran medida grotescas que producen los horrores de la guerra. Pero es cuando mira a través de sus gafas de aumento, que el falsificador Sebastián Hidalgo le proporciona, cuando Sintora empieza a tomar conciencia del estado verdadero y esencial del mundo que le rodea.

> *Con las primeras vi peor, también las cosas que estaban lejos se me torcían, y con las segundas fue igual. Con otras veía nada más que borroso, con bruma, y así fui probando, mientras Montoya habría cajones y miraba cuadros, sin dejar de hablar, y yo lo veía unas veces muy lejos, otras con la cabeza en su sitio y el cuerpo en otro, o metido bajo el agua. Y de pronto al ponerme una de aquellas gafas y abrir los ojos, lo vi todo distinto, la cara*

> *de Montoya, el cuadro que miraba y las gafas que Hidalgo tenía en la mano, y era como si de verdad lo hubieran extraído todo de debajo del mar, y tuve miedo porque parecía que yo también surgía de algún sitio en el que siempre había estado escondido, descubierto. Me dijeron que al ponerme las gafas los ojos se me abrieron, se me hicieron un poco más grandes y las pupilas parecía que me rozaban las lentes. Eso me dijeron, y eso pensé yo al verme en un espejo, que mis ojos eran unos peces pegados al cristal de su pecera mirando el mundo* (p. 37).

Sintora pasa de ver los objetos lejanos, torcidos, brumosos, en un grado elevado de distorsión visual dependiendo de los cristales de las gafas, a verlo "todo distinto". Este distinto supone para Sintora percibir su entorno en su estado original; reconocer los objetos enteros y nítidos; metafóricamente agrandándolos como se nos muestran bajo el agua, como sacados del mar y viéndolos claros como si se tratara de su reflejo en el agua. Este discernimiento real es posible mediante el aumento artificioso de la vista que Sintora consigue por la distorsión que le producen los cristales de las gafas aumentándole y deformándole los ojos, como si de un espejo convexo se tratara, que ampliara a su vez el ángulo de visión en relación al que tienen los peces. Sólo así va a ser capaz Sintora de fotografiar un mundo en guerra y sus personajes en su estado más puro, bajo el contorno de lo deforme y lo grotesco, para presentarnos una realidad desnuda, al "descubierto" que es como se siente Sintora en medio de este mundo en guerra. No es entonces extraño que sienta miedo ante la imposibilidad de cobijarse y esconderse en este mundo horrendo y monstruoso en guerra.

El primer contacto que Sintora tiene con los personajes del destacamento es a través de las fotografías que rodean y conviven con el teniente Villegas en su despacho. Fotografías de hombres y mujeres paralizados en un instante de su vida real y que registran el testimonio de su existencia. Es como si fueran personajes que congelados y sin vida en las fotografías, como muñecos inmóviles de una caja de música o personajes estáticos en un escenario de teatro se pusieran en movimiento al entrar Sintora en contacto con ellos y recobraran así su vida o su existencia, pasando de la imagen paralizada al escenario viviente de los personajes.

> Atravesó un pasillo corto y al pronto fue como si todas las fotos que había visto en el despacho del teniente Villegas hubieran cobrado vida y, huidas de sus retratos y carteles, se hubiesen echado a andar por el mundo (p. 21).

En su encuentro con estos hombres del destacamento Sintora va retratando la esencia de cada uno de los personajes, aquello que le caracteriza y que le distingue.

Como si en su mirada llevara una cámara fotográfica, Sintora se distancia del objeto que mira y capta la naturaleza de sus rostros, de sus gestos o de su persona.

> Miraba la gente que iba de un lado a otro y los rostros de quienes estaban sentados con él. La cicatriz siempre risueña y en movimiento del Textil, los dientes metálicos de Doblas, la mirada y el flequillo negros de Ansaura, el Gitano, y la calma de mi padre (p. 23).

Así va describiendo Sintora aquello que les diferencia y determina, en muchos de los casos, caricaturizándolos, resaltando lo feo, lo prominente, lo deforme de las figuras, aquello que define lo grotesco, acorde la mayoría de las veces, o en contrapunto con sus nombres o el tan utilizado apodo: el pañuelo rojo del torero Rafalito Ballesteros; el traje blanco, de espiritualidad y paz como las palomas blancas que mágicamente sacaba, del mago Rafael Pérez Estrada; el mote férreo que caracteriza a la Ferrallista, por querer "reventar con dinamita los altos hornos" (p. 21) siempre en situaciones extravagantes de pasión, sexo y frustración; el apodado enano Torpedo Miera, por "lo mal que se desenvolvía en los trapecios y no porque se hubiera metido nunca en las tripas de ningún cañón" (p. 83), del que describe con burla su deficiencia prepotente "con cara de niño hervido y el cuerpo proporcionado de un hombre menguado, sólo con un apunte de joroba delatando su condición de enano" (p. 23); la caricatura del también grotesco y desfigurado enano Vicente, cuya deformidad engendran elementos animales y enfermizos "un enano zambo y con la frente abultada por una prominencia de elefante mal disimulada por un flequillo estropajoso, todo vestido de negro y haciéndole al faquir gestos de calma con sus brazos arqueados" (p. 23). Lo inhumano y monstruoso del que desprende aire de muerto entre los vivos, Corrons, el Muerto, "Labios de carne, era una cara de tortuga o de muerto, de bicho disecado" (p. 28). Si en estos casos animaliza a los personajes para expresar de forma grotesca su deformidad u horripilación, en el caso de Doblas lo compara con la inanimidad e instrumentalización del aparato con el que éste se identifica por su maestría en arreglar asuntos de mecánica: "Tenía cara de camión, con el parachoques de los labios grueso y algunos dientes niquelados, uno de oro y otro de metal oscuro. Los faros de los ojos medio apagados y el ralentí del motor subido y a punto de ahogarse, con mala combustión" (p. 22); el resultado de delgadez y tristeza que conlleva la disciplina austera, el faquir Ramírez que para salir de su pobreza "empezó a clavarse agujas y a masticar trozos de chatarra y metal" (p. 44); la autoridad de respeto y dominio en situaciones límites que en ese tiempo de guerra representaba la chaqueta de cuero, la gorra de plato y el cigarro entre los dedos del cabo Solé Vera; el seseo del no menos grotesco Montoya, amigo inseparable y consejero de Sintora, que con su risa llega a desafiar su propio destino, riéndose ante su propia muerte; haciendo gala de su noble apellido, el falsificador Sebastián Hidalgo, definido como honesto por el personaje más burlón del destacamento, Montoya: "*Míralo, Sintora, nunca en tu vida vas a ver a nadie más honrado. Alguien que se declara falsificador es una persona desente, cabal*" (p. 75). "Honrado" porque con su manipulación caricaturizando en un periódico anarquista las caras de los generales subrayaba la verdad que éstos contenían. "*Les ponía las cajas corridas y arrugas de demonios a las fotografías de los generales enemigos. Hacía el trabajo con lupa y con una sonrisa de niño, y los pelos y las arrugas que pintaba parecían de verdad. Más verdad que el resto de la cara de los generales*". (p. 35). Y Sintora, siempre lejano y desconocido, distanciándose de sí mismo, sólo tomando forma tras su proyección en un espejo, pero haciendo constancia de su existencia, y contemplando más allá de sus ojos, los rasgos que siempre muestran al otro "*yo me vi en un espejo borroso que había en la pared sin saber si era yo el que estaba allí asomado, al otro lado de las aguas movidas del cristal, al otro lado del mundo. Con mucha dificultad me miraba la cara, que yo entonces tenía estrecha y de hambre, el pelo revuelto y corto, castaño claro, y unas manchas de barba suave a medio afeitar. Y apenas veía mis propios ojos, cansados* [...], *oí la voz del Textil, y también en el espejo en lo hondo de mis ojos, vi su cara, la cicatriz doblándose por la risa*" (p. 26).

Es esa caracterización grotesca y mascarada de los personajes, como si de falsificaciones se tratara, lo que le permite a Sintora presentar el alma, lo intrínseco de cada uno de ellos, radiografiados y escaneados por su mirada defectuosa. En terminología de Barthes (1989/1980), Sintora capta en esas figuras retratadas el *punctum*, aquello que les marca y que les punza, fijándose para siempre en su memoria.

El narrador de la novela nos recuerda varias veces a lo largo del libro que Sintora escribe gran parte de sus cuadernos muchos años después de la guerra, en tiempos de su infancia, cuando se reunían en ella su padre y otros de los supervivientes del destacamento. Sintora escribe por lo tanto en parte en la distancia de la guerra, recurriendo a la memoria y a las imágenes que como fotografías quedaron almacenadas en ella. Es en la distancia donde estas imágenes recobran valor testimonial y temporal; imágenes, que como las fotografías espontáneas, captadas en un instante de mirada por Sintora, sin escenificación, evidencian que lo que se ve en ellas sucedió, que fue real, que el objeto o los personajes existieron y que no forman parte de la imaginación con pretensión de confundir los recuerdos, sino que son la evidencia de que lo que se ve pertenece a un momento real y concreto del pasado; remontan por lo tanto a un pasado que existió.

Es la distancia del tiempo respecto a los hechos y sirviéndose de la memoria fotográfica la que posibilita a Sintora poder detenerse a observar y reflexionar con la claridad que le restó el mero motivo de estarlo viviendo.

> *Pero no hubo mucho lugar para el lamento. Eso vendría en el futuro, cuando ya nada pudiéramos hacer, cuando los supervivientes pudieran mirar atrás como hizo el falsificador Bento Valladares el Portugués desde lo alto de la colina, desde la lejanía del tiempo, para ver el cuerpo, el flequillo revuelto de Ansaura, el Gitano, como quien de nosotros sobreviviese podría volver la cabeza y ver quiénes fuimos, todos nosotros, todo lo que iba cayendo en la bodega de nuestra memoria, sin apenas tiempo para ser visto* (p. 211).

Ese futuro es ya pasado para el autor, pero presente para el narrador que, en su interés por estos escritos, incita al lector a confrontarse con unos hechos de la guerra que marcaron una etapa cruel en nuestro pasado reciente.

Las imágenes que quedaron perennes en la memoria de Sintora le permiten, como si tuviera en su cerebro un álbum fotográfico, recuperar y traer a la vida aquellas situaciones del pasado, describiéndolas con la fiabilidad que conceden en su esencia las fotografías.

> *Y así, paralizados en el tiempo, los recuerdo a todos como si estuvieran en una fotografía, tatuada en la retina de mi memoria, una fotografía sin colores, con los colores desvaídos. El amarillo del primer árbol saliendo del árbol y extendiéndose por encima de las figuras, palideciendo el verdor de los otros árboles, el rojo de las estrellas que algunos hombres llevaban en el uniforme. El capitán Villegas de perfil y delgado, envejecido por la noche y el alcohol, pálido y en actitud de una estatua que desafiara la eternidad. Siempre vivirá el capitán Villegas, desmenuzado en mi desmenuzado cerebro cuando mi carne y mis células sean polvo, limo. En la médula de ese polvo de estrellas, navegando por el tiempo hacia el infinito, irá grabada la imagen del capitán, su mirada verde empañada por un velo acuoso, la nariz recta y la luz de la mañana bajando por su mejilla y dorándole la cordillera leve del bigote. Viajarán en el tiempo, más allá de estas palabras que ahora escribo a la luz pobre de un quinqué, Doblas, su guerrera abierta, la cara contraída por el alcohol, los ojos hinchados y la boca grande de batracio o dragón sonriente, Enrique Montoya, los ojos oscuros, bajando los párpados muy lentamente, la foto moviéndose con otra foto que se le superpone, la boca con un gesto de ternura. Ansaura, el Gitano, negra la piel, negra la mirada y negro el pelo en tajo afilado sobre la frente, negras las uñas que se arañan suave la mejilla renegrida de barba, Ansaura, la trompeta del músico Martínez entrando en la imagen como la brisa que estremece la figura congelada del novillero Ballesteros, en-*

vuelto por el viento en la bandera de tres colores que no son colores en el casi blanco y negro, en el color sin color de la fotografía, envuelto en la bandera que acaba de quitar de encima del cajón del Textil, el viento abrazándola sobre su cuerpo y la mirada clara sobre el trapo tricolor, hierba en sus pies, tierra de la tumba en las botas gastadas del sargento Solé Vera, el humo de su cigarro congelado entre los labios, la gorra de plato torcida en la frente y su guerrera de cuero abierta sobre la pistola, bóveda de árboles y sombras de hojas que le tiemblan en la cara. Los hombres que lucharon rodeando un boquete en la tierra, una hondonada oscura por la que se perdía el Textil, miradas gastadas por la furia y la sangre, los soldados, en sus huesos el estruendo de mil bombas, y la mirada corriendo por los rostros, por las figuras, el mago Pérez Estrada, su traje blanco, la estampa de galán de Domiciano, los ojos tristes de un faquir que se siente carne de desgracia, y los héroes heridos, ¿y yo?, ¿cuál es mi laberinto?, ¿dónde estaba yo, dónde estoy, Sintora, en medio de esa fotografía que me arde perennemente en la memoria? ¿Quién es ese soldado con mirada de gafas, que mira al frente y que parece altivo a pesar de su cuerpo frágil y su cara de niño abandonado? ¿Quién es ese soldado, Sintora, que entre los soldados mira la cara del fotógrafo y sonríe, escuchando ya el fragor de la batalla? (pp. 136-138).

En esta larga cita, Sintora describe a los hombres del destacamento en el entierro del Textil como si tuviera ante sí un retrato de grupo, que en ademán de dar el último adiós hacia la eternidad al compañero Textil, entran también ellos en contacto con la muerte[9], quedando embalsamados para siempre en ese instante de una circunstancia que recoge la fotografía.

El texto presenta dos planos opuestos que se complementan: la imagen muerta de la fotografía y la vida que recobra esta imagen en la memoria. La memoria fotográfica le va a permitir a Sintora expresar, entre lo muerto de la fotografía y lo vivo de la memoria, un indefinido antitético de colores sin colores, de movimiento en lo estático, de sonido en el silencio, de sensaciones en lo inerte que se mezclan y diluyen, transgrediendo la frontera entre la vida y la muerte y viceversa.

El rostro, el gesto, en definitiva, la pose muerta de estos personajes quedó paradójicamente viva, inmortalizada en la memoria de Sintora. Rostros y expresiones que se enfrentan metafóricamente a la muerte en varios sentidos: a la muerte en la guerra y a la muerte en el tiempo. Sintora, al recordarlos en esa pose fotográfica, recupera el momento de entonces reconstruyéndolo en el presente y devolviéndolo a la vida, recobrando, junto a la figura que representa la esencia de cada uno de estos hombres, las emociones y sentimientos que les do-

[9] Véase Roland Barthes (1989).

minaban en aquella situación, así como las percepciones externas en movimiento formando "colores desvaídos" en el color original en blanco y negro de la fotografía e impregnando el ambiente del cuadro de un tono pálido, entristecido, acorde con el estado anímico de los personajes.

Además del cansancio de una noche de vigilia y alcohol, con el que estos hombres pudieron sobrellevar la muerte fulminante de una bomba que desintegró al Textil, Sintora expresa la rabia impotente y el dolor que les invadía ante un hecho ineludible que todos sabían y temían: el enfrentamiento de la vida con la verdadera muerte al acecho. Las bombas, la lucha en el campo de batalla.

El gesto de desafío a la inmortalidad del capitán Villegas vivirá en la memoria de Sintora aun cuando éste se convierta en polvo, desintegrándose con él y formando parte de su esencia; el rostro grotesco de Doblas en similitud a un coche anfibio; la superposición o mezcla de imágenes en la memoria de Sintora que ponen en movimiento a Enrique Montoya; la aliteración del adjetivo negro caracterizando a Ansaura, el Gitano, suscitando la presencia de la muerte o de su muerte; la música produciendo emoción a la figura estática del novillero Ballesteros envuelto en la personificada bandera republicana que, en función de rendir honor patriótico al Textil, pasa a identificarse con el novillero como si se tratara de su capa de torero. La figura de mando del sargento Solé Vera, la presencia de los otros hombres del destacamento, el faquir, el mago, todos ellos formando parte de esa fotografía tomada por el ojo de Sintora y en la que él mismo se encuentra representado.

Sintora es al mismo tiempo actor, objeto y espectador de la fotografía que, al mirarla y pensarla en la distancia, se cuestiona existencialmente a sí mismo "*¿y yo?, ¿dónde estaba yo, dónde estoy,...? ¿Quién es ese soldado...?*". Sintora al retroceder en el tiempo de su memoria y de la imagen se siente extraño de sí mismo; extraño ante ese soldado en la guerra que se mira fotografiándose y del que reconoce la "mirada de gafas", su esencia. Sintora es además el único que mira directamente al fotógrafo y sonríe en su afán de inmortalizarse también en la fotografía, pero también de dejar constancia de que él estaba allí, que fue testigo presencial del suceso porque estaba entre ellos, viviéndolo con ellos, pero tomando distancia para captar, como una cámara, el momento.

Lo raro de la fotografía no es el hecho de que Sintora estuviera dentro de la foto y se mirara a sí mismo, sino el motivo mismo de la fotografía. Fotografiar el entierro de un amigo o compañero y sus acompañantes es motivo más común, si se quiere —a pesar de que en nuestros días todo puede ser fotografiado—, de cine que de fotografía, aunque, en casos relevantes sí lo llegó a ser en la pintura, en relación a temas religiosos, entierros de santos o de Cristo[10] o personalidades influyentes. Sin duda es el original cuadro manierista *El entierro del Conde de Orgaz* (1586-1588), de El Greco, el que se podría relacionar mejor con la fotografía arriba descrita. En este cuadro se representa esa unión o enlace de lo terrenal con lo sobrenatural o de la muerte con la vida o el paso hacia ésta, en ese momento en el que el alma del Conde de Orgaz, que recoge un ángel difusamente representado en la parte superior, transgrede su cuerpo elevándose hacia el cielo, separando y uniendo dos planos complementarios, que dividen claramente el cuadro: el celestial en completo movimiento y el terrenal ordenado y más estático, donde aparecen retratados en la parte inferior del cuadro o escena del entierro, un grupo de personajes individualizados que bordean el cuerpo yacente del Conde, espectadores del milagro, que como amalgamados en forma de foto de grupo, debían corresponder a personalidades reales de la época[11].

Sintora pulsa su ojo fotográfico en instantes decisivos que marcaron a los hombres del destacamento, momentos que simbolizan un cambio en el destino de estos hombres como representó la muerte del Textil; pero también inmortaliza instantes cruciales de situaciones y personajes que van a desaparecer para siempre y que marcan el paso de la vida a la muerte.

> *Y cuando ya estábamos en el recodo del camino, me detuve y volví la vista para mirar a aquellos hombres. Y los vi. Vi sus espaldas, sus cuerpos adentrándose en la niebla, perdiéndose entre los charcos. Vi la silueta del capitán Villegas,* [...], *y delante de él vi la figura del viejo coronel, un instante detenido sobre su caballo, mirando a los soldados que le seguían y luego lanzándose al galope, seguido por unos jinetes sin rostro a los que un golpe de niebla borró para siempre de mi retina. Hombres que se perdieron en el fragor de*

[10] Véanse como ejemplos *El entierro de Cristo* (1520-1525) de Tiziano; *Muerte de la Virgen* (1605-1606) de Caravaggio; *La exposición del cuerpo de San Buenaventura* (1629) de Francisco de Zurbarán.

[11] El cuadro, que se encuentra en la Iglesia de Santo Tomé, en Toledo, hace alusión al milagro sucedido más de dos siglos antes de que lo pintara El Greco, en el que san Esteban y san Agustín bajan del cielo para sepultar con sus manos a D. Gonzalo Ruiz de Toledo, señor de Orgaz. Anacrónicamente el autor del cuadro retrata a personalidades conocidas de su época (Calvo Serraller 1994).

> *la guerra, soldados sin nombre que desaparecieron en aquella bruma como si nunca hubieran existido* (p. 170).

Aquí se detiene Sintora, como un fotógrafo, para captar esa imagen en la que unos hombres sin rostro, soldados desconocidos, van a desaparecer para siempre en la bruma de la guerra. Otra vez es el momento en el que la vida y la muerte se mezclan o la una entra en la otra. La repetición del verbo "ver" en primera persona es la forma que tiene Sintora de nuevo de constatar su testimonio, que él y no otro estaba allí y lo vio y que esos hombres, de los que no quedó ninguna huella, existieron, fueron realidad porque él los vio desaparecer en la guerra, como también desapareció en el aire el Textil. Es el testimonio de que hubo muchos otros hombres como aquellos a los que la muerte en la guerra atrapó de la misma manera, hombres que se esfumaron sin prestar siquiera su rostro a la inmortalidad que ofrece la fotografía o la memoria. Es por ello que la función que ejerce la memoria fotográfica en esta novela es la de elevar la ficcionalidad del texto a un grado de realidad testimonial.

La guerra como laberinto y su configuración grotesca

"La guerra rasga, desgarra. La guerra rompe, destripa. La guerra abrasa. La guerra desmembra. La guerra *arruina*", escribe Susan Sontag (2003: 24).

La metáfora del laberinto para expresar en toda su dimensión el carácter monstruoso, inhumano, de desorientación y emboscada, de sinsentido de la guerra aparece desde las primeras páginas del libro y se repite diferentes veces intensificándose al final de la guerra con la derrota en Madrid.

> *La guerra, la guerra era un laberinto de mujeres vestidas de negro, de perros perdidos y niños que jugaban a la guerra, de niños que jugaban a los muertos,* [...] (p. 13).

La guerra como un lugar sin salida posible que conduce a sus habitantes a la muerte horrible; un lugar monstruoso y grotesco que evidencia la deformación y degradación en la que se encuentra el mundo y el ser humano, que engendra y donde habitan monstruos igualmente grotescos. Jorge Luis Borges (1997: 664) define así la idea del laberinto: "La idea de una casa hecha para que la gente se pierda es tal vez más rara que la de un hombre con cabeza de toro, pero las dos se ayudan y la imagen del laberinto conviene a la imagen del Minotauro. Queda bien que en el centro de una casa monstruosa haya un habitante monstruoso".

Porque, ¿no es la guerra un monstruo que crea monstruos y acciones monstruosas?, ¿no son monstruos los rostros mutilados que Ernst Friedrich publicó en "Krieg dem Kriege"? Caras completamente deformes, máscaras horrendas sin boca, sin nariz, inhumanas, que sufrieron la Primera Guerra Mundial y que tras sufrir varias operaciones intentaron semejarse a un rostro humano, a una cara o cabeza de hombre. Rostros provocadores, hirientes, repugnantes, que titulados el "Rostro de la guerra" debían movilizar a la gente contra ella[12]. Rostros que resultan tan horrendos que no se pueden mirar.

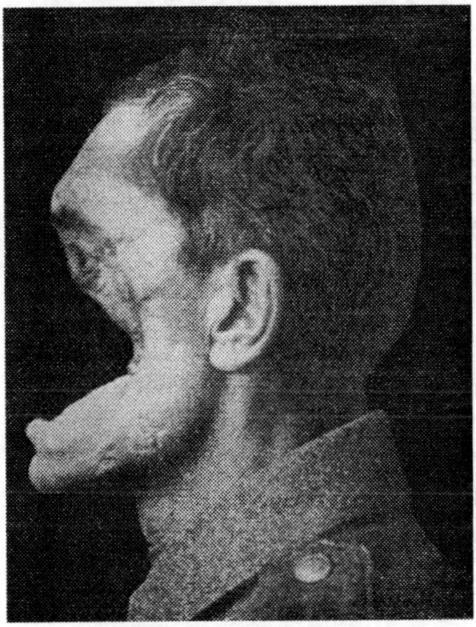

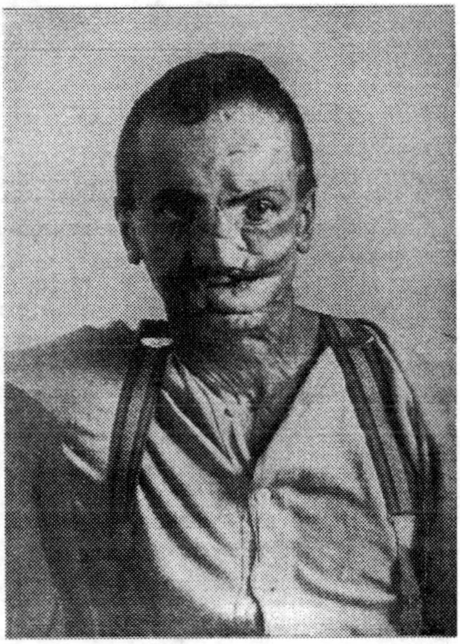

No se puede mirar titula y comenta Francisco de Goya al Desastre n° 26 de la serie de grabados "Los desastres de la guerra", sobre la guerra en España contra Napoleón (1808-1814). Sólo las puntas de los fusiles nos indican que se trata de un fusilamiento en masa del ejército de Napoleón contra el pueblo. Escenas de dramatismo, de caos y dolor de hombres, mujeres y niños ante el momento mismo de la muerte. Hombres que imploran piedad, otros no quieren mirar —a la muerte—

[12] Contrariamente a los objetivos de Ernst Friedrich, tanto el Gobierno como las organizaciones de ex combatientes y patrióticas denunciaron la exhibición de estas fotografías, aclamadas por la influencia en la opinión pública por escritores, artistas e intelectuales contrarios a la guerra. Véanse Ernst Friedrich (2004/1924); Sontag, (2003).

y mujeres que intentan proteger a sus hijos. El título nos previene ya de la barbarie de la masacre al mismo tiempo que nos advierte de la imposibilidad de aceptarlo, mientras incita al espectador a mirar y a ser testigo de lo prohibido. ¿Cuál es el monstruo que se esconde tras tales escenas? Monstruos y escenas horrendas de hombres mutilados dejó también plasmado en *Esto es peor* (Desastre n.° 37; 1863) o *¡Grande azaña! ¡Con muertos!* (Desastre n.° 39; 1863), donde están representados cuerpos desnudos, amputados y colgados o clavados en un tronco de árbol que constituye a su vez toda la naturaleza muerta y devastada de la imagen. En el primero, un asta de árbol atraviesa de abajo arriba todo el cuerpo de un hombre sin brazo que mira al espectador; en el segundo, cuerpos, cabezas y brazos decapitados cuelgan hacia abajo y hacia arriba. Todo un muestrario heroico de carnicería expuesto ¿para espantar al enemigo? y en tal caso ¿a cuál? o ¿no será tal vez el objetivo movilizar al espectador —a nosotros— y hacernos a su vez testigos de las crueldades que se cometen en la guerra?

La guerra es un fenómeno contra natura, que atenta con los principios de la vida y que produce engendros monstruosos, aberraciones contra la naturaleza y la vida que degradan al ser humano. La guerra conduce al ser humano a la locura, le lleva a cometer acciones irracionales en la que los hombres hambrientos de locura cruel se degüellan entre sí como el *Saturno devorando a su hijo* (1920-1924) de Goya; un monstruo de cuerpo famélico y ojos desorbitados de hambre y de locura capaz de comerse a su propio engendro, un hijo o hija. *El Coloso*[13] (1810-1812) es otra alegoría de la guerra en la que un gigante, en ademán de lucha, causa terror desde las alturas a mujeres, hombres, familias enteras que emprenden un éxodo de confusión y caos. Los animales también asustados huyen en distintas direcciones sin rumbo en un paisaje nocturno intensificando el terror y donde la claridad sólo abarca el entorno del cuerpo del gigante y su cara, así como a las gentes y a los animales que al percibir al gigante sucumben en pánico de terror. ¿No podría representar el gigante a ese monstruo que es la guerra?

---

[13] El *Coloso* o el *Pánico* atribuido a Francisco de Goya, pertenece, según recientes investigaciones del Museo del Prado, a Asensio Juliá, discípulo y colaborador de Goya. Véase: <http://www.revistadearte.com/2009/01/26/el-museo-del-prado-publica-las-conclusiones-sobre-la-autoria-de-el-coloso/>.

El *Coloso* parece representar a Napoleón cuya imagen de gigante se extendió entre sus detractores de la época (Hofmann 1980); otra interpretación contraria a ésta sería la sostenida por Grendinning en la que la imagen representaría el poema visionario del escritor vasco Bautista Arriaza que preveía que un espíritu protector surgiría de las montañas y aplastaría a los ejércitos de Napoleón (Hughes, 2004/2003).

Queda entonces adecuada la semejanza de la guerra con el laberinto monstruoso que se confunde a su vez con el monstruo que lo habita. En *El nombre que ahora digo* la guerra es tanto el laberinto como el monstruo que lo ocupa y se representa como un ser vivo, que crece, se mueve, respira y se reproduce, un monstruo que está al acecho esperando a la presa, como un animal que se debate entre lo humano y lo inhumano. Sintora siente así a ese monstruo de la guerra; la siente moverse, la escucha respirar, la huele en los soldados que vienen de la guerra y la nota según se acerca a Madrid, sobre todo en aquellos momentos tranquilos de retaguardia, intensificándose según avanza la guerra.

> Volvían los camiones a Madrid con marcha lenta, [...]. Y allí, de pronto, Gustavo Sintora recuperó la conciencia de que la guerra existía, *continuaba viva, alentando en su madriguera y dispuesta a arrebatar de un zarpazo la sangre de cualquiera de nosotros* (p. 52).

> *Íbamos hacia Madrid y yo sentía la guerra como un pulso que me cabalgaba las sienes, más rápido su caballo que mi pensamiento. Íbamos con el silencio, y aunque habláramos todo seguía callado. La guerra venía detrás de mí, la oía respirar. Aquellos hombres en mitad del campo eran la guerra, la guerra era una hoz en una mano, una tapia y un descampado. Árboles de la guerra, música de la guerra. La guerra crecía. Ponía sus huevos por todas partes. Podía arrebatarme la vida [...]* (pp. 55-56).

El animal de la guerra se presenta ahí donde está la muerte, el asesinato. En el campo abierto donde Sintora ve por primera vez a un grupo de hombres con fusiles, escopetas y hoces que matan a otro. Las tapias de los cementerios y los descampados fueron los sitios más usuales de ejecución en la guerra civil, donde concluían las "sacas" y los "paseos", donde se ejecutaban los juicios privados y la venganza personal, donde actuaba el "monstruo" de la guerra.

En este laberinto monstruoso Sintora se aferra a la vida en la mujer que llega a ser su única patria y su única batalla; Serena se convierte en la Ariadna que le guía en el laberinto de la guerra: "Íbamos por las calles de Madrid, ella me guiaba en el laberinto [...]" (p. 95). El amor en la guerra es lo que les da fuerza y esperanza a estos hombres para continuar viviendo; Ansaura, el gitano, pronuncia, una y otra vez el nombre de su mujer; en la batalla del Ebro Serena es el único objetivo de Sintora para seguir viviendo, para salir con vida en el laberinto de la muerte: "*Y sólo veía cerca la cara, la mirada de Serena Vergara. Sabía que tenía que salir vivo de allí, que la guerra, la vida, me la iba a devolver, no importaba de qué modo*" (p. 153).

El año 1938 es la única fecha que aparece en la novela; es la fecha que identifica la batalla más sangrienta que se dio en la guerra civil, y en la que a Sintora y a los hombres del destacamento les tocó luchar, la batalla del Ebro. Javier Tusell (2003: 167) la denomina como "la más sangrienta, larga y empeñada batalla de la guerra civil española, pero también la más innecesaria y absurda". La novela también hace referencia a esta batalla como el infierno (p. 194), donde los muertos abundaban por todas partes (p. 174).

Es en la batalla del Ebro donde Sintora siente al monstruo de la guerra por doquier; los vehículos se animalizan, echan bufidos, "los tanques se le representan animales prehistóricos" (p. 169), y donde Sintora siente que la guerra se introduce en él, que él es la guerra y que todo lo que deja a su paso son él mismo, el ejército en retirada, todos los cadáveres y todos los heridos, que él es un muerto más entre los muertos. Es en el Ebro cuando se siente más que nunca atrapado en ese laberinto del monstruo de la guerra "*La guerra venía conmigo, me llevaba en su lomo amargo, yo había entrado en su laberinto y estaba dispuesto a vivir con él* (p. 165)", escribe Sintora.

La guerra en sí rompe drásticamente el orden establecido en la sociedad, cambia normas y leyes para instaurar otras. Busca conseguir siempre un cambio político que cambie al mismo tiempo los valores de la sociedad. La guerra es una forma que permite aquello que rígidamente estaba prohibido en el orden social anterior a ella. Con la guerra se legalizan y legitiman los asesinatos, las violaciones y otras barbaries por deseos y sentimientos personales o colectivos.

Sintora en medio de la cruel batalla del Ebro, entre el fuego y las explosiones, siente más que nunca el mundo al revés, lo de arriba abajo y viceversa; las detonaciones, el resplandor y la luces de la batalla, así como la confusión y el desorden, los gritos de la muerte; el fuego y el ruido de las bombas parecen las de una gran fiesta de carnaval que pone los valores del mundo al revés. La guerra adquiere así en terminología de Bachtin (1996/1969) características carnavalescas.

> Tanques y fuego avanzaban contra ellos en dirección a la colina cuando una luz blanca se levantó en medio de la batería y de pronto Sintora notó que el mundo estaba al revés, que los eucaliptos apuntaban al suelo con sus copas y el cielo se hacía móvil y caía sobre la tierra (p. 149).

> *Hubo un destello. Se sacudió el mundo, hierro, carne, fuego, la cabeza al revés, caí al suelo, el miedo corriendo veloz, un circuito eléctrico por todo mi cuerpo, alguien me pisaba el brazo, las piernas, corrían sobre mí, y llegó otra explosión, tenía barro en la boca, dentro de la garganta y me vino una arcada, vomitaba mientras me ponía de pie* (pp. 167-168).

> Se oían gritos en la noche, y lamentos, disparos a lo lejos y de nuevo detonaciones siguiendo aquella luminaria que más que resplandor de bombas tenía algo de festivo, de feria de pueblo o de fuegos de artificio (p. 144).

Formas carnavalescas que surgen de la guerra se encuentran en las dos ceremonias sociales que ocurren y se dan entre los personajes del destacamento: la boda y el entierro, dos ceremonias que se oponen pero que se complementan y que acaban aquí cambiando los roles que les corresponde. La boda de la Ferrallista con el enano Torpedo Miera acaba pareciendo la celebración de un funeral y el entierro del Textil parece una fiesta. Ambas marcadas por características grotescas donde predominan la deformación, la risa y elementos del carnaval.

La boda de la Ferrallista con el enano Torpedo une dos cuerpos opuestos, uno alto y otro bajo, que la Ferrallista subraya llevando zapatos de tacón. La fiesta, que parece un carnaval, con la mayoría de los asistentes tocados con disfraces de la muerte, adquiere un carácter macabro que recuerda a las danzas de la muerte[14]: el rostro de la Ferrallista enmascarado de forma mortecina por el maquillaje, contrasta con cabello pelirrojo: "los pelos de color naranja y un maquillaje tan lívido que parecía propio de un muerto" (p. 79) y el músico con cara de calavera que imita a la muerte e invita a todos, con su música, a bailar con ella.

El enano, a media altura de la Ferrallista, lleva, a su vez, un uniforme militar con toques circenses y corto de mangas. Escenas de risas de los hombres del destacamento con el Textil, donde Sintora por primera vez ve reír a Ansaura, el Gitano, fijándose en el gesto grotesco de su boca, sus dientes blancos en contraste con su tez. Otros personajes disfrazados a su vez de domingo; el teniente Villegas con la actriz Salomé Quesada convirtiendo el ritmo de marcha del pasodoble en el ritmo de un vals, como si se encontrara bailando en un salón de palacio. El enano Visente, que primero bendice la ceremonia de la boda y más tarde los restos mortales del Textil, termina bailando con la Ferrallista a medias con el otro enano, Torpedo Miera, formando entre los dos un disparatado cuerpo entero.

> Arrimaron una mesa a la que había servido para la ceremonia. Se reunieron alrededor de ella los músicos que estaban tocando y el cantante Arturo Reyes, con su esmoquin mal lavado, se subió al improvisado escenario. Después de dedicarle unas palabras empalagosas a los recién casados, empezó a cantar con su cara de calavera. Bailaban algunos de los endomingados. El teniente Villegas lo hacía con Salomé

[14] Véase Ursula Link-Heer (1993).

> Quesada, dando el oficial unos pasos largos y elegantes, como si el pasodoble del famélico Reyes fuese un vals. Torpedo Miera subido a los hombros del enano Visente, bailaba con la Ferrallista, que con una mano agarraba la espalda de su marido y con la otra hundía la cabeza del enano Visente contra su pubis de falso raso, dando la impresión de que estaba bailando con un hombre partido en dos (p. 84).

Bajo esta aparente liberación carnavalesca de risas, baile, música y máscaras se esconde la verdad de la guerra que aparece aquí animalizada y monstrualizada, como un "animal enorme" que traga la noche y todo lo que hay en ella y que convierte la fiesta en una danza fúnebre, de enterramiento convocando a todos por igual a la muerte y recordando la imposibilidad de escapar de ella.

> Aunque los músicos emprendieron la melodía que la Ferrallista les había pedido y las notas eran alegres, el sonido de aquella música llenó el jardín de una tristeza súbita y profunda *y la noche pareció tragada de pronto por la garganta de un animal enorme que nos llevase a lo hondo de sus tripas, y todos dejaron de bailar, porque de pronto tuvieron la sensación de que estaban bailando sobre una tumba* (pp. 85-86).

Con el único subtítulo de la novela "EL TEXTIL VOLÓ AL CIELO" (p. 121) se marca el final de un tiempo en la retaguardia y el comienzo de otro en la verdadera guerra. El Textil, desintegrado como materia de tejido por los aires, se transforma y se diluye con los metales del coche que vuelan, a su vez, al cielo, convirtiéndose en cosa inhumana e irreconocible. La fulminación del Textil por una bomba de un avión enemigo es la constancia para estos hombres de que la guerra les acompañaba adonde iban y que la desaparición del Textil no era el artilugio de ningún truco de magia, sino la consecuencia de una vida en guerra, que podía acabar de este modo con cada uno de ellos. Esa confrontación directa con la realidad horrible de la guerra que experimentan los hombres del destacamento hace que la búsqueda y ceremonia de funeral de los restos del Textil se convierta en una de las escenas más grotescas de la novela, donde lo trágico y lo horrible de la muerte del Textil se mezclan con su contrario, la risa y lo cómico. El desconcierto, la ira y el dolor ante la desaparición del amigo crea acciones que, aunque realizadas con suma gravedad y seriedad, como corresponde a una tragedia, se vuelven en sí mismas ridículas, por su imposibilidad; la imposibilidad de encontrar y reconocer al menos restos humanos del Textil. La impotencia ante el hecho, ante la aviación y ante la guerra. Y sólo distanciándose del horror, mediante comportamientos que resultan grotescos, trágicos y cómicos a un tiempo, son estos hombres capaces de sobrellevar esta tragedia.

Grotesco por lo horripilante e irrisorio por querer encontrar al Textil imaginando que esa materia que encuentran entre rojiza y morada pegada a trozos del coche donde iba montado fueran un trozo de muslo derecho o dedos de la mano. Concluida la búsqueda y "sin estar seguros de que los mínimos despojos hallados pertenecieran a la anatomía de Paco Textil" (p. 128), decidieron poner los restos en una lona, a los que añadieron por parecerles poca cosa y para hacerle compañía restos de coche, porque según Ansaura, el Gitano, el más amigo del Textil, "—A él le habría gustado, [...]. Le habría dado sentimiento" (p. 128). Aquí lo trágico se mezcla con lo cómico, como los restos humanos del Textil se diluyen con los restos de metal del coche.

> —Métele un pistón, y un trozo de biela. Es lo que tiene más empaque en un coche —le dijo casi al oído Doblas al sargento.
> [...] Sintora, otra vez Doblas, Ansaura, el Gitano, Montoya, el faquir Ramírez y hasta un músico echaron sobre la lona unos muelles partidos, restos de la estopa del asiento, tuercas y un trozo de volante medio forrado de cuero. Esto es muy humano, casi parese piel de hombre, dijo Montoya acariciando el trozo de volante del que colgaba parte del claxon, derretido y negro (p. 129).

El entierro del Textil acaba siendo, por deformación de lo que sería una ceremonia fúnebre, una fiesta que recordaría años después Sintora, "casi una fiesta la del Textil, los soldados borrachos [...]" (p. 254). Grotesca, es la actitud de los hombres del destacamento bebiendo toda la noche en la cantina de la Casona a la "salud del muerto", una forma de soportar el horror y participar en la tragedia, de afrontar el presentimiento de que les llega lo temible y terrible. Grotesca es también la ceremonia, en la que tras la recitación de unas palabras en latín del que hace las veces de cura, el enano Visente, que bendice "el aliño de carne y chatarra" (p. 133), continúa una prédica del ventrílocuo Domisiano. Grotesco es que sea la voz desfigurada y no verdadera del ventrílocuo la que hable de sacrificio y libertad; palabras vacías cuando habla de que la historia es de estos hombres, precisamente en esos momentos en los que se encuentran y se sienten completamente olvidados y abandonados, siendo los más ignorados de la historia.

Grotesca es la risa que Doblas y el faquir Ramírez desencadenan durante la prédica, que por su gesto no se sabe si lloran o ríen o si lloran y ríen al mismo tiempo. Es la sonrisa inhumana, síntoma de la desesperación, pero que les permite tomar distancia de los hechos, es la sonrisa infernal, excéntrica que denomina Kayser (1960).

> Doblas contraía la cara de un modo que no se sabía si estaba al borde de la carcajada o del llanto, casi lo mismo que el faquir Ramírez, que llevaba el bigote puesto y tenía la cara todavía más triste de lo ordinario, la nariz más larga en la cara afilada, y que finalmente se decidió por la risa, una risa que más que risa era un hipo, una convulsión que le sacudía el cuerpo y que levantaba un rumor de metales (pp. 135-136).

Pero la configuración más grotesca de la guerra nos la presenta Antonio Soler en torno a la batalla del Ebro. Es aquí donde se dan las situaciones más grotescas para expresar la barbarie y su absurdez, la incoherencia y la bestialidad que la guerra engendra.

Son muchas las situaciones grotescas que aparecen en la novela, nos referiremos a aquellas que mejor ilustran esa mezcla de monstruosidad y comicidad, que surgen y son posibles en la guerra y que rozan con la locura.

El soldado en la trinchera que mientras dispara le habla a su compañero sin cabeza y que riéndose pide al comandante, un artillero poeta que lee versos a los heridos, que se los lea también a su amigo; el mismo comandante que recita versos, al mismo tiempo que mete las bombas en el cañón en los momentos más peligrosos de combate, sólo puede dormir a su vez en una cama, la cual transporta de un lado a otro en la campaña.

El cabo Morales, al que cortan una oreja y matan a su hermano por equivocación los de su mismo bando, por llevar un periódico del bando nacional, tiene por su cuenta atado y prisionero, en una cueva, como un animal, a un moro, el cual decía que había venido a España a desfilar en Sevilla por tres pesetas (p. 161).

> —Nos confundieron con unos fascistas que había por ahí emboscados. Creyeron que éramos nosotros porque Castro llevaba un periódico nacional metido en el pecho, por el frío.
>
> —Por el frío y por leerlo. Yo tengo que leer. Tú tienes que comer, ¿no? —le preguntó a Montoya—. Pues yo además de comer y hacer las cosas del cuerpo tengo que leer, porque si no me da la debilidad (p. 158).

Se trata en este texto evidentemente de una forma de parodiar con escenas grotescas el fervor literario, especialmente de la poesía, y el deseo de lectura que se dio sobre todo en el bando republicano durante la guerra civil en favor de la cultura y la propaganda antifascista. El compromiso político del poeta en las trincheras, de nuevo un hombre de armas y de letras, el teatro y los medios audiovisuales de la radio y el cine; la proliferación de periódicos y revistas, así como de octavillas y carteles, la recitación de poemas y mítines públicos, los concursos literarios y la labor del programa de lucha contra el analfabetismo en las trincheras convirtió el afán a la cultura y a la lectura en una forma de dinamita cerebral. El deseo de leer y aprender había echado sus raíces tiempo atrás, cuando en 1913, en una predominante cultura de tradición oral, publicaron anarquistas y anarcosindicalistas, como forma de propagar y trasmitir su doctrina libertaria, una colección de cuentos titulados *Dinamita cerebral*, donde quedó constancia de la importancia y la influencia que adquiere la palabra escrita en la mente humana (Görling, 1986: 218 y ss.).

Grotesco por su anacronismo fue ese fenómeno estético y cultural que se dio en las líneas de fuego en la guerra civil, la sublimación de la poesía y el deseo de leer como fuente de alimento cerebral para aguantar la dura batalla, que no evitaron, sin embargo, situaciones tan contradictorias como absurdas, y como la novela muestra, tan horribles como ridículas, desembocando en muchos casos en la locura.

El nombre que ahora digo nos presenta este deseo de lectura y este fervor poético de forma tan exagerada que se vuelve su propio monstruo. La confusión que se crea con el soldado que tiene un periódico fascista para protegerse del frío y por su necesidad de lectura muestra las barbaridades a las que están dispuestos los soldados en la guerra, que se transforman a su vez en resultados cómicos. Cuando se aclara el malentendido devuelven la oreja al herido, el cual, impotente y desesperado ante el hecho, cómicamente la prueba.

> Vieron que Morales estaba muerto y al otro le pusieron un trapo en la cabeza para que dejara de echar sangre y le sacaron la oreja, ya cocida, del puchero y se la dieron.
> —¿Y qué hiso?
> —Le dio un bocado, tú, por probarla, y dijo que le faltaba sal. [...]. Desde entonces es un desertor. Aunque lo veáis por ahí es un incontrolado y vive aparte, lleva la guerra como quiere. Lo único que le importa es la lotería esa (p. 159).

La desesperación ante la impotencia del poder asesino lleva a este personaje al deseo del juego incontrolado. El juego, según Bachtin (1996: 76), es de naturaleza carnavalesca, y pone a los hombres en el mismo orden jerárquico. Jugar a la lotería, como le ocurre a este soldado, es una forma de distanciarse y soportar las barbaridades de la guerra, por otro lado, el juego le ofrece las mismas posibilidades de ganar o de perder que al resto de los hombres. La guerra se convierte en un juego de azar por el que unos tan fácilmente mueren como otros se salvan.

La absurdidad, la animalización que produce en los hombres la guerra, que los hace enloquecer, los vuelve salvajes, asesinos, caníbales, parece intrínseca a cualquier guerra. Para el cura Anselmo, la guerra no existe, si no es en su forma grotesca, la guerra es para él matar, comerse algún trozo de algún compañero, como hizo en la guerra de Cuba: "Una vez me comí dos orejas humanas de un compañero muerto. Estaban tiernas, se las corté y les maté la sangre en una candela. Sabían como las de cochino, pero con menos carne" (p. 120).

Grotesco es asimismo ese contrapunto de risa que resulta de lo horrible; pero lo grotesco en el cura es precisamente esa contradicción de que, por el hecho de matar a tanta gente en esa guerra y cometer las salvajadas, acciones asesinas y caníbales en ella, por estar tan cerca del "pecado" y saber lo que era el "mal" (p. 119), piense haberse ganado el cielo y se haga cura. Si tenemos en cuenta que la guerra trastoca y da la vuelta a todos los órdenes de la vida, en la guerra civil española al contrario que en la guerra de Cuba este cura acaba siendo prisionero y rehén en la casa del Marqués en espera de un rescate.

Otra configuración grotesca es el destino de Ansaura, el Gitano, que desde que se enroló en la guerra recita el nombre de su mujer y el número de veces que la nombra "Amalia, Amalia Monedero, un millón seiscientas treinta y seis mil cuatrocientas veintidós, Amalia, Amalia, un millón seiscientas treinta y seis mil cuatrocientas veinticuatro, Amalia" (p. 145) y que en su retirada tras la batalla del Ebro arrastra atado a la espalda, campo abierto, herido y sin ruta hacia Barcelona una máquina de coser Singer, para que su mujer se hiciera costurera. La máquina de coser[15], de importante significado también por ser Singer, es su único triunfo y el único futuro. En la tragedia de la guerra y de su derrota, este personaje lleva a cuestas la esperanza y el comienzo de otra vida tras la miseria de la guerra. En su carencia se aferra a la máquina Singer como aferrándose a la vida, es por ello que siguió arrastrándola y agarrado a ella hasta el lugar donde los fascistas lo fusilaron. La maldad en la guerra adquiere también connotaciones grotescas. El sargento del bando nacional, riéndose con sus soldados, se ensaña fusilando también la máquina de coser, dando al aparato el tiro de gracia. Resulta ridículo pero terriblemente trágico, porque el asesino sabe que la Singer es lo que más le duele a Ansaura, el Gitano; el tiro de gracia destroza no sólo la máquina, sino las esperanzas e ilusiones que este hombre tenía puestas en ella.

[15] La máquina de coser, de gran relevancia para la industria textil, fue importante en la guerra civil en la fabricación, por ejemplo, de monos, como también lo expresa la novela que tratamos, para convertirse en imprescindible durante la posguerra; para muchas mujeres que eran costureras, la máquina de coser se convirtió en su único medio de mantener a la familia. También fue el medio de trabajo que tuvieron que desempeñar las mujeres víctimas de la represión en las cárceles franquistas. Véanse entre otras las fotos reproducidas en Tusell (2003); Vinyes (2002).

Grotescas son las barbaridades que acontecen al interior del degradado cuerpo del faquir, que digiere hierro y otros metales, y que por perderse en una borrachera en campo enemigo y explicar que podía comerse piezas de fusil, le cosieron la boca con alambre por no coserle el culo, "por encontrarlo muy sucio" y "para que no comiera más chatarra" (p. 185). La boca y el culo del faquir adquieren carácter grotesco[16] en su desdichado cuerpo, relacionándolos de tal forma que el segundo hace la función de eliminar los metales que entran por el primero.

> Llegó casi desangrado, con las manos medio cortadas por el alambre y la boca cosida. Se la tuvieron que abrir entre un médico y un mecánico. Aquí te habríamos necesitado, Doblas.
> —Eso con un cortafríos, o con una sierrecita de doce, depende —se encogió de hombros, humilde, Doblas, los labios con arrebol de tizne (p. 185).

La seriedad con la que responde Doblas, seguro de sus conocimientos de mecánica en arreglos de coches y tanques de guerra dan un contrapunto cómico al equiparar grotescamente al desafortunado faquir con un aparato, que tras su infortunio en campo enemigo acaba comiendo en vez de hierros, "papas con desgana y masticando aquella blandura con mucho trabajo" (p. 191) y que tras la guerra termina amasando "la materia blanda de la levadura" para una panadería (p. 269).

La tragedia de la guerra: desenlace y derrota

La tragedia final de la guerra termina con un desenlace funesto para los hombres del destacamento. La retirada de la batalla del Ebro y la vuelta a Madrid es el principio de una derrota que termina para algunos con la muerte. El desenlace de la novela presenta unas características teatrales donde el final infausto entre los hombres del destacamento y Corrons y sus hombres se desarrolla paralelamente y al mismo ritmo que la derrota en un Madrid fantasmal y en ruinas y la lucha entre seguidores y detractores de la política de Negrín.

La guerra había estallado dentro de la guerra, dejó escrito Sintora (p. 231) refiriéndose a la guerra interna que se dio en Madrid entre los seguidores del gobierno de Negrín y los seguidores del coronel Casado, jefe de los Ejércitos Centro-Sur.

---

[16] Para Bachtin (1996/1969) las partes más grotescas del cuerpo, después de la barriga y los órganos sexuales, son la boca y el ano.

Si la derrota de la batalla del Ebro y la caída de Cataluña eran la evidencia para todos de que la guerra para los republicanos estaba perdida, lo era también para los hombres del destacamento cuyo significado era la retirada y la vuelta a Madrid: "—Capitán, nos vamos, los hombres del destacamento, yo con ellos, volvemos a Madrid, después cada uno a su casa" (p. 174).

Hambre, miseria, prostitución, un Madrid fantasmal y desmoronado lleno de espectros y ruinas es lo que encontraron a su vuelta. Un Madrid de "estatuas enterradas" (p. 235) y no sólo por las conocidas Cibeles y Neptuno, sino metafóricamente por los edificios de escombros y personas enterradas, fantasmas con miradas de hambre y miedo. Una ciudad "colgada del vacío" donde cada día "alguna de sus casas, alguna de sus gente, desaparecía en el abismo" (p. 196).

Pero lo que estos hombres del destacamento también encuentran es un Madrid viviendo el último trance de la guerra, resistiendo una lucha armada entre el mismo ejército republicano.

> Se hundía en las tinieblas Madrid, aquella ciudad por la que circulaban camiones con banderas desgarradas, soldados de un mismo ejército que se disparaban entre sí y que ya no sabían quién era el enemigo. CASADO TRAIDOR, leyeron los antiguos hombres del destacamento en una pared comida de carteles viejos. Unos soldados con brazaletes rojos repetían el lema en la fachada limpia de una casa. Apuntaban al camión mientras otros manejaban brochas y cubos de pintura blanca. BESTEIRO MIAJA CASADO TRAIDORES escribían. PASARÁN, habían pintado en otro lugar otros hombres, gente anónima que después de treinta meses de desesperación y silencio empezaba a salir de sus agujeros (p. 236).

Juan Negrín, que desde mayo de 1937, sustituía al frente del gobierno a Largo Caballero, optó por resistir la lucha contra Franco en aquellos momentos de consabida derrota y negociaciones con el enemigo de capitulación y paz. Se trataba de conseguir una garantía de derrota al menos sin persecuciones ni represalias por parte de los vencedores; por otro lado estaban las posiciones del general Miaja, que tan exitosamente había parado al ejército de Franco en la defensa de Madrid en noviembre del 36, y del coronel Casado, ambos opuestos a continuar la guerra por la desmoralización y la escasez de armamento. Sin embargo, más que la disparidad de posturas para acabar con una guerra perdida, la traición a la que se refieren estos comunistas del texto se debía a las negociaciones secretas del coronel Casado y los servicios secretos de Franco que habían empezado tiempo atrás y a la conspiración de Casado para derribar el gobierno de Negrín, hasta tal punto que Casado y Besteiro transmitieron por la radio la ilegitimidad del gobierno de Negrín y su paso transitorio al poder militar, dando orden de detener y destituir a los comunistas, que a su vez respondieron con la fuerza (Miralles 2003).

De los eslóganes en la defensa de Madrid en 1936, con el "No pasarán!" y "¡Madrid será la tumba del fascismo!" se llega al "¡Ya hemos pasao!" de los últimos días de la guerra[17] para los que el túnel de la derrota y la persecución estaba concluyendo. Todos aquellos que pasaron la guerra escondidos, quintacolumnistas, religiosos, seguidores de Franco o perseguidos, salían de sus escondrijos esperando, con o sin idea de venganza, la llegada de las tropas de los sublevados.

La guerra había estallado dentro de la guerra tiene un doble sentido en la novela, porque al igual que luchan entre sí los soldados de un mismo ejército, empieza la guerra y persecución entre los que antes habían luchado y negociado juntos. La derrota y la vuelta a la Casona de los hombres del destacamento desencadena un desenlace trágico entre éstos y Corrons y su gente, que acaban matándose entre ellos como los soldados en Madrid, sólo que en este caso domina la ley de la venganza por infidelidades y por honor. Las relaciones entre Sintora y Serena, la mujer de Corrons, se desarrolla paralelamente al desenlace dramático al compás de la relación de Montoya y la Ferrallista. Aquí va a quedar representado lo grotesco como cornudo. El enano, que se siente cornudo por estar presente ante los hombres del destacamento en un acto de infidelidad de la Ferrallista con Montoya, se venga por medio de Corrons ante su imposibilidad de venganza personal. La dramatización llega a su culmen en la persecución entre ellos; mientras Sintora busca a Serena para huir con ella, Corrons le busca para vengarse, dejando a su paso la muerte a bocajarro de algunos rehenes y la herida de muerte a Montoya, al mismo tiempo que el sargento Solé Vera y Doblas han empezado con el camión la persecución a Corrons hasta que se encuentran y se enfrentan a un tiroteo. Corrons se escapa herido; Doblas y el sargento Solé Vera también son heridos. Un tiroteo que se presenta al final de la guerra tras salvar duras batallas resulta inverosímil, absurdo y ridículo, como los tiroteos internos al final de la contienda entre los soldados que antes habían defendido juntos la República. La novela lo presenta como un baile, un juego que se sabe que no lo es porque deja tras de sí el último rastro vivo de los muertos: la sangre.

[17] En la posguerra se popularizó incluso la canción "Ya hemos pasao" como respuesta al "No pasarán" de la defensa de Madrid. Compárese en *Canciones para después de una guerra* de Basilio Martín Patino (1981).

> Todo parecía un ballet, un juego sólo desmentido por el Sordomudo, que ya había dejado de mover la pierna, y por su sangre, que seguía decidida su camino por la acera, veloz, viva la sangre del muerto (p. 234).

En este desenlace trágico de los hombres del destacamento paralelo a la realidad histórica del momento entre los seguidores del coronel Casado y los comunistas, la tragedia de estos hombres y su final funesto se representa como un teatro dentro del gran teatro de la guerra donde todos acaban siendo títeres de una tragedia monstruosa y cruel como es la de la guerra, en la que la tragedia de la muerte se vuelve tan ridícula como grotesca, como la risa escenificada de Montoya ante su propia muerte: "Montoya se rió, eran una carcajadas como las que dan en el teatro, y fue en medio de la risa cuando se escucharon tres o cuatro disparos, todos a la vez. [...] Montoya dijo con la voz muy clara: —Me han matado" (p. 242).

Es también en el desenlace final cuando el sargento Solé Vera y sus hombres van a conocer verdaderamente el destino de los rehenes en manos de Corrons y su gente. Un destino horrible que los hombres del destacamento no pensaban o no querían en su momento descubrir: la muerte y el asesinato de los prisioneros una vez pagado el rescate o la violación y el asesinato de la joven novicia que llevan a cabo los hombres de Corrons. Es el atentado atroz contra la inocencia, contra la pureza del ser humano que representa esta joven novicia, sólo pensable en la maldad, la locura y la guerra.

Una vez más *El nombre que ahora digo* presenta la guerra en la derrota y en este desenlace sanguinario como un monstruo "un animal agónico" (p. 230) que en su propia extinción, lucha por llevarse con él hacia la muerte al mundo que le rodea "a toda esa gente que andaba perdida por su piel, por la corteza del mundo" (p. 230). El final de la guerra y la ciudad de Madrid se identifican más que nunca con la idea del laberinto por donde se pierde ese camión personificado, herido y con un solo faro, que lleva a los también heridos hombres del destacamento comparándolo con el encolerizado y enfurecido cíclope herido Polifemo[18] (p. 236).

---

[18] El camión donde van Doblas y el sargento Solé Vera se equipara al monstruo Polifemo que, por un lado, enamorado y enloquecido como en las *Metamorfosis* de Ovidio se levanta en cólera contra los amantes, al ser rechazado su amor por Galatea, enamorada a su vez de Acis; y por otro, acaba como el cíclope en la *Odisea* de Homero herido en su único ojo por el astuto Ulises.

En el monstruoso laberinto de la guerra acaban todos, incluso los monstruos que lo habitan, agónicos y heridos, muertos, como correspondería a una representación dramática cuyos protagonistas sucumben a un destino aciago. Sólo que en la tragedia de la guerra, las crueldades y monstruosidades que aquí se representan son verdaderas y las padecen y sufren todos los seres a los que les toca vivir en ella.

CAPÍTULO III

Madrid como escenario de guerra: *Capital de la gloria* de Juan E. Zúñiga

Capital de la gloria[1] (2003) es el último libro de relatos con el que Juan Eduardo Zúñiga cierra la trilogía sobre la guerra civil española, tras *Largo noviembre en Madrid* (1980) y *La tierra será un paraíso* (1989).

Zúñiga presenta en *Capital de la gloria* diez relatos cortos basados en recuerdos de historias de personajes que se mueven en un escenario colectivo del Madrid asediado, sitiado y bombardeado por las tropas franquistas. En medio de esta cruel realidad histórica, estos protagonistas, movidos por sentimientos de miedo, de deseos de amor, de esperanzas, intentan sobrevivir en unos casos, escapar en otros, a las adversidades de la guerra; protagonistas, en definitiva, cuyos destinos quedaron atrapados y alterados por la guerra.

En recuerdo a Rafael Alberti y a sus poemas escritos durante los años de la guerra civil y recogidos con el título de *Capital de la gloria*[2], Zúñiga recupera no sólo la memoria de lo que supuso la figura de Rafael Alberti y sus poemas, sino también lo que supuso la ciudad de Madrid en la contienda, símbolo de resistencia heroica en defensa de la democracia y libertad en la lucha contra el fascismo.

Como niño de la guerra que vivió todo el asedio en Madrid, Zúñiga escribe, casi sesenta y cinco años después de terminada la guerra, en la reflexión de la distancia y del recuerdo, para el recuerdo. La nostálgica sensación de que "pasarán años y olvidaremos todo" que se repite con diferentes referencias en varios de los relatos de *Capital de la gloria* y cuya idea ya había aparecido en *Largo noviembre en Madrid* y *La tierra será un paraíso*[3], reflejan la constante preocupación de Zúñiga de

[1] Fue galardonada por el Premio Nacional de la Crítica en 2003, con el Premio NH de Relatos al mejor libro de cuentos y con el Premio Salambó (*El País*, 4 de abril de 2004).

[2] En 1937 Rafael Alberti publica *De un momento a otro*, base de la poesía de *Capital de la gloria*. En las *Obras completas* (1988) de Rafael Alberti aparece la recopilación de poemas de *Capital de la gloria* en la sección 4, *De un momento a otro*.

[3] Aparece en el primer relato "Noviembre, la madre, 1936" de *Largo noviembre de Madrid* (1980: 11); frase similar aparece en "La dignidad, los papeles, el olvido" de *La tierra será un paraíso* (1989: 107).

que el paso del tiempo es un factor ineluctable en favor del olvido. En contra del olvido y en favor de despertar la memoria del pasado reciente de España, los relatos de Zúñiga plantean cuestiones que hacen reflexionar sobre los sufrimientos que provocó la guerra civil, sobre las destrucciones y destrozos que produjo; pero también plantea la dificultad de olvidar los sufrimientos ocasionados por la guerra y la necesidad de aprender de las experiencias del pasado.

Aunque los relatos de *Capital de la gloria* sean independientes unos de otros, existen, además de recrearse en el ambiente del Madrid sitiado, puntos de conexión entre ellos, que hacen que *Capital de la gloria* pueda verse en conjunto. Existe asimismo una evolución temporal que empieza justamente en el mes de noviembre, cuando empieza la defensa de Madrid y acaba con la derrota del bando republicano y en consecuencia con la caída de Madrid. Aunque el último relato del libro "Las enseñanzas" no correspondería con esta evolución indicada, ya que retrocede en el tiempo, podría leerse como epílogo que resume la destrucción y el dolor de la contienda, que además de pretender sacar una enseñanza de la guerra, implica la necesidad de que las generaciones futuras aprendan lo que significa una guerra.

Ciudad de catástrofe y gloria: de Alberti a Zúñiga

El título de *Capital de la gloria* desencadena en sí no sólo la memoria y el recuerdo de los poemas de guerra de Alberti, sino lo que supuso su persona en la lucha antifascista en la guerra civil. Como tantos otros escritores españoles y extranjeros en este tiempo[4], Rafael Alberti cuenta por excedencia como un poeta activista comprometido con la contienda[5]. Representante de la Generación del 27, Rafael Alberti, tras sus viajes por Europa y vivir en Berlín la subida de Hitler al poder en 1933, es un escritor consolidadamente comprometido con las ideas marxistas, un "poeta en la calle"[6]. Activista en 1936 en la campaña por el Frente

[4] El número de escritores comprometidos y activistas durante la guerra civil se extiende a poetas, escritores e intelectuales de todo el mundo, como quedó demostrado en el II Congreso Internacional para la Defensa de la Cultura en Valencia de 1937.

[5] Víctor García de la Concha (1999, 139) considera que Alberti, junto con Miguel Hernández, son los casos más representativos de escritores comprometidos y activistas en la contienda.

[6] Rafael Alberti, en su biografía *La arboleda perdida* (1987/2003: 454), escribe: "1933-1934. Empiezo a ser un poeta en la calle. Escribo multitud de poemas satíricos y de agitación, que recito en los actos políticos, en las bibliotecas obreras y en las plazas públicas".

Popular, secretario de la Alianza de Escritores Antifascistas, uno de los directores de *El Mono Azul* y director del Museo Romántico, entre otras actividades, Rafael Alberti pone su pluma al servicio de la defensa de la República; la palabra es la expresión y el arma que este poeta "soldado y juglar"[7] utiliza en la lucha antifascista en la guerra civil.

Los relatos de *Capital de la gloria* de Zúñiga no representan sólo un mero recuerdo u homenaje circunstancial a Rafael Alberti, sino que la poesía de *Capital de la gloria* de Alberti influye y transciende en los relatos de Zúñiga. El Madrid heroico, pero también el de los desastres y la angustia, la solidaridad y la muerte de los brigadistas, la esperanza, el dolor y la frustración que aparecen en los poemas de Alberti se respiran también en los relatos de Zúñiga.

En definitiva, el Madrid defendido, aunque sitiado y bombardeado en el que se desarrollan los sentimientos, deseos, ilusiones, esperanzas, desazones y frustraciones de los protagonistas de *Capital de la gloria* de Zúñiga, es el mismo Madrid que sirve de eje central en los poemas de la guerra de Alberti. Esta ciudad atacada, asediada y bombardeada por el ejército de Franco y sus aliados, pero defendida por todo el pueblo madrileño y por voluntarios de todo el mundo, esta "Ciudad de los más turbios siniestros provocados" ("Madrid-Otoño"), es para Alberti, la "ciudad presente" en "Madrid-Otoño"; "el centro", "el corazón de España" y "el corazón de la pelea" en "Defensa por Madrid, defensa por Cataluña"; Madrid es en definitiva la "capital de la gloria" en "Madrid por Cataluña", verso que da título al conjunto de poemas. La defensa de Madrid se convierte para Al-

[7] Juan Gil-Albert habló con gran acogida sobre "El poeta como juglar de guerra" con motivo de la "Exposición del Libro Antifascista" que tuvo lugar en Valencia en febrero de 1937, así como sobre la relación desencadenada en la España leal entre poeta y pueblo y la aparición del romance como forma de narrar heroísmos y desdichas. El romance, debido a la tradición histórica, la implicación heroica, la facilidad memorística de escuchar y recitar que conlleva, fue la forma poética de expresión preferida por poetas y combatientes anónimos en la contienda; ejemplo de ello es la publicación del *Romancero de la guerra civil*, con composiciones recogidas en *El Mono Azul*. Otras publicaciones periódicas donde en menor medida aparecía la forma romancística eran *Hora de España* o *Cuadernos de Madrid* (García de la Concha 1999).

De entre todos sus poemas escritos en y para la guerra civil Rafael Alberti selecciona en *Capital de la gloria*, "Defensa de Madrid, Defensa de Cataluña" y "A Hans Beimler, defensor de Madrid".

No debemos olvidar el gran éxito y la resonancia del *Romancero gitano* de Federico García Lorca, popularizado en las trincheras y en las retaguardias. Incluso algunos de los poemas y de las canciones populares de García Lorca se cantaban con diferente letra apropiada a situaciones concretas de la guerra, pero respetando el ritmo y la entonación.

berti en símbolo de catástrofe y gloria combinados por una cotidiana destrucción de la lucha, en la angustia y el miedo de sus habitantes y en la desolación de los objetos, junto con el heroísmo y la muerte de la que surge una nueva vida. De la sangre derramada germinará un día la gloria de libertad que Alberti con su palabra quiere ayudar a nacer.

Podemos decir entonces que los relatos de *Capital de la gloria* contienen un homenaje doble: uno, a Rafael Alberti y a su poesía de guerra y otro, al Madrid rodeado por el ejército franquista y destrozado por las bombas de los aliados, pero símbolo de defensa y resistencia antifascista en la desgarrada lucha en favor de unos ideales de libertad.

Del júbilo y la alegría en las calles con la que una impresionante multitud de personas celebran en Madrid la proclamación de la República el 14 de abril de 1931 y cinco años después la victoria del Frente Popular en las elecciones del 16 de febrero de 1936[8], Madrid pasa a ser atacada en noviembre de 1936 por las tropas coloniales de Franco, y rápidamente abandonada a manos del general Miaja por el gobierno del Frente Popular, que se desplaza a Valencia con el convencimiento de que Madrid iba a caer en breve tiempo. En este estado de desconfianza y caos, surgen el coraje y el espíritu de todo el pueblo madrileño que colaboró en la resistencia y defensa de Madrid.

Madrid sale a defenderse: hombres y mujeres de todos los oficios en una atmósfera de lucha y retaguardia con los eslóganes de "¡No pasarán!" y "Madrid será la tumba del fascismo" detienen por primera vez las tropas franquistas. Milicianos y milicianas se organizan para la lucha; se forma el Quinto Regimiento, al que se une la moral y la solidaridad de las Brigadas Internacionales; de Barcelona llega la columna del legendario Buenaventura Durruti, malogrado en circunstancias dudosas cerca de la Ciudad Universitaria, lugar donde se desarrolló una de las luchas más sangrientas.

Madrid se convierte entonces en ejemplo de admiración y lucha antifascista en favor de la libertad. Antonio Machado (1937) lo expresa así en *Madrid. Baluarte de nuestra guerra de la Independencia 7/XI/1936-7/XI/1937*:

[8] Véanse las conocidas fotografías que realizó el famoso fotógrafo de prensa Alfonso, que captó durante medio siglo momentos decisivos en la vida pública de la historia de España y de la vida madrileña de su tiempo, desde la España de los desastres del 98 hasta la primera posguerra, pasando por la dictadura de Primo de Rivera, la República y la guerra civil (López Mondéjar 2003).

Madrid ha sabido ser más que capital de España y espejo de todos los buenos españoles; porque al defender la causa popular, —la justicia del pueblo— vierte su sangre por todos los pueblos y defiende el porvenir del mundo.

En la memoria colectiva de muchos españoles de aquellos momentos reaparece el heroísmo de la Guerra de la Independencia (1808-1814) [9]; la actitud del pueblo en 1936 en defensa de Madrid se identificaba con el Madrid de 1808, en el que todo tipo de mujeres y hombres salen a luchar cuerpo a cuerpo contra las tropas napoleónicas, que aunque bien equipadas y disciplinadas no resisten al coraje y la valentía de mujeres y hombres descalzos y hambrientos que arrancan con una victoria imprevista. Si efectivamente la cruel brutalidad sangrienta y las consecuencias de la Guerra de la Independencia junto con la heroicidad colectiva han sido plasmadas en los diferentes grabados de Francisco de Goya en los *Desastres de la guerra*, la violencia humana de la guerra en el Madrid de entonces quedó inmortalizada en las terribles imágenes que representan las pinturas del mismo autor de *El 2 de mayo de 1808 en Madrid* y *El 3 de mayo de 1808 en Madrid.* En la pintura de *El 2 de mayo*, el pueblo de Madrid, civiles vestidos con sus trajes habituales, lucha a muerte contra los mamelucos montados a caballo; en los fusilamientos de *El 3 de mayo*, la víctima es centro de atención de la barbarie y de la muerte en el momento de ser ejecutado por un pelotón de soldados sin rostro del ejército de Napoleón.

Rafael Alberti describe en el romance "Defensa de Madrid, Defensa de Cataluña" la defensa espontánea de los madrileños en 1936, cómo éstos, de forma similar a 1808, fueron capaces de emplear todas las partes del cuerpo para defenderse, "con uñas, con pies, con codos, con empujones, con dientes, panza arriba, arisco, recto", un hecho simbólico de su resistencia.

En el Madrid de noviembre de 1936, como en la Guerra de la Independencia, los madrileños lucharon hasta la muerte en unas condiciones extremadamente inferiores, materiales y organizativas respecto al ejército de Franco[10], lo que simbolizó aún más el heroísmo y la gloria del pueblo de Madrid, como lo describe Antonio Machado en 1937.

---

[9] Véanse Antonio Machado (1937), Ronald Fraser (1979), Mary Nash (1999).

[10] Como queda arriba anotado son las tropas coloniales las que están en este frente, de ahí la idea generalizara de que se luchaba contra los moros.

> El hecho es que la decisión de pelear hasta morir fue algo perfectamente maduro en el alma del pueblo.
> Y esta decisión era tanto más heroica y magnífica, cuanto que el pueblo carecía de todo recurso material para la guerra, no tenía armas ni instrumentos, ni hábitos militares, frente a un enemigo que parecía poseerlo todo. En opinión de muchos, asistimos, por aquellos días, ya para siempre gloriosos, a unos de los milagros de la voluntad popular, que solo se obran en España.

Si Madrid, a lo largo de la historia de la literatura, ha sido motivo de inspiración poética[11], en la guerra civil, la defensa de Madrid vuelve a ser sin duda vena poética creadora en un tiempo en el que la poesía comprometida sacudía la euforia colectiva[12]. Rafael Alberti no es el único —aunque sea él quien mejor demuestre una relación intrínseca con Madrid— que convierta los sucesos de Madrid en objeto de poesía. Miguel Hernández, Manuel Altolaguirre, Vicente Aleixandre, Emilio Prados[13] son un breve ejemplo de los poetas a los que el heroísmo y la resistencia de Madrid no dejó indiferentes.

El Madrid de la contienda es también el hilo conductor de los relatos de Zúñiga; pero el Madrid que aquí se nos presenta no es precisamente el heroico, el de la pronta victoria y de la gloria, sino el de la catástrofe: el Madrid castigado y transformado por las bombas, el que durante tres años padeció los sufrimientos de la guerra. Los protagonistas de los relatos no son los héroes épicos, ni las historias que se cuentan son gestas; son, simplemente, mujeres, hombres, niños,

---

[11] Véase por ejemplo la antología poética en *Madrid en la poesía*, tomos I y II. (Alejo Martínez Martín, 1993/1936).

[12] La creación poética en los años de guerra no se limitaba a los poetas, sino que se extendió a hombres y mujeres en las trincheras y en la retaguardia cuyos poemas se publicaban junto a otros de autores de renombre como Rafael Alberti, etc. Muchos de los poemas eran anónimos o de nombres completamente desconocidos. Además, se leía y se escribía en las trincheras y se recitaba poesía en público. Ejemplo de esta creación poética fue la publicación del *Romancero de la guerra de España*, presentación y recopilación de Serge Salaün (1971/1982). Dividida en siete tomos, el segundo, *Romancero de la defensa de Madrid* está dedicado, como el título indica, a la defensa de la capital.

[13] Destacamos los poemas, como ejemplos y entre muchos otros, de Miguel Hernández "Fuerza del Manzanares" y "Madrid"; de Manuel Altolaguirre "Madrid, 1937"; de Vicente Aleixandre "El miliciano desconocido. Frente de Madrid"; de Emilio Prados "Ciudad Eterna (Madrid 1937)" y "Madrid ciudad eterna" (Martínez Martín, 1996). Véase asimismo la antología poética titulada *Capital de la gloria. Poemas de la defensa de Madrid* recopilada por Jesús García Sánchez (2006).

personas corrientes que se encuentran atrapados en una tragedia, que en la mayoría de los casos, ni pensaron ni buscaron; son, en definitiva, víctimas de las desdichas que engendra una guerra. Son tragedias individualizadas en reacciones a veces imperceptibles que afectan a los sentimientos de deseos, amor, amistad, traición y que por ende, transforma el carácter de los personajes. En un porcentaje alto de los relatos de *Capital de la gloria*, la mujer es la protagonista principal; pero estas mujeres que distan mucho también de ser como algunas de las heroínas de los *Desastres* de Goya y tampoco son las milicianas que cogen un fusil y salen a la calle a defender la República, expresan su condición de víctimas, aunque, sin embargo, sean heroínas a su manera; víctimas, indudablemente, porque padecen los desastres de la guerra y heroínas porque ante este ambiente de asedio y de barbarie intentan, cada una a su manera, sobrevivir.

De destrozos y transformaciones: el terror caído del cielo

Uno de los temas latentes en los relatos de Zúñiga son las destrucciones y cambios que produce la guerra. El paisaje de Madrid se transforma, se metamorfosea a lo largo de los relatos en una ciudad fantasma de escombros, de muerte y de silencio, como se transforman también los caracteres de los personajes, sus costumbres y sus vidas. Estos cambios físicos y psíquicos están motivados por los bombardeos y sus consecuencias. La destrucción de edificios, la muerte de inocentes, el impacto psíquico adquieren una relevancia especial porque actúan de marco general en el que se desarrollan casi prácticamente todas las historias de los relatos de Zúñiga.

La guerra aérea utilizada masivamente sobre la retaguardia por primera vez en la historia durante la guerra civil española cambia el panorama del tipo de guerra que se conocía hasta entonces; ahora las víctimas de los bombardeos podían estar lejos de los lugares de batalla porque los objetivos eran la población civil, completamente indefensa ante un ataque caído del cielo. La ayuda que Franco obtuvo de Alemania e Italia, referente a la aviación bélica, en la que pudieron probar avanzada tecnología militar, fue decisiva en la victoria de los sublevados. La retaguardia de pueblos y ciudades en la zona republicana fue muy castigada por los bombardeos, causando miles de víctimas inocentes (Solé i Sabaté/Villarroya 2003).

Los bombardeos masivos que sufrió Madrid desde el comienzo de la contienda por parte de los aliados de Franco fue el inicio de lo que seguiría a ciudades como Barcelona, una de las más destruidas, y otras de la costa del Levante, aunque el ejemplo más inaudito de catástrofe provocado por la guerra aérea fueron los ataques el 26 de abril de 1937 de la Legión Cóndor sobre Guernica, una pequeña villa insignificante e indefensa, que quedó completamente arrasada por los bombardeos. Pablo Picasso inmortalizó inmediatamente en el cuadro *Guernica* la destrucción, el caos, el dolor y la muerte de la población civil producidos por los bombardeos, anticipo de lo que llegaría a ser la guerra aérea en la Segunda Guerra Mundial, en ciudades como Hamburgo o Dresde.

Madrid fue una de las ciudades más castigadas durante la guerra civil, ya que los bombardeos eran diarios desde su defensa. Los efectos causados por las bombas quedaron grabados en la mente de muchos españoles. Gloria Fuertes[14] (2002: 12) lo recuerda así mucho tiempo después en su poema "Cuando Madrid era Sarajevo": "En Madrid llovía metralla, llovían muertos [...]". A Zúñiga los bombardeos y sus destrozos debieron también impactarle y fijarse en su memoria, porque son muchos los pasajes de descripciones de ataques aéreos sobre la ciudad que presenta en sus relatos.

Los bombardeos en *Capital de la gloria* son un presente continuo cotidiano que transforman la ciudad en un paisaje de muertos y de dolor, de destrucción de las casas que espanta a los protagonistas, a unos les produce miedo, a otros estremecimiento, pero nunca les deja impasibles.

> Y en Octubre fueron los primeros bombardeos, y los cadáveres extendidos en las aceras hasta que venían las ambulancias o simples coches, que los recogían, y las casas que ardían y las que se derrumbaban en una oleadas de vigas de madera, cascotes y tejas; y la cara compungida, estupefacta, de los heridos que daban unos pasos tambaleantes con la cabeza ensangrentada por los cristales que les cayeron encima, y el estruendo, los estrépitos, los zumbidos de la aviación, todo lo que a Rosa espantó, [...] ("Rosa de Madrid", pp. 61-62)[15].

Los sonidos y los colores producidos por los ataques aéreos y las sirenas de alarmas antiaéreas que avisaban para recogerse en los refugios, túneles o en los sótanos que se nos van describiendo a lo largo de los cuentos, pasan a ocupar un

---

[14] Gloria Fuertes nació en Madrid (1917-1998). Su poesía sirve tanto para niños como para mayores. *Garra de la guerra* (2002) es una recopilación de poemas de guerra anteriormente editados en diversos libros, que incluye algún inédito.

[15] En adelante anotaremos el título del relato y la página de la citación correspondiente de *Capital de la gloria* (2003) de Juan Eduardo Zúñiga.

lugar determinante en la vida de retaguardia de Madrid. Sin embargo, en algunos casos, el terror del cielo se nos describe como una atracción de juegos de luces y sombras que atrae y fascina a los personajes, produciendo sensaciones ambivalentes, temor a unos, emoción a otros, al contemplar en el cielo un espectáculo desconocido de ataques y contraataques[16].

> Contemplaban atónitos aquellas llamas lejanas y el hombre repetía: "Van a arder todos los cuadros, todos los cuadros", y Adela le sujetaba por el brazo y percibía un estremecimiento de emoción. Sobre ellos, el cielo estaba cruzado por rayas luminosas de los proyectores de la defensa antiaérea y su luz daba en las nubes y descubría sus formas extrañas que en seguida desaparecían para que otras nuevas emergiesen en la oscuridad, sólo un instante, según el haz luminoso las recorría sin parar, alternando la blancura de la nube y el sombrío abismo del firmamento (*Los deseos, la noche*, p. 25).

La curiosidad de los ciudadanos mezclada de inocencia y desconocimiento ante esta nueva forma de hacer la guerra desde el cielo y en el cielo, de ataques y contraataques, hacía que la gente en los primeros meses de los bombardeos se parara en las calles o saliera a los balcones a contemplar a los aviones, o a adivinar si eran de los suyos, los rojos, o los alemanes. Ante esta imprudencia ciudadana, las autoridades intentaban disuadir a la población de seguir haciendo este *sport*, como lo llamaban, transmitiéndoles información y educándoles de cómo debían comportarse ante los ataques aéreos (Solé i Sabaté/Villarroya, 2003).

El temor de estos personajes en el texto arriba citado de que ardieran los museos en una ciudad como Madrid, que dispone de una de las pinacotecas más importantes del mundo, el Museo del Prado, fue una preocupación constante también para el gobierno de la República. Bombardeado efectivamente en noviembre del 36, la preocupación aumentó y algunos de los cuadros fueron evacuados primeramente a Valencia, para más tarde ser trasladados, en 1939, a Ginebra[17]. Lo cierto es que casi al mismo tiempo cayeron bombas incendiarias sobre la Acade-

---

[16] En *L'espoir* de André Malraux podemos ver amplias descripciones de lo que significó la lucha antiaérea en el cielo contra los ataques de las aviaciones enemigas de los aliados de Franco.

[17] El Comité Internacional para el Salvamento de los Tesoros de Arte Españoles activó la evacuación de los cuadros del Museo del Prado a Ginebra, no sin dificultades en las carreteras saturadas de futuros exiliados y problemas de comunicación. Antes de ser repatriados por el gobierno de Franco hubo una exposición en Ginebra, aunque en condiciones turbias, ya que Franco prohibió, por ejemplo, la entrada a la inauguración a miembros del Comité por tacharles de republicanos o se negó a pagar los gastos ocasionados por la evacuación.

mia de Bellas Artes y la Biblioteca Nacional (*Arte protegido* 2003). Esta preocupación por el patrimonio artístico y en especial por el Museo del Prado la compartía de especial manera Rafael Alberti. La necesidad de conservar y guardar el tesoro artístico del Prado, que cerró sus puertas al público desde los primeros bombardeos, preocupó no sólo al gobierno, sino al Madrid intelectual y artístico, así como a la Alianza de Intelectuales Antifascistas, de la que Alberti era secretario (Alberti 2003). Esta preocupación por los destrozos que los bombardeos ocasionaban a la capital, y en especial a los museos, la había expresado ya en uno de sus poemas, "Madrid-Otoño", en el que la idea de que los museos pudieran ser destruidos le produce una sensación casi febril: "Capital ya madura para los bombardeos, / avenidas de escombros y barrios en ruinas, / corre un escalofrío al pensar en tus museos / tras de las barricadas que impiden las esquinas".

Zúñiga, en sus relatos, nos recuerda que las bombas no sólo alcanzaron los museos, sino que los barrios más castigados fueron los más pobres. Hay alusiones a los bombardeos, por ejemplo, en Argüelles en el relato "Los deseos, la noche", una zona madrileña de las más destruidas; también nos recuerda cómo la aviación alemana era la que bombardeaba Madrid, cómo los bombardeos asediaban y destruían los barrios más pobres, mientras que otros barrios de familias acomodadas, de chalés, se mantenían intactos, como si los bombardeos no tuvieran que ver con ellos; eran los barrios donde vivía la gente rica y los quintacolumnistas que los sublevados y sus aliados se encargaban de proteger[18].

> Coincidieron aquellos días con un bombardeo en Tetuán de las Victorias y la radio contó la docena de poderosas bombas lanzadas por los Junker alemanes sobre las casitas de aquel barrio, casitas frágiles, de un piso, con paredes de ladrillo y ligeros tejados que al desplomarse aplastaban gente bajo los escombros. También esta vez eran extraídos cadáveres de niños tan deformados que los padres sólo les reconocían por las ropas y no sabían qué hacer con tales despojos ("Rosa de Madrid", pp. 69-70).

> Calló Clara y volvió el silencio que había en la casa y en la calle. En otros barrios lo que sonaba era un fragor de hundimientos y explosiones, de sirenas de alarma cuando la aviación enemiga llegaba, fragor de imprecaciones y disparos, de altavoces que radiaban marchas y consignas. Pero en la calle de los chalés, la calma no sólo era de noche cuando ningún ruido llegaba de la oscuridad que convertía los alrededores en desierto, sino que a lo largo del día apenas se oía el chorro de agua al regar las plantas o una voz que llamaba, todo sin eco, amortiguado por el calor ("Las huidas", p. 102).

[18] El barrio de Salamanca, uno de los barrios ricos de Madrid, apenas fue bombardeado porque allí vivían los *quintacolumnistas* (Cervera 1998).

Nos confronta aquí con uno de los conflictos más antiguos que arrastraba la guerra civil española, la desigualdad y la lucha entre pobres y ricos. El objetivo de la aviación de los aliados de Franco al atacar a los más desfavorecidos, a los barrios bajos cuyas casas se demolían fácilmente, y donde la mayoría de las víctimas eran niños, era en definitiva, atacar al corazón de los que hacían la revolución, con la deliberada intención de intimidarlos y desmoralizarlos para acabar con el espíritu heroico del pueblo. Sin embargo, en muchos casos, esta intimidación se convertía para las víctimas en indignación, por lo que más que amedrentarlas, las enfurecía.

> Señalaban al cielo y gritaban que eran aviones alemanes, veinte aviones enormes que volaban muy bajo; vociferaba un hombre en medio de la calle.
> —¡Alemanes, canallas! ("Las enseñanzas", p. 176).

En medio de este terror caído del cielo, de esta atmósfera de desolación y muerte, de truenos de bombas, se debate la vida de los personajes. Los protagonistas de los relatos buscan en la expresión de sus deseos un escape a esta situación, se forjan con un halo de esperanza. Adela, en el relato "Los deseos, la noche", lo busca en el amor; ensimismada en su enamoramiento, busca en la noche la felicidad de amor perdida; y sale por las calles de Madrid a acogerse y entregarse al deseo frustrado. Pero el sentimiento irracional y romántico de buscar refugio en la noche no la lleva hacia el amor que añora, sino que le devuelve a una realidad que no quiere ver; su vagabundeo por las calles nocturnas la llevan a la realidad de la guerra, a la soledad, a los desastres de las bombas, de los refugios, a las "calles de inseguro pavimento" de "desnivel del suelo" ("Los deseos, la noche", p. 12); en definitiva, se tropieza con las calles de la ciudad transformada por y para la guerra que nos describiría Alberti en "Madrid-Otoño": "Por tus desnivelados terrenos y arrabales, / ciudad, por tus lluviosas y ateridas afueras/ voy las hojas difuntas pisando entre trincheras, / charcos y barrizales".

Otros personajes buscan una esperanza en la huida. La ilusión y la esperanza de huir, salir del Madrid sitiado, se convierte para algunos protagonistas en su único objetivo. Amalia, por ejemplo, pone su esperanza en la huida ("Las huidas"). Quiere ser evacuada a Valencia, salir de ese angustioso espacio de la ciudad sitiada, de prohibiciones e inseguridades, de ese absurdo de destrucción y muerte en la que se encuentra atrapada, que ni ha buscado ni quiere.

Son personajes atrapados a los que la guerra en el Madrid sitiado transforma, cambia y altera psíquicamente. La madre descuida sus costumbres para con sus hijos y sus obligaciones de la casa en su decisión de irse a París. El cambio de carácter producido en la madre, esa alteración interna que la hace estar ensimismada con la única ilusión de irse a París, de escapar de la realidad que le rodea, crea un vacío en el espacio de la casa que afecta a los hijos; es un vacío que se convierte en dolor para ellos. Ver cómo la madre se transforma inesperadamente es mostrarnos, por otro lado, cómo tras una guerra nada vuelve a ser igual que antes.

> En tiempos tan difíciles, en una guerra, nadie podía entender los cambios que acaecían pues los hechos se atropellaban y la integridad de los caracteres se quebraba, maltrechos por alarmas, miedos y conmociones; pero aún más difícil era entender que la madre se marchase de casa cuando nunca lo hizo y estuviera ausente, dejando un vacío en la cocina, en las habitaciones que a todos inquietaba ("El viaje a París", p. 27).

París es el deseo de la madre de encontrar una felicidad y una libertad frustrada, un lugar de refugio ante la desolación en la que vive, donde hay vida y casas habitadas, "comenzaron a hablar de París con entusiasmo, de las casas incómodas y viejas pero habitadas por gente de mil países, la libertad en el vestir y en el pensar" ("El viaje a París", p. 37).

La idea de vacío que se produce en las casas a consecuencia de la guerra está también presente en "Madrid-Otoño" de Alberti; es la angustia del abandono urgente de casas vacías, es el vacío que representan los objetos y los muebles de las casas ante la repentina muerte o la obligada huida de sus dueños.

> Hay casas cuyos muros humildes, levantados
> a la escena del aire, representan la escena
> del mantel y los lechos todavía ordenados
> el drama silencioso de los trajes vacíos,
> sin nadie, en la alacena
> [...]

Las transformaciones la sufren también los muebles de las casas, que con la guerra se descuidan y se envejecen, "y los muebles fueron envejeciendo y se deformó el sofá y amarillearon las flores de la pared" ("El viaje a París", p. 35) al quedarse deshabitadas, como también lo expresa Alberti en "Madrid-Otoño", "estos descoloridos sofás desvencijados/ que ya tan sólo el frío los usa y los defiende".

La guerra como símbolo que empobrece y convierte todo en sangre y muerte; el lujo se convierte en miseria y desolación; hoteles, casinos, palacios se habilitan para hospitalizar a los heridos: "Sin temor, Adela atravesaba los comienzos de la noche yendo en dirección al Palace, convertido en hospital de sangre, donde antes se celebraban *thé-dansants* y las parejas en la pista" ("La noche, los deseos", p. 12).

De la misma forma, la comida escasea, hay racionamiento, las habitaciones se vuelven baldías y frías; la muerte producida por los bombardeos, el frío y el hambre se mete en las entrañas de las personas ("Las enseñanzas", p. 173). Sin embargo, los personajes de los relatos se aferran a ilusiones y esperanzas para salir de esa destrucción, pero que se vuelven desilusiones y desesperanzas por conseguir un imposible. Por otro lado son mecanismos humanos que les ayuda a seguir adelante en tiempos adversos.

El mejor ejemplo de transformación nos lo muestra el personaje de Rosa ("Rosa de Madrid"). En este personaje confluyen la destrucción física y psíquica al ritmo que avanzan los bombardeos y la destrucción en Madrid. A Rosa le atrapa la guerra en plena juventud; llena de vida y frescura como indica su nombre, con la guerra, se apodera de ella "una angustia que ella llamó "mordedura", pues su entorno confluía hacia ella para herirla" ("Rosa de Madrid", p. 66). Lo que Zúñiga expresa es la ciudad "de la angustia nocturna que ordena hundirse al miedo" de Alberti en "Madrid-Otoño", la que, entre los noticiarios de la radio y los bombardeos en Madrid, la hacen salir a la calle en busca de refugio y compañía, pero que acaba convirtiéndose en frustración y desolación. El grado de degradación a la que llega este personaje representa la destrucción "física y anímica" en la está envuelto un Madrid bombardeado.

> Apenas hablaba en el taller, callaba ante su madre, que sólo sabía hacerle infusiones de tila, no respondía a las cartas de la hermana, se fue degradando lo mismo que la ciudad que le rodeaba y a la que pertenecía, que de ser hermosa y limpia, con jardines y avenidas, iba arruinándose, bombardeada, hambrienta, sucia y fantasmal en su silencio de calles desiertas ("Rosa de Madrid", pp. 72-73).

La mayoría de los personajes de los relatos de *Capital de la gloria* recorre las calles del Madrid de la catástrofe y la gloria en busca de una esperanza, una ilusión que les aparte de la realidad que les rodea. La topografía de la ciudad, la descripción de los nombres de las calles por donde deambulan los personajes, sitúa las acciones de los relatos en un lugar concreto, en el que los protagonistas sin embargo no encuentran más que los desastres reales que produce la contienda.

De solidaridad y traición: la denuncia de los objetos

Junto a los deseos de amor y de huida aparecen también en los relatos de *Capital de la gloria* temas que abarcan la solidaridad y la traición.

El mejor ejemplo de solidaridad en los relatos de Zúñiga está tratado en relación a las Brigadas Internacionales. La ayuda internacional representada por voluntarios extranjeros está latente en la mayoría de los relatos. Junto a personajes brigadistas ficticios aparecen otros conocidos, como Hans Beimler en "Los mensajes perdidos" y Gerda Taro[19] en "Ruinas, el trayecto: Guerda Taro", sin olvidar la descripción de la muerte del joven poeta inglés Julien Bell en "Las huidas".

Se trata de personajes reales que vinieron a España a defender cada uno a su forma —Guerda Taro con la cámara fotográfica, por ejemplo—, los ideales de libertad y democracia de la República. Sin ninguna relación entre sí en la vida real, en los relatos aparecen las conexiones que les unen en España: su solidaridad en la lucha antifascista y su muerte fortuita. En el caso de Hans Beimler y Guerda Taro, ambos, además, fueron perseguidos; Hans Beimler incluso encarcelado por la Alemania fascista.

A pesar de la importancia que desempeñaron las Brigadas Internacionales en la guerra civil batallando en los frentes más duros como fueron la defensa de Madrid o en la batalla de Brunete, la integración y acogida que vivieron entre los soldados republicanos levantándoles incluso a éstos el ánimo, o el homenaje y las palabras conmovedoras a la hora de la despedida de los últimos brigadistas en octubre de 1938, no sirvió para permanecer en la memoria colectiva de los españoles. La líder comunista Dolores Ibárruri, la Pasionaria, en su discurso de despedida a los brigadistas, apelaba ante miles de personas emocionadas a la virtud generosa, al heroicismo y al recuerdo futuro de estos voluntarios.

> [...] Podéis marchar orgullosos. Vosotros sois la historia. Vosotros sois la leyenda. Vosotros sois el heroico ejemplo de la solidaridad y universalidad de la democracia. No os olvidaremos [...] (Preston en Requena y Sepúlveda 2003).

Sesenta y cinco años después, Zúñiga recuerda en sus relatos la solidaridad de los ideales y de la muerte de estos voluntarios extranjeros; recupera la memoria de estos héroes, que a pesar de la importancia que entonces tuvieron, han quedado relegados al olvido.

---

[19] Conservamos el nombre de Guerda Taro como aparece en el relato, aunque internacionalmente sea conocida por Gerda Taro. Su nombre de nacimiento era Guerta Pohorylle. Adoptó como nombre artístico Gerda o Gerta Taro (Scharbe 1994).

Olvidaremos sí, el raro heroísmo, la solidaridad, la desinteresada entrega de vidas a la quimera de los ideales; buscaremos ser felices y así pasarán nuestros días ("Los mensajes perdidos", p. 54).

La idea que se repite en *Capital de la gloria* de que el tiempo borra el recuerdo de la guerra se hace sentir de especial forma en estos relatos. Un olvido en algunos casos deseado en tiempos de guerra, una forma de poder continuar viviendo, de deseos de esperanza y de futuro, donde el recuerdo doloroso no cabe sino como sueño, como realidad de no querer vivirla o haberla vivido.

Hay que tener paciencia. Pasarán unos años y olvidaremos todo esto, y lo que ahora vivimos nos parecerá un sueño: los bombardeos, los frentes, la falta de comida, las traiciones: todo pasará ("Los mensajes perdidos", p. 45).

—Pasarán años y olvidaremos todo, y lo que hemos vivido nos parecerá un sueño, y será un tiempo del que no convendrá acordarse ("Ruinas, el trayecto: Guerda Taro", p. 127).

Sin embargo, el tema del olvido de la guerra se convierte en motivo de recuerdo en estos relatos. En relación a las Brigadas Internacionales, Zúñiga, al recuperar la memoria de Julien Bell, Hans Beimler y Guerda Taro, recupera al mismo tiempo la memoria de todos los brigadistas, su solidaridad y generosidad en la lucha antifascista, al defender la libertad en España, símbolo de la defensa de la libertad en el mundo. Muchos fueron los voluntarios, venidos de todo el mundo[20], que se solidarizaron con la República española y los que lucharon en la guerra civil[21]. Ésta les ofrecía luchar por primera vez por la democracia y contra el fascismo que se extendía por Europa. Intelectuales, obreros, parados, algunos

[20] Las cifras de los voluntarios brigadistas varían entre los 160.000 que declaraba en mayo del 38 la prensa insurgente en la España republicana hasta una cifra intermedia entre 45.000 y 100.000. Véase Moradiellos (1997). Sin embargo, no es el número de voluntarios lo que aquí nos preocupa, sino la calidad solidaria y generosa de unos ideales y el hecho de estar dispuestos a luchar y morir fuera de sus países.

[21] En relación a los escritores extranjeros, Nial Binns (2004, 18-34) divide a los brigadistas según su nacionalidad, separándoles en tres bloques: "Las democracias en crisis (Reino Unido, Francia, Estados Unidos); los países totalitarios (Alemania, Italia, Unión Soviética) y la América Hispana". De igual modo divide a los escritores extranjeros en tres grupos: los combatientes, los congresistas, los testigos involuntarios.

aventureros, todos venían a pesar de las dificultades con las que se encontraban en el camino impuestas por el Comité de No Intervención de no prestar ayuda a la República, con el único objetivo de solidaridad antifascista (Preston 2004).

Zúñiga, en sus relatos, al tratar la muerte de estos voluntarios extranjeros hace reflexionar sobre las razones que les impulsaron a ir a la guerra de España. Alguna de las razones por las que estos extranjeros estaban dispuestos a luchar en los frentes más sangrientos, dejando sus vidas en ella, nos la da una conversación de soldados en uno de los relatos.

> Venían a unirse a las milicias, a combatir. Eran de las Brigadas Internacionales. Sí, de muchos países, unos huían de las cárceles fascistas, otros sólo buscaban aventuras, pero los más traían ideas claras de contra qué tenían que luchar.
> [...]
> —Bueno —intervino uno que estaba al lado—, a los Internacionales yo los he conocido: algunos eran mala gente pero otros eran obreros, y también los que tenían estudios vinieron a esta guerra para defender la República ("Ruinas, el trayecto: Guerda Taro", p. 135).

Para aquellos que "tenían estudios", como dice el soldado, la celebración en Valencia, Madrid y Barcelona en julio de 1937 del II Congreso Internacional de Escritores Antifascistas para la Defensa de la Cultura[22] fue más que un símbolo, una realización, en el que escritores e intelectuales venidos de todo el mundo expresaron su solidaridad con la República española, comprometiéndose en defensa de la cultura, lo que era igual a la lucha contra el fascismo en favor de la libertad. Si algunos empleaban la palabra como bala en la lucha antifascista, otros

---

[22] Antes de celebrarse el II Congreso Internacional de Escritores Antifascistas se había celebrado dos años antes en París el "Premier Congrès des Écrivains pour la Défense de la Culture", donde Malraux y Gide se habían expresado en favor de una literatura, más allá que propagandística, comprometida (Víctor García de la Concha 1992).

Inaugurado en Valencia el 4 de julio de 1937 y clausurado en París el 17 de julio de 1937, participaron en las sesiones de Valencia, Madrid y Barcelona en España escritores e intelectuales prestigiosos de todo el mundo: desde españoles como Rafael Alberti y María Teresa León, José Bergamín, Antonio Machado, etc., hasta alemanes con la escritora Anna Seghers por ejemplo, pasando por hispanoamericanos como el chileno Vicente Huidobro, el peruano César Vallejo, el mexicano Octavio Paz, el cubano Alejo Carpentier; norteamericanos, ingleses, italianos, portugueses, belgas, búlgaros, soviéticos, franceses como el conocido André Malraux, entre muchos otros. En las sesiones de París participaron escritores como Bertolt Brecht, Heinrich Mann, Pablo Neruda, Louis Aragon, Ramón J. Sender, Alexis Tolstoi y un largo etcétera (Aznar Soler en Requena y Sepúlveda 2003).

optaron por la lucha en las trincheras, enrolándose en las filas del Ejército Popular (Aznar Soler en Requena y Sepúlveda 2003).

En relación a la defensa de Madrid, las Brigadas Internacionales fueron, junto con el Quinto Regimiento, las unidades que desarrollaron un papel más importante de resistencia ante las tropas franquistas, al mismo tiempo que levantaron la moral a los madrileños. El heroísmo y la generosidad de las Brigadas Internacionales se convirtieron así en un símbolo de solidaridad que dejó también sus huellas en la poesía de guerra. Alberti fue uno de quienes destacó la ayuda de las Brigadas Internacionales dedicándoles un poema de versos alejandrinos titulado "A las Brigadas Internacionales".

> Venís desde muy lejos... Mas esta lejanía,
> ¿Qué es para vuestra sangre, que canta sin fronteras?
> La necesaria muerte os nombra cada día,
> No importa en qué ciudades, campos o carreteras.
>
> De este país, del otro, del grande, del pequeño
> Del que apenas si el mapa da un color desvaído,
> Con las mismas raíces que tiene un mismo sueño,
> Sencillamente anónimos y hablando habéis venido.
> [...]

El anonimato de estas personas representa al héroe colectivo, símbolo de la lucha internacional proletaria antifascista. Independientemente de la distancia que les separa por la procedencia y por la lengua se comunican por tener el mismo deseo de solidaridad en la lucha contra el fascismo. La sangre, símbolo aquí de ideología antifascista, les vincula más allá de las fronteras, llamándoles a una lucha y a una muerte necesaria para defender la libertad opresora del fascismo que también puede amenazar a sus países. Vienen sin conocer la tierra donde van a morir porque España les necesita. De esta forma la tierra de España se convierte en el lugar común donde estos héroes anónimos se identifican. De la incitación a la lucha y a la muerte en los versos del poema, Alberti acaba con un verso de alabanza y gratitud hacia estos anónimos que vienen de cualquier parte del mundo a defender Madrid y se quedan aquí con su muerte: "Madrid con vuestro nombre se agranda y se ilumina".

Hans Beimler, Guerda Taro y Julien Bell también encontraron la muerte en el campo español. Hans Beimler, en Madrid; Guerda Taro, en la ofensiva de Brunete y Julien Bell, cerca de allí.

La noticia de la muerte de Julien Bell viene dada por la radio en el relato "Las huidas". La radio, que se había convertido en uno de los medios de atención más impactante en la retaguardia, no dejaba impasible a sus oyentes. La gente, siempre atenta a las noticias de la radio, se informaba tanto del curso de la guerra como de destinos personales, como en el caso de la muerte de Julien Bell.

> Hablaban de alguien que había caído en el frente: un joven periodista inglés que colaboraba con las Brigadas Internacionales, conducía en una ambulancia y en la carretera de Villanueva de la Cañada una bomba de aviación le había alcanzado y le llevaron malherido, al hospital de sangre en el Escorial, pero murió a las pocas horas. Era miembro de una conocida familia inglesa, se llamaba Julien Bell y tenía veintinueve años ("Las huidas", p. 111).

La muerte de Julien Bell es un ejemplo real representativo de un joven poeta y ensayista que deja Inglaterra para ayudar en la guerra, en su caso, de conductor de ambulancias y perder su vida en ella[23]. En la imponente sobriedad de El Escorial, convertido en hospital por los republicanos en la guerra civil, acaba la vida de Julien Bell como la de tantos otros extranjeros, incluida la de Guerda Taro como veremos más abajo.

El recuerdo de la muerte de Hans Beimler y Guerda Taro viene dado en relación a dos objetos que recuperan la memoria. Un reloj en el caso de Hans Beimler, una foto en el de Guerda son los motivos ficticios que llevan a los diferentes personajes de los relatos a recordar a estas dos brigadistas representativos que perdieron su vida en la guerra civil española.

Un simple reloj de pulsera, símbolo del paso del tiempo, es el motivo que nos lleva al recuerdo de Hans Beimler. Un objeto personal que se convierte en un *mensaje perdido* que pasa de mano en mano hasta llegar a Luisa, que decide encargase de encontrar a su dueño. El deseo del belga de encontrar al dueño del reloj antes

[23] La muerte de Julien Bell la recoge Niall Binns en *La llamada de España* (2004) haciendo alusión a la celebración al mismo tiempo en Madrid del Congreso de Escritores Antifascistas. Con la diferencia ortográfica en el nombre, Julian en vez de Julien y tratado como poeta y ensayista más que periodista, Binns alude a la misma forma de muerte y explica los motivos que llevaron a Bell a enrolarse en la guerra de España: "Había venido a España como conductor de ambulancias para la organización británica Medical Aid in Spain, en parte por motivos ideológicos, en parte por un gesto de rebeldía contra el peso aburguesado, pacifista y hasta obsoleto de Bloomsbury, y en parte —como confesó en una carta a su hermano— por "el prestigio que uno ganaría en la literatura y aún más en la política" (2004: 55).

de morir se convierte en tiempos de guerra en una obligación moral: "Mi padre, que miraba circunspecto, opinó que en una época tan especial como la que vivíamos había obligaciones ineluctables" ("Los mensajes perdidos", p. 44).

Lo que se pone aquí en juego es la obligación moral de la solidaridad, como mensaje que pasa de una mano a otra "igual a cadena invisible de ideas que unen" ("Los mensajes perdidos", p. 54). Luisa, cuando se compromete en la búsqueda de ese desconocido dueño del reloj, no hace otra cosa que comprometerse con una causa solidaria, como Hans Beimler se comprometió y se solidarizó en la guerra civil.

Este personaje se encuentra al final de su búsqueda con la muerte de Hans Beimler. La relevancia del sinsentido de su muerte, una muerte fortuita e inesperada aparece en el relato en relación a la anécdota de la prenda de vestir, una chaqueta de piel, con la que Beimler aparece siempre en sus fotos[24].

> —¿Una chaqueta de piel? —preguntó Luisa, y aquel hombre explicó que le habían dado en intendencia un chaquetón de piel blanca, una prenda de mucho abrigo, la llevaba puesta la mañana del primero de diciembre en la que quiso inspeccionar una posición en la Ciudad Universitaria, y allí un balazo le mató.
> Escuchábamos con atención lo que siguió diciendo, que él sabía bien quién era Hans Beimler, que había sido diputado en el parlamento alemán, estuvo preso varios años y fue torturado, y en cuanto hubo una posibilidad se evadió del campo de Dachau y huyó a París, y luego vino a España.
> —Fue comisario del batallón Thaelmann y le acababan de nombrar para dirigir la Doce Brigada [...] ("Los mensajes perdidos", pp. 52-53).

Si realidad y ficción se mezclan en el relato, por otro lado, la persecución y muerte de Hans Beimler están basadas en hechos reales. Según los recuerdos de Artur Dorf, un ex combatiente brigadista, Hans Beimler murió el primero de diciembre cuando volvía a su coche tras una inspección a los camaradas del batallón Thälmann. La muerte de Hans Beimler tuvo entonces un eco internacional. Conocido y querido por todos, personalidades como la comprometida comunista Pasionaria, el poeta Ludwig Renns o el general Kléber le dedicaron en su muerte palabras de condolencia y honor. Más de dos millones de personas despidieron a Hans Beimler en el cementerio de Montjuïc, en Barcelona (Maaßen 1976).

[24] Véase, por ejemplo, en Santiago Álvarez (1996: 263).

Tampoco la muerte de Hans Beimler pasó desapercibida para Rafael Alberti, que le dedicó el romance "A Hans Beimler, defensor de Madrid"[25].

Con este romance, Alberti nos confronta con el tipo de poema tradicional español para cantar la muerte de un héroe, en este caso, el héroe colectivo que representa Hans Beimler. Alberti empieza el romance con el saludo utilizado por los comunistas alemanes de ¡Frente Rojo![26]. Hans Beimler era representante del Comité Central del Partido Comunista de Alemania y por lo tanto responsable de los antifascistas alemanes que lucharon en la España republicana. Como denuncia a la Alemania de Hitler y a su lealtad de ideas que le llevaron al campo de concentración nazi, el saludo comunista de Hans Beimler ha de oírse en España, Francia, Italia, pero sobre todo en Alemania. El grito de ¡Frente Rojo! es también el grito de la solidaridad, de la entrega a la lucha antifascista, de la generosidad de todos los brigadistas que como Hans Beimler mueren en España, donde siembran con su sangre los ideales de defensa de la libertad. Pero Madrid agradecida y en su memoria luchará contra el fascismo hasta quedarse sin balas. En la imposibilidad de ser llevado a Alemania, terminan los últimos versos con el saludo comunista y el deseo de que descanse con los suyos, con sus ideales, junto a Lenin.

Si en la guerra civil española el dirigente comunista alemán Hans Beimler fue querido y admirado por muchos, al contrario de la llamada de Alberti, ni su vida ni su muerte, como todos aquellos brigadistas muertos, forman parte hoy de la memoria colectiva ni de los madrileños ni de los españoles. En cambio, el intento de la antigua Alemania del Este de fijar la memoria de Hans Beimler en el espíritu comunista, se muestra todavía hoy en las calles de diversas ciudades y en las escuelas que llevan su nombre[27].

Tampoco la figura de la fotógrafa Guerda Taro, muerta al querer captar con la fotografía una de las batallas más crueles de la guerra, la de Brunete, está hoy

---

[25] "¡Frente Rojo!, dijo el héroe. Y cayó en tierra Hans Beimler/ [...]/ ¡Frente Rojo! Que lo escuche/ la Alemania de las cárceles/ y verdugos que levantan/ las sacas hachas que caen/ sobre los cuellos que nunca/ jamás quisieron doblarse./ [...]/ Madrid que tiene memoria,/ lo gritará hasta quedarse/ las bocas de los fusiles/ secas de tanto gritarle./ [...]/ ¡Frente Rojo! Junto a Lenin,/ allí, tranquilo, descanse".

[26] Jorge Semprún (2001: 219) comenta así el significado de ¡Frente Rojo!: "éste era tiempo atrás el saludo de los comunistas alemanes, en la época sectaria y exaltante, miserable y gloriosa, de la lucha final y de la consigna apocalíptica: ¡Clase contra clase!".

[27] Por el contrario, Berlín cambió en 1995 el nombre de la calle de "Hans-Beimler" por el de "Otto-Braun-Straße".

presente en la memoria de los españoles, como nos lo recuerda Zúñiga en su relato: "Pero esta joven fotógrafa alemana pronto fue olvidada aunque hizo más que ninguno: entregó su hermosa vida a una digna tarea, a una justa causa perdida" ("Ruinas, el trayecto: Guerda Taro", p. 170).

En este relato es, precisamente, una foto de la misma Guerda Taro la que despierta la memoria de esta extranjera a Miguel, un soldado republicano que vagabundea al final de la guerra por el Madrid rendido. Este personaje, paradójicamente, en el intento de olvidar los desastres de la guerra para comenzar una nueva vida, se topa con la memoria de Guerda Taro. En sus encuentros ocasionales con soldados o restos de los que fueron soldados combatientes por las calles derruidas de lo que fue también un Madrid glorioso, este personaje recompone, mediante la memoria de todos estos soldados, la muerte de esta fotógrafa.

El recuerdo de Guerda Taro aparece en relación al hotel Florida, lugar donde se alojaban los periodistas y los escritores extranjeros, y también en relación al conocido fotógrafo de guerra Robert Capa. Miguel vuelve a rememorar cómo la había acompañado al destruido barrio madrileño de Argüelles y cómo recitaba los versos de Rafael Alberti donde aparecen las palabras que simbolizan la victoria de la defensa de Madrid, capital de la gloria: "La capital de la gloria, cubierta de juventudes la frente" ("Ruinas, el trayecto: Guerda Taro", p. 161).

De nuevo en relación con la muerte de Guerda Taro una historia ficticia envuelve otra historia verdadera. Por otro lado, Guerda Taro y Rafael Alberti también se conocían personalmente y no sería raro que ella conociera sus poemas. Los versos de gloria en recuerdo a la defensa de Madrid que escribiera Alberti en el romance de "Madrid por Cataluña", donde incita a los jóvenes del frente a ser los primeros en ayudar a Cataluña en su lucha por defender la República, aparecen en el recuerdo de este personaje precisamente en el Madrid derrotado, destruido, en boca de la vida también truncada de Guerda Taro. Es la expresión de esperanzas y glorias que quedaron frustradas, como la batalla de Brunete o la vida de esta joven fotógrafa.

Lo que también se nos narra en el relato sobre Guerda Taro es su huida del régimen nazi y su relación con otros refugiados antifascistas en París, lo que la llevó hasta España, para ser solidaria con su cámara y ser testigo de las luchas más crueles en el frente republicano, recordándonos especialmente su muerte también casual e inesperada como la de Hans Beimler.

Zúñiga trata de sacarla del olvido recordando las circunstancias también absurdas e inesperadas de su muerte, atropellada por un tanque de los mismos republicanos.

> Fue atropellada en la carretera a Villanueva de la Cañada, [...]. Parece que Guerda iba subida en el estribo del camión, sosteniendo el trípode de la cámara y con la otra mano se sujetaba a la ventanilla abierta. Un tanque venía en dirección contraria, se ladeó y la golpeó y la hizo caer al suelo, y el mismo vehículo en la que iba, o el tanque, le aplastó un pierna y parte del vientre ("Las ruinas, el trayecto: Guerda Taro", pp. 164-165).

Este relato dedicado a Guerda Taro nos recuerda con sentido doble su muerte, porque en su momento pasó desapercibida, casi anónima, como lo recuerda Alberti muchos años después en sus memorias, y porque después de su muerte, ella y sus fotografías han quedado relegadas al olvido, aglutinadas y desplazadas secundariamente en y respecto a las obras de Robert Capa.

> Está muerta. La mató ayer un tanque en la retirada de Brunete. Puede ser que ahí la conozcáis. Si no venís pronto por ella, habrá que enterrarla aquí como a una desconocida. [...].
> Cuando nos pasaron a un cuarto vacío de la planta baja, vimos en un rincón, recostada sobre una tarima, tapada casi todo el rostro ensangrentado por unas vendas y el cuerpo por una sábana, vimos —¡Quién lo hubiera podido imaginar, Dios mío!— a Gerda Taro, la compañera de Robert Capa, aquella linda muchacha que se creía intocable, lo mismo que nosotros pensábamos de ella (Alberti 2003/1978: pp. 108-110).

Una vez conocida su muerte, fue llevada y enterrada en el cementerio de París en medio de condolencias y homenajes. En este caso como en el de Hans Beimler tampoco sus restos mortales tuvieron acogida en tierra alemana. Convertida tras su muerte en heroína y mártir por el Partido Comunista Francés y condolida por renombrados escritores y poetas, la noticia de su muerte ocupó portada de revistas y periódicos franceses para los que ella había trabajado como reportera fotográfica de la guerra civil. En *Regards* apareció un reportaje sobre su muerte, así como aparecieron fotografías suyas en *Ce soir*. Sin embargo, pronto fue olvidada en España y Alemania a pesar de los intentos de la antigua Alemania del Este de recordar oficialmente su figura —en 1970 se puso su nombre a una calle de Leipzig y existe un monumento dedicado a ella en el cementerio de esa ciudad—, la obra fotográfica de Guerda Taro sigue aún hoy sin ser investigada en la medida que se mereciera (Scharbe 1994).

Recordada más como compañera del famoso reportero de guerra Robert Capa que como reportera fotográfica, lo cierto es que muchas fotos de Guerda Taro, debido también a su trabajo conjunto con él en la guerra civil española, fueron y siguen estando a la sombra de Capa (*Robert Capa* 1987).

Zúñiga, al querer recuperar la memoria de Guerda Taro, está reivindicando la importancia de recordar a una de las que fuera posiblemente la primera mujer fotógrafa que muriera en una guerra, en su afán y compromiso de fijar y de dejar constancia documental de instantes de los desastres de la contienda.

Al igual que al personaje de Miguel en el relato le despierta el recuerdo de Guerda Taro una fotografía suya, las fotografías de Guerda Taro sobre la guerra civil han de abrir paso hoy a la memoria y a la reflexión de lo que supuso la contienda, como se nos dice en el relato: "un día aquellas fotografías habrían de servir para juzgar la barbarie y la crueldad de unos años sangrientos ("Ruinas, el trayecto: Guerda Taro", pp. 158-159).

Los relatos de Zúñiga expresan también la cara opuesta a la solidaridad y la generosidad en tiempos cotidianos del Madrid rojo en guerra: la traición.

El autor hace reflexionar sobre los destrozos psíquicos que producen en los hombres la traición, en tiempos donde la solidaridad y el compañerismo son las armas que ayudan a resistir las duras batallas; así, la traición deja secuelas tan destructivas como las bombas. Nos recuerda que los sentimientos humanos, como los del engaño, la deslealtad, o la infidelidad, se dan de igual forma en una guerra, con el agravante de que en estos tiempos adquieren una dimensión sin vuelta atrás. La traición sería entonces la cara opuesta a la solidaridad, que afecta a sentimientos intrínsicos del alma y que, como la gloria o la muerte, perdura en las generaciones venideras.

Las traiciones que nos cuentan los diferentes relatos de *Capital de la gloria* tienen diferentes motivos pero parecidos resultados. El dolor y el recuerdo que crea la conciencia tanto en los testigos como en las generaciones siguientes aparecen simbolizados en algunos casos por objetos personales; objetos, en nuestro caso —una pulsera, un anillo o un reloj— que no sólo despiertan la memoria del pasado, sino que forman parte de una denuncia, la denuncia de una injusticia, en este caso la de la traición.

La traición en la amistad está representada en el relato "El amigo Julio" por silenciar la verdad de los hechos. Otras veces viene dada por partida doble: cuando está provocada por la amistad y por el amor. Un anillo es en este caso el objeto que delata la infidelidad de la amada o la deslealtad del amigo íntimo.

Los objetos son, por tanto, los restos, las huellas que perduran en la memoria de las generaciones herederas y que denuncian la verdad, en este caso, de lo que fue una guerra, despertando no sólo dolor, sino compromiso con el pasado: "La pulsera habría de seguir allí, sobre la mesa, siempre en su memoria" ("Patrulla del amanecer", p. 78).

La pulsera es el objeto que mantiene viva la sospecha del hijo años más tarde de lo que llegó a ser o hacer en la guerra su padre. Tiempo después, este objeto es la denuncia por un lado que lo traumatiza, pero por otro la denuncia que lo responsabiliza. Es el dolor que le afecta a la conciencia, el sentimiento de culpa que arrastra al pensar o sospechar que su padre fue un asesino.

Este objeto de la memoria evidencia al hijo que su padre pertenecía a la patrulla "Los Linces del Amanecer". Su padre, procedente de los barrios bajos, "una figura de hombría en el barrio pobre", al que todos envidiaban por llevar entonces "una cazadora de cuero", "pistola en su funda", "pañuelo rojo anudado a la garganta" y "en la comisura de los labios, el pitillo" ("Patrulla del amanecer", p. 79), símbolos todos ellos que representaban la figura típica de mando entre revolucionarios proletarios, pero también símbolos de los que se tomaban la justicia por su mano y aplicaban la venganza revolucionaria y la represalia personal a su juicio o a su provecho, yendo a la caza nocturna de fascistas y perpetrando saqueos en las casas ricas. Eran los llamados "incontrolados" por los propios republicanos, patrullas que hacían los registros con pretextos de detener fascistas que acababan encontrando por la mañana en los extrarradios "con los ojos alucinadamente abiertos" como explica el relato ("Patrulla del amanecer", p. 82).

Estos patrulleros crearon un ambiente de terror y de inseguridad, sobre todo los primeros meses de la guerra, originando, además de los saqueos, los conocidos "paseos"[28], asesinatos ejecutados por la noche o por la madrugada. Esta situación de descontrol y caos le costó mucho controlar al gobierno de la República, que utilizó la propaganda en la prensa pública y en los discursos políticos para pedir generosidad y piedad en la conducta de soldados y milicianos con los enemigos en la guerra[29]. En otros casos se comunicaba la noticia de la expulsión de los milicianos tachándoles de "indeseables". Los Tribunales Populares, encargados de juzgar delitos de rebelión y sedición y atentar contra la seguridad del Estado, fueron una forma de controlar y calmar a estos "incontrolados" (Fraser 1979).

[28] Los llamados "paseos" fueron un método de exterminio utilizado por ambos bandos. En la bibliografía histórica se hace, sin embargo, hincapié en la diferente reacción de los políticos en los diferentes bandos. Mientras que en el bando republicano el Gobierno trataba de impedirlo, el bando de los sublevados de Franco lo utilizaba de forma sistemática como forma de exterminio.

[29] Véase el discurso que Indalecio Prieto dio por la radio los primeros días de la guerra: "Pero por muy fidedignas que sean las terribles y trágicas versiones de lo que haya ocurrido y esté ocurriendo en tierras dominadas por nuestros enemigos [...] no imitéis esta conducta; os lo ruego, os lo suplico. Ante la crueldad ajena, la piedad vuestra; ante la sevicia ajena, vuestra clemencia; ante todos los excesos del enemigo, vuestra benevolencia generosa [...]" (Fraser 1979: 35).

La joya que el padre llevó a casa tras sus salidas nocturnas, será el trofeo del engaño, de la culpa que le compromete al hijo años más tarde con el pasado de la guerra. ¿Cómo soportar la idea de que su padre fuera un asesino, cómo aceptarla cuando se siente confrontado en el presente con el pasado oscuro de su padre?

> Un golpe en el alma fue un día en el que uno de los amigos, charlando en el bar, le había contado que los "rojos" robaron a su madre todas las alhajas en el año 36, y que eso había pasado a muchas personas; su respuesta fue una mezcla de condolencia, de confusión, de inquietud que el otro interpretaría como indignación pero que era la sacudida por el súbito aparecer en su conciencia, bajo una luz potente del hule desgastado y la pulsera brillando y denunciando su riqueza en la hosquedad y el vacío de la pobre casa, helada aquel invierno, de camastros sucios, de cocina que nadie encendía. Allí habría brillado la pieza como el engaño que intenta adornar la triste fealdad, [...] ("La patrulla del amanecer", p. 81).

Este texto plantea cómo el sentido de la culpa pasa de generación a generación. El amigo, al contar una información desagradable de su familia en la guerra, activa la conciencia del hijo que mantiene en la memoria lo que hizo entonces su padre. Un aparentemente simple objeto denuncia la traición doble cometida por el padre: la traición a los ideales que encarnaban la República y la traición al futuro representado por su hijo. La responsabilidad de la crueldad no se terminan como vemos con la guerra misma ni con la muerte del agresor, sino que como en este caso, es el hijo espectador y testigo el que la sigue arrastrando a lo largo de su vida.

La derrota: fin y principio de una esperanza

Por último, *Capital de la gloria* plantea el tema de la derrota y sus consecuencias. Con el fin de la guerra, la derrota de los republicanos y la victoria de Franco terminan para los vencedores años de sufrimientos y penalidades, para los perdedores comienzan los sufrimientos. La ciudad de la gloria se rinde, se ha convertido en una ciudad fantasma, destruida por las bombas y las balas como el resto del país, "una ciudad de silencio, expectante de lo que iba a ocurrir" (*Ruinas, el trayecto: Guerda Taro*, p. 138).

Uno de los problemas con los que se encontraron los perdedores era el ¿y ahora qué? Para muchos, el salir de España se convirtió en la única esperanza de conservar la vida; escapar, huir de las garras de los vencedores era la única alternativa para los vencidos de poder comenzar de nuevo.

Alguien gritó:
—¿Qué hacemos? ¿Hacia dónde vamos?
—Esto se ha terminado —fue la respuesta, y había que marcharse antes de que las fuerzas del coronel Casado llegaran para ocupar el cuartel; entonces uno preguntó qué les pasaría a ellos, y junto a él unas palabras confusas:
—Madrid se ha rendido. Hay que largarse cuanto antes (*Ruinas, el trayecto: Guerda Taro*, p. 131).

El exilio fue la esperanza para muchos de seguir con vida; pasar la frontera a Francia, o alcanzar Valencia o Alicante para ser evacuados fueron algunos de los objetivos vitales de los derrotados. Una esperanza fracasada para muchos porque los barcos en estas ciudades no llegaron nunca. Hambre, dolor y suicidios para muchos de ellos; el fin de un martirio para aquellos que se pasaron la guerra escondidos en zona republicana; el comienzo de un fin para los vencidos que pasaron a formar parte de las largas filas de prisioneros en las cárceles, en los campos de concentración o en los fusilamientos.

La huida en la derrota se nos presenta sin embargo de otra forma en *Capital de la gloria*. No es el exilio físico huyendo a otro país por lo que opta Miguel el soldado protagonista del relato *Ruinas, el trayecto: Guerda Taro*; es el exilio interior, personal, el cambio de identidad, donde este personaje pretende encontrar esperanza ante la derrota. Un cambio de identidad que exigía a los vencidos la Victoria de Franco en la España *grande y libre* que llevaba consigo la renuncia del pasado, de la libertad y la sumisión al Nuevo Estado. Algo que en un principio no le parecía tan difícil a Miguel, porque él "sólo debía ser Eloy, adoptar su nombre, ponerse un traje de civil" (p. 154). Sin embargo, este simple cambio de nombre, de traje, le cuestiona a este soldado que luchó defendiendo la República conflictos consigo mismo. Por un lado, el de la responsabilidad hacia unos ideales de libertad, por otro, el de la negación del pasado. Este personaje expresa la lucha interna que tuvieron que vivir muchos vencidos con la victoria de Franco para poder seguir con vida en la *nueva España*.

Miguel en su deambular por las calles de Madrid reflexiona comparando lo que queda de esta ciudad en ruinas y lo que quedaría de él mismo si adoptara otra identidad. Al igual que a este personaje le asusta encontrarse con el Madrid metamorfoseado de "calles ensombrecidas y plazas destartaladas" (p. 133), le asusta la transformación que exige la otra identidad, porque no hay una nueva identidad sin abandono de la vieja. Para seguir viviendo con su otro "yo", Miguel se ve obligado a renunciar de su pasado, a abandonar lo que fue y lo que hizo, a olvidar por qué lo hizo, a esconderse de sí mismo, a silenciar que defendió la República, los ideales de libertad; en definitiva, a negar todo lo que fue y por tanto a no responsabilizarse del pasado.

Pero esta irresponsabilidad pasa también por hacer a alguien responsable de él, por hacer cargo a alguien de los sufrimientos, de los destrozos, de las muertes individuales y colectivas que produce una guerra, ¿quién o quiénes son los responsables? ¿se puede juzgar como responsables a todos aquellos llamados a coger un arma e ir a la guerra? El sentimiento de inculpabilidad de todos aquellos requeridos para hacer la guerra lo expresa Zúñiga en boca de un soldado, que más que responsable, se siente víctima de ella.

> Su compañero insistía en que no se le podía acusar de nada por haber estado en el frente: a él le pusieron un arma en la mano, vio a su alrededor cómo se mataban pero no era un asesino, no había provocado la guerra ni sacado provecho de ella (*Ruinas, el trayecto: Guerda Taro*, p. 168).

Por otro lado, el intento de negar su pasado para salvarse de las represalias franquistas, de la muerte, y tomar la identidad del Eloy muerto, implica olvidar y silenciar tanto la existencia del otro como la suya propia. Pero, en esta reflexión sobre la necesidad de olvidar para seguir viviendo, Miguel, en vez de olvidar recuerda, porque en todo su trayecto recorriendo las calles de Madrid no sólo se topa con una cruel realidad, sino porque ésta sin un pasado carecería de sentido.

Los relatos de *Capital de la gloria* nos confrontan por tanto con la imposibilidad de olvidar las penalidades y las destrucciones si no se sabe por qué se cometieron (p. 150), así como la responsabilidad de recordarlas, porque si se olvidaran, todo el sufrimiento hubiera sido en vano.

El olvido no sería entonces la fórmula para entender y superar el sufrimiento de la guerra, sino que para poder entenderla y llegar a superarla hay que empezar por recordarla; por eso en estos relatos se acude a la memoria para reflexionar y poder llegar a entender, y para que otras generaciones venideras lo conozcan y entiendan. La importancia de transmisión de la memoria de generación a generación lo expresa la madre en el relato *Las enseñanzas* cuando apela a su hijo pequeño, ante los destrozos y muertes de hombres y niños originados por los bombardeos, a que recuerde en el futuro lo que es una guerra: "—Esto es la guerra, hijo, para que no lo olvides" (*Las enseñanzas*, p. 178).

CAPÍTULO IV

Soldados de Salamina de Javier Cercas

De entre las novelas sobre la guerra civil escritas en la última década, *Soldados de Salamina* (2001) de Javier Cercas es una de las que más ha suscitado la atención de la crítica tanto en España como en el extranjero. Además de haber sido galardonada con diferentes premios[1], ha gozado de una gran aceptación en el público, superando en poco tiempo las 33 ediciones vendidas. Los elogios a la novela aparecieron pronto en revistas y periódicos, pero sin duda fue la excelente crítica que lanzó el escritor Mario Vargas Llosa[2] la que produjo más eco, calificándola como un libro magnífico, "uno de los mejores que he leído en mucho tiempo y merecería tener innumerables lectores", escribe. Un año más tarde fue llevada al cine con el mismo título por David Trueba, con la intención de "trasladar las mismas sensaciones y provocar o recrear las mismas emociones de la novela" (García Jambrina 2004: 30). En el 2003 se publicaron *Diálogos de Salamina*, unas conversaciones entre el director y el autor de *Soldados de Salamina* donde hablan, comparan y reflexionan sobre el libro y la película.

El hecho de que la novela presente desde una perspectiva nueva los dos bandos de la guerra confrontados, a partir del fusilamiento fallido del escritor e ideólogo de la Falange, Rafael Sánchez Mazas, y termine con la búsqueda desesperada de ese soldado republicano, Miralles, que le perdona la vida, ha dado pie a que se la considere como una novela que mira al pasado con distanciamiento y sin rencores. Jorge Semprún dice que "Es un libro estupendo, un intento nuevo de literatura elaborada que vuelve a la memoria sin rencor y con objetividad" (*El País*, 1/02/03). En la misma línea García Jambrina apunta que "el autor hace una apuesta muy arriesgada por no caer en el maniqueísmo" y añade que nos encontramos "ante una mirada nueva y distinta sobre la guerra civil" (2004: 146). En la primeras páginas del libro aparece un artículo titulado "Un secreto esencial" que

---

[1] Premi Llibreter 2001 Narrativa; Premi Ciutat de Barcelona; Premio de la Crítica de Chile; Premio Salambó.

[2] Vargas Llosa, Mario (2001): "El sueño de los héroes", *El País*, 3/9/2001.

el narrador había escrito en 1999 debido al sesenta aniversario de la guerra civil y de la muerte de Antonio Machado y en el que pretendía encontrar un paralelismo "casi un quiasmo de la historia" —explica el narrador— entre los últimos días que pasó Antonio Machado en el exilio antes de su muerte en Collioure y el fusilamiento frustrado de Sánchez Mazas (p. 23)[3]. Según Neuschäfer (2002: 25) con esta presentación de Machado y Sánchez Mazas se ponen en juego desde el principio los dos bandos opuestos de la guerra de una forma equitativa.

De forma más polémica reaccionaron al artículo algunos de sus lectores, según se explica en la novela, que reprochaban al autor del artículo haber insinuado que "si Antonio Machado se hubiera hallado en el Burgos sublevado de julio del 36, se hubiera puesto del lado franquista (p. 26); o la reacción de otro autor al interrogante final del artículo —"¿Termina mal [refiriéndose a la guerra]?"—, a la que responde el lector: "Termina bien para los que ganaron la guerra [...]. Pero mal para los que la perdimos. Nadie ha tenido ni siquiera el gesto de agradecernos que lucháramos por la libertad [...]", y termina: "¡Y una mierda para la transición!" (p. 27).

Estas reacciones expuestas en la novela demuestran que el autor conoce la polaridad de opiniones que puede desencadenar el tema, así como el reto que supone todavía hoy en España escribir sobre la guerra civil, cuando, además de presentar paralelamente los dos polos opuestos de la guerra, apuesta por hablar de las peripecias bélicas de un camisa vieja, fundador además de la Falange, reivindicar su lugar en la literatura y concederle una gran parte de la novela a su biografía y, por ende, al fascismo español.

Sobre las variadas lecturas que los lectores han hecho de la novela y sobre las diferentes reacciones que ha provocado entre ellos, en función de una u otra simpatía ideológica, habla Javier Cercas en *Diálogos de Salamina*: "Usted dice en su novela [—le escribe alguien—] que el franquismo es un régimen de mierda. Pues, como su novela es una mierda, la voy a tirar a la papelera" (Cercas/Trueba 2003: 44), u otras reacciones completamente contrarias, por ejemplo, el que le reprocharan que dedicara más páginas a un fascista que a un republicano: "que es lo que nos interesa, el de verdad, el nuestro. Al final, la gente va a entender el fascismo y van a aceptarlo" (Cercas/Trueba 2003: 45). Más adelante nos cuenta también cómo en la residencia de Dijon recibían llamadas telefónicas y cartas para el tal Miralles, casi todas procedentes de jóvenes. Alguna de ellas decía:

---

[3] Javier Cercas (2002/2001, 18ª ed.): *Soldados de Salamina*. Barcelona: Tusquets. Las referencias a la novela irán indicadas a partir de ahora sólo con la página.

"Tengo dieciocho años. Yo no sabía que estas cosas habían pasado, señor Miralles. Nos acordamos de usted y de sus amigos" (Cercas/Trueba, 2003: 125) o cómo la concejala de Castelldefels le escribió pidiéndole la dirección de Miralles, "porque le querían hacer un homenaje después de haber pasado tantos veranos en Castelldefels" (Cercas/Trueba, 2003: 126).

Lo que estas diferentes reacciones de los lectores muestran es, por un lado, que al igual que el tema de la guerra civil sigue vivo en la memoria de los españoles evocando emociones vividas, es también un tema susceptible de diversas interpretaciones, al igual que existe un desconocimiento generalizado de la guerra que afecta especialmente a las jóvenes generaciones; por otro lado, estas reacciones revelan la credibilidad de la novela y, sobre todo, el logro del autor de haber conseguido fundir en ella las fronteras entre realidad y ficción literaria.

Entre la realidad y la ficción: el éxito de lo ambiguo

Una de las características de *Soldados de Salamina* es la ambigüedad que plantea la novela. Una ambigüedad que viene dada por la sutil mezcla de realidad y ficción que el autor introduce en su narración y que hace que se difuminen no sólo las fronteras genéricas —como explica Satorrás Pons (2003: 228), "*Soldados de Salamina* apuesta provocativamente por una consecuente ambigüedad genérica: lo que es lírico, poético, cronístico, la reflexión filosófica, histórica, autobiografía se convierten en un *todo* que no es discernible"—, sino también las estructurales; la mezcla de realidad y ficción en la configuración de sus personajes, y el hecho de que acabe existiendo una cierta indeterminación en su significado. ¿Qué es lo que se reivindica en la novela? ¿Se trata de reivindicar la figura del falangista Sánchez Mazas o es el giro de 360° al invertir el protagonismo del camisa vieja por un republicano anónimo, un sin nombre, el que trastoca pero que da al mismo tiempo sentido no sólo a la historia de guerra de Sánchez Mazas sino a la novela?

La fusión entre la realidad y la ficción la engendra la historia misma del fusilamiento de Rafael Sánchez Mazas; las condiciones misteriosas, increíbles y casi milagrosas en las que, paradójicamente, consigue salvar su vida de una doble muerte. Primero del fusilamiento en masa —junto a otros 49 presos del bando de los sublevados— realizado por los republicanos antes de su retirada a Francia, a finales de la guerra y cerca del santuario del Collell, convertido desde principios de la contienda en cárcel; y segundo, de la mirada del soldado miliciano que lo descubre y lo deja con vida. Para Sánchez Mazas resulta un fusilamiento fallido y contradictoriamente él acaba siendo un no fusilado.

Este suceso insólito, inexplicable, el sobrevivir a una muerte ineludible, es por un lado una vivencia por la que pasó más de uno en la guerra civil[4], y que se acaba oyendo como anécdota de guerra o como predestinación; por otro lado, roza con la leyenda y el mito y se nutre de algunas de sus características: en primer lugar se trata de un relato que el autor (y el narrador) de la novela conocen por ser trasmitido según la tradición oral, basado en acontecimientos históricos y cuya figura se nos presenta como un héroe legendario[5]; por otro lado es la fuente de inspiración tanto del autor —y del narrador— para la creación de su obra, al estilo clásico griego, y cuyo suceso es el germen y eje de la novela.

Javier Cercas, el autor de la obra, tiene presente que, ajena a su creación, se trata de una historia situada en una frontera imprecisa, resbaladiza, entre la verdad y la mentira, entre la realidad y la ficción, por eso califica la historia de "novelesca", "increíble"; si bien por otro lado existen datos concretos e informaciones en la historia que remiten a la realidad: son sobre todo referentes al contexto histórico de la guerra civil donde se desarrollan los hechos, los lugares y las fechas, además de la figura del propio Rafael Sánchez Mazas; de ahí que el objetivo del autor sea demostrar a lo largo de toda la novela de que no se trata de ninguna "historia novelesca", sino de una historia real. De ahí la continua insistencia del narrador en subrayar que lo que está escribiendo es un *relato real* y *no una novela*, porque es "una historia con hechos y personajes reales. Un relato real" (p. 166).

Por otro lado, el narrador advierte continuamente al lector del carácter ficticio de esta historia, y habla de que se trata de una leyenda y por tanto no carente

---

[4] Otro de los fusilados ese día con Sánchez Mazas que logró escapar con vida fue Jesús Pascual Aguilar, que refiere el episodio en su libro titulado *Yo fui asesinado por los rojos*, que Aguirre, un historiador que llevaba años estudiando sobre lo ocurrido, se lo entrega al narrador de la novela, Javier Cercas (p. 27).

En *Las fosas de Franco* (2003: 45) también Emilio Silva cuenta que en el camión donde iba su abuelo dos de los prisioneros trataron de escapar. Uno de ellos murió a tiros y otro logró escapar y confundirse en la oscuridad, aunque el destino le deparara la muerte tiempo después.

El perdonar o ayudar a salvar la vida al contrario no es tampoco algo que pase de forma esporádica: como cuenta Cercas en *Diálogos de Salamina* (2003: 132), tras la publicación de su libro le llegaron multitud de historias de personas que tenían que matar a otro en una situación extrema y no lo hicieron.

[5] Como una hazaña legendaria es como lo cuenta por primera vez al noticiario el mismo Rafael Sánchez Mazas. Compárese la película *Soldados de Salamina* (2002) de David Trueba.

de contradicciones y ambigüedades, que trata de reconstruir a través de relatos orales, de la memoria de los testigos que ayudaron a sobrevivir a Sánchez Mazas, de recuerdos de familiares y de amigos, pero también de documentos de la época. Lo que se nos está advirtiendo en definitiva es de las posibles trampas que pueden poner la memoria y los recuerdos al tratarse de una historia que se ha transmitido oralmente. De esta forma, el narrador nos muestra sus sinceros intentos de acercarse a la historia de forma distanciada y objetiva, para ofrecernos —no posibles invenciones heroicas—, sino pruebas verosímiles, creíbles.

> [...] y también a través del velo de una leyenda constelada de equívocos, contradicciones y ambigüedades que la selectiva locuacidad de Sánchez Mazas acerca de este periodo turbulento de su vida contribuyó de forma determinante a alimentar. Así pues, lo que a continuación consigno no es lo que realmente sucedió, sino lo que parece verosímil que sucediera; no ofrezco hechos probados, sino conjeturas razonables (p. 89).

El autor de la novela, cuando presenta primeramente las dudas del narrador y luego su razonamiento, partiendo de recuerdos y documentos, que le llevan a la verdad de los hechos, está apelando a la credibilidad del lector como transmisor de lo que cuenta; y si lo que narra es real, aquellos elementos ficticios de la novela se convierten asimismo en elementos reales, de tal forma que personajes tan ficticios como el miliciano anónimo, Miralles, resultan de esta forma para el lector tan real como lo pueda ser su real antagonista, Sánchez Mazas.

Para lograr este efecto en el lector, el autor se arma de diversos recursos que tratan de convencerle, para que crea que lo que cuenta en su libro, además con membrete de novela, es real. En primer lugar, la novela está narrada en primera persona por un narrador que no sólo coincide en nombre y apellido con el autor del libro, Javier Cercas, sino que muestra rasgos reales de relación con él, como que es escritor y autor de *El móvil* y *El inquilino*[6], entre otros menos definibles, pero hipotéticamente creíbles; pero lo que se da también, es una identificación entre narrador-autor con la generación que éste —o ambos— representan: una persona que no vivió la guerra, que vivió el tardofranquismo y al que el pasado de la contienda le resulta lejano y a un tiempo aburrido —siempre oyendo hablar de ella[7]— pero que en realidad descubre que carece de un conocimiento

[6] Javier Cercas escribió *El móvil* en 1987 y *El inquilino* en 1989.

[7] Reig Tapia (1999) en la introducción "¿Todavía la guerra civil?" comenta el significado de la idea de hastío y de rechazo —como en la novela— por parte de esta generación de españoles que

profundo de ella; por eso, trata de acercarse al pasado de forma objetiva, —racional—, para conocer la verdad de lo que pasó. Por otro lado, esta identificación entre narrador y autor no sería tan relevante si no aparecieran en la novela otros personajes tan reales como el mismo autor, conocidos en el ámbito de la opinión pública, escritores como Rafael Sánchez Ferlosio, Andrés Trapiello o Roberto Bolaño, y por supuesto el protagonista del relato, Rafael Sánchez Mazas. Más arriesgado en sí mismo es el intento de dar credibilidad a los "amigos del bosque"; los amigos que ayudaron a Sánchez Mazas a sobrevivir en los días posteriores a su malogrado fusilamiento mientras anduvo errante por el bosque hasta la llegada de los sublevados con la victoria definitiva de Franco, y a esos otros personajes, como Aguirre, que sirven de puente y que le conectan con ellos. Todos estos personajes son, por otro lado, imprescindibles en la novela, porque están unidos a la historia de Sánchez Mazas y son el eslabón vivo que unen al narrador con el pasado reciente de España.

Aunque no exista ninguna declaración ni intromisión del autor en la novela, la interpretación generalizada del lector ha sido la de identificar al narrador con Cercas autor, como apunta Jordi Gracia (2001: 252): "Los lectores han tendido a creerse la voz del narrador como si fuera el propio Cercas el que necesitase hacer todo eso, incluso cuando ya han leído la tercera parte, y ya saben pues hacia donde se dirige el libro", lo que reafirma por un lado la credibilidad del narrador, mientras que por otro, no deja de ser un efecto más de la ambigüedad de la novela, que aparece hasta al final del libro, por ejemplo cuando dice: "Vi mi libro entero y verdadero, mi relato real completo, y supe que ya sólo tenía que escribirlo, pasarlo a limpio, porque estaba en mi cabeza desde el principio" (p. 209).

Esta identificación narrador-autor se rompe en la película, al ser una mujer, Lola Cercas, la que interpreta al narrador, si bien la película trata de mostrar el carácter real de lo que cuenta, presentando una forma de collage entre el reportaje, la documentación y la ficción; como las imágenes documentales intercaladas o paralelas a la película que giran continuamente entre el presente y el pasado; el noticiero donde aparece por primera vez Sánchez Mazas recitando su hazaña; los lugares reales donde se desarrollaron los hechos o mismamente las entrevistas filmadas con una cámara que ligeramente se mueve creando una impresión de reportaje real dentro de la película.

nació en pleno franquismo o en el tardofranquismo, comentando como ejemplo la opinión, en concordancia con ese cansancio sobre la guerra, que el conocido actor Antonio Banderas expresó en TVE en un monográfico sobre su trayectoria profesional.

Se trata, sin embargo, de un narrador rigurosamente controlado por su autor, un creador que busca por todos los medios que su narrador y su obra sean creíbles en ese juego de lo ambiguo, donde involucra además al lector a tomar partido. Desde las primeras líneas de la novela, que empieza hablando de sí mismo, empleará las palabras claves en las que se debatirá ésta: la verdad y la mentira. "Miento. La verdad es que, de esas tres cosas, las dos primeras son exactas, exactísimas; no así la tercera. En realidad" [...] (p. 17).

Palabras como "realidad", "mentira", "invención", "novelesco", se repetirán una y otra vez en la novela; es el juego pantanoso de la confusión, en el que el narrador primero introduce al lector en la duda, para acabar explicando lo que *realmente* sucedió, no sin otro fin que reafirmar el grado de veracidad de lo que cuenta y, por ende, de sí mismo.

La biografía, la entrevista, el reportaje son también recursos que utiliza el autor en su afán de demostrar que lo que cuenta es real y conseguir que el lector le crea. Los recursos biográficos que aparecen en la novela funcionan en varios niveles, y abarcan fundamentalmente la biografía del narrador, la de Sánchez Mazas y acaba de forma más global con la de Miralles (entre otras periféricas como la de Bolaño o la de Pere Figueras, uno de los amigos del bosque).

La biografía de Sánchez Mazas está escrita en tercera persona y ocupa prácticamente la totalidad del segundo capítulo, "Soldados de Salamina". Centrada en la figura del escritor, comprende desde su infancia hasta antes, durante y después de la historia de su fusilamiento frustrado, de su importancia como ideólogo y fundador de la Falange, la correspondiente ideología fascista en España, de su personalidad en el círculo intelectual de su época, al mismo tiempo que recoge su ascenso, caída y olvido a lo largo del franquismo. Datos todos ellos documentados, de calidad científica y precisa. Por otro lado está la biografía del narrador, un estilo de diario del "yo" narrador, que cuenta otras peripecias, las suyas, las del escritor y periodista deprimido que lucha en un mundo interno y externo en la dificultad de escribir su obra. Se trata de una metanovela en que la acaba contándonos todo el proceso de escritura, de la escritura del libro que acaba creando, desde que se encuentra con el germen de la historia, pasando por las dudas, dificultades, personas que le ayudaron, hasta conseguir atar todos los cabos sueltos en torno a la historia de Sánchez Mazas y concluir su obra, su novela, su "relato real". La metanovela la utiliza el autor como ardid donde el narrador atrapa al lector desde el momento en que se abre a él, le presenta con sinceridad y le transmite con pasión todas sus penas y glorias, haciéndole partícipe y cómplice de sus dudas, incertidumbres, mientras que afianza su credibilidad y la de la novela. Por eso, la metanovela se convierte, sin parecer pretenderlo, en uno de los temas centrales en la novela, que ocupa no sólo casi las dos terceras partes de la misma —empieza en el primer capítulo y cierra en el tercero—, sino que acaba siendo los andamios literarios decisivos que tejen el objetivo de la novela. Para Vargas Llosa la historia que da soporte a la metanovela es incluso más interesante que la historia de Sánchez Mazas:

> [...] esta otra historia —la de las oscuras frustraciones, ambiciones y empeños de un joven escritor, que, escribiendo estas páginas, luchaba a muerte contra la amenaza del fracaso de su vocación— es más rica y conmovedora que la del polígrafo falangista y sus desventuras en la guerra civil, y la que ha contagiado a esta última su vitalidad y poderío.

La entrevista y el reportaje le sirven también al autor para crear una base además de verosímil, objetiva. El narrador, periodista como es, busca indicios, investiga, se documenta más allá de la entrevista, acumula pruebas que después empleará para, no sólo informar al lector, sino también para dar una valoración de los hechos, una opinión de sus investigaciones que, de la misma manera en que se orienta él, orienta y encamina al lector a una forma determinada de entender los hechos. Con esta objetividad con la que se impregna el narrador, el autor intenta sustraer su carácter ficticio y darle realidad y credibilidad. Pero a pesar de que todos estos rasgos le remitan objetivamente a la realidad, quedan de nuevo, en el artificio de la narración del libro, sagazmente envueltos en esa frontera deslizable de la verdad y la mentira, la construcción ficticia en la que se sostiene la novela, como lo describe Vargas Llosa (2001):

> Aun cuando todo lo que *Soldados de Salamina* cuenta fuera verdad, y los protagonistas que en la historia aparecen hubieran sido en la realidad tal como allí se los describe, el libro no sería menos novelesco, fantasioso y creativo, debido a la astuta manera como está edificado, al sutil artificio de la construcción.

Si la entrevista y el reportaje en la novela crean efectos reales, por otro lado están entretejidos con rasgos detectivescos que producen intriga al estilo de la novela policíaca. En la narración sobre las indagaciones en torno a la historia del fusilamiento de Sánchez Mazas, el narrador no antecede ninguna información importante de sus investigaciones, sino que va narrando en detalle, desde el principio hasta el final, cada paso que va dando en su búsqueda por saber lo que *realmente* pasó y cómo pasó, aunque desde un principio explique que cuando escribe la novela o "relato real", ya conoce toda la información. El único antecedente que proporciona al lector y del que parte la novela es el hecho del fusilamiento fallido y de la existencia de ese soldado anónimo que lo encuentra pero que le perdona la vida. De esta forma crea tensión en la obra, lo que unido al recurso literario de la repetición e insistencia en que no se trata de una novela sino de un "relato real" y de los continuos razonamientos que giran en torno a la verdad y la mentira que terminan con la interpretación del narrador, el lector queda envuelto en ese vaivén de verdades y mentiras, de hipótesis y conjeturas que el autor deliberadamente pretende. Así, frases como las que vemos a continuación aparecen con frecuencia en la novela.

> Porque justifica el dudoso comportamiento ulterior de Sánchez Mazas, cabe poner en tela de juicio la veracidad de esta versión, también cabe imaginar que no sea falsa. Lo cierto es que [...] (p. 90).

> Estas dos últimas hipótesis son erróneas; casi con total certeza las dos primeras no. Sea cual fuere, la realidad es que [...] (p. 95).

La duda y la desconfianza que le acecha a cada información, de que sea todo mentira, un engaño, una farsa, le sirve a este periodista y escritor narrador para alcanzar varios objetivos. Uno, el de mostrar su objetividad como periodista, investigador o detective, que necesita documentarse en profundidad hasta cerciorarse por sí mismo de que lo que va descubriendo, de que lo que le cuentan familiares y amigos sobre las vicisitudes de Sánchez Mazas, es cierto. Otro, el de adelantarse al lector en las posibles dudas que éste pueda tener, para llegar a su verdad, y un tercero y más relevante, el de constatar mediante los documentos, que lo que le transmiten de forma oral los testigos y familiares en relación a la historia de guerra es verdad. De esta forma, el autor consigue, paradójicamente, reforzar el grado de veracidad que trata insistentemente de conseguir en su novela. Pero lo que también se nos muestra, tras este escepticismo ante los sucesos que tienen que ver con el pasado de la guerra, las complejidades de las acciones humanas, los motivos que pueden llevar a engendrar una guerra o a perdonar la vida del enemigo; porque tal vez, llegar a entender, sea lo que lleve a este narrador a desvelar ese "secreto esencial" que anda buscando.

Así, por ejemplo, para demostrar que existieron "los amigos del bosque" el narrador busca en el Archivo Histórico de Gerona si existe el expediente de encarcelamiento de Pere Figueras, hermano de Joaquim Figueras. Ambos, junto con Daniel Angelats, soldados que desertaron de las filas republicanas porque no querían partir al exilio, son los que ayudaron a esconderse a Sánchez Mazas en una masía en el bosque, en espera de la llegada de las tropas franquistas.

> Como asaltado por una súbita iluminación, pensé: «todo es mentira». Razoné que, si el primer hecho que intentaba contrastar por mi cuenta con la realidad —la estancia de Pere Figueras en la cárcel— resultaba falso, nada impedía suponer que el resto de la historia igualmente lo fuera. Me dije que hubo sin duda tres muchachos que ayudaron a Sánchez Mazas a sobrevivir en el bosque tras su fusilamiento —una certeza avalada por diversas circunstancias, [...], pero determinados indicios autorizaban a pensar que no eran los hermanos Figueras y Angelats. [...]. Y en cuanto a la falsa temporada en la cárcel de Pere Figueras, sin duda era una invención del propio Pere, o de su hijo, o de quién sabe quién; [...]. Más decepcionado que perplejo, me pregunté quiénes eran los verdaderos amigos del bosque [...]; más perplejo que decepcionado, me dije que quizá, como algunos habían sospechado desde el principio, Sánchez Mazas ni siquiera había estado nunca en el Collell, [...] (pp. 64-65).
>
> [...].
>
> El portafolios contenía en efecto el expediente de Pere Figueras. Excitadísimo, recobrado de golpe el amor propio, diciéndome que, si la estancia de Pere Figueras en la cárcel no era una invención, tampoco lo era el resto de la historia, examiné el expediente. En él constaba que Figueras era natural de [...] (p. 66).

Vemos como este texto está impregnado de dudas, deducciones, razonamientos; a una negativa le sigue una certeza o posibilidad de verdad. Un juego de juicios mentales, de conjeturas en busca de la verdad, pero sobre todo en busca de dar veracidad a los "amigos del bosque"; si Pere Figueras existió tal y como se lo contaron, entonces existieron los amigos del bosque, pero si no encuentra la documentación de que había estado en la cárcel, todo pasa a ser invención, y entonces no sólo no existirían los amigos del bosque, sino que por deducción tampoco sería verdad la historia que rodeó al fusilamiento de Sánchez Mazas, y por ende el fusilamiento en sí. Pero como más tarde acaba encontrando el expediente de Pere Figueras donde constaban todos sus datos, e incluso cuándo y por quién había sido puesto en libertad, entonces todas sus conjeturas y dudas se diluyen en una, en la fehaciente existencia de que estos tres hombres son los amigos del bosque.

Esta forma detectivesca o investigadora de cerciorarse de todos las pruebas con las que se va encontrando la emplea con la libreta, una especie de diario que Sánchez Mazas escribió durante los días que anduvo errante por el bosque, y por tanto un objeto que le ayudaría a desvelar los días que pasó en el bosque y la existencia de "los amigos del bosque". Primero la imprime en forma de *collage* en el libro, para seguidamente descartar suposiciones de su falsificación y concluir afirmando que es verdadera.

> Para empezar, descarté la sospecha, que insidiosamente me asaltó mientras leía, de que la libreta fuera un fraude, una falsificación urdida por los Figueras para engañarme, o para engañar a alguien [...]. Sin embargo, pensé que de todas formas era conveniente cerciorarse de que la letra de la libreta (o una de las letras de la libreta, porque había varias) y la de Sánchez Mazas eran la misma. De ser así [...] (p. 60).

Ese carácter ambiguo del fusilamiento errado de Sánchez Mazas se intensifica también por los recursos estilísticos narrativos con los que el narrador nos cuenta la historia. Por un lado, a diferencia del resto de la biografía de Sánchez Mazas, que está escrita en indefinido y sus correspondientes tiempos del pasado, transmitiéndonos un suceso que está completamente terminado y que no tiene conexión con la actualidad, en la reconstrucción del fusilamiento fallido de Sánchez Mazas trata de expresar su pensamiento justamente en el momento más trágico de su vida, el momento que afecta al instante antes de su muerte; por eso está escrita en presente histórico, que al mismo tiempo que da inmediatez y actualidad a los hechos, permite al narrador acercarse psíquicamente al personaje y por medio de él, a su experiencia; por otro lado, el narrador utiliza el estilo indirecto con la intención de dejar claro que es él el quien cuenta la historia con cierto grado de alejamiento de los hechos y conseguir esos rasgos de objetividad y veracidad que le caracterizan.

> Transcurre entonces un instante eterno, durante el cual Sánchez Mazas piensa que va a morir. Piensa que las balas que van a matarlo vendrán de su espalda, que es de donde ha brotado la voz de mando, y que, antes de que muera porque las balas lo alcancen, éstas tendrán que alcanzar a los cuatro hombres que forman tras él. Piensa que no va a morir, que va a escapar. Piensa que no puede escapar hacia su espalda, porque los disparos vendrán de allí; ni hacia su izquierda, porque correría de vuelta a la carretera y los soldados; ni hacia delante porque tendría que salvar una muralla de ocho hombres despavoridos. Pero (piensa) sí puede escapar hacia la derecha, donde a no más de seis o siete metros un espeso breñal de pinos y maleza promete una posibilidad de esconderse. "Hacia la derecha", piensa. Y piensa: "Ahora o nunca" (pp. 101-102).

El narrador, a pesar de utilizar el estilo indirecto, pretende acercarse a la conciencia de su personaje mediante el verbo de pensamiento introductorio "piensa" y la utilización en todo el texto del presente histórico, y reproducir fielmente los pensamientos que abordaron a Sánchez Mazas en esos momentos decisivos de su vida y expresar el estado emocional en el que se encontraba. Esta utilización del presente, unido a la repetición del verbo "piensa", produce un efecto tanto de ritmo y rapidez como de tensión e intriga en la acción, que culmina con el estilo directo en frases decisivas como "Ahora o nunca" o más adelante, "—¿Hay alguien por ahí? [...] ¡Aquí no hay nadie!" (104), donde el narrador concentra toda la fuerza de la expresión.

La ambigüedad se da entonces porque, al mismo tiempo que el narrador hace uso del estilo indirecto, quiere por otro lado dar la impresión de que habla libremente la conciencia del personaje pero sin recurrir abiertamente al recurso narrativo literario del estilo indirecto libre, que llevaría el texto a un grado de ficción literaria contrario a lo que trata de conseguir el narrador, escribir un "relato real" y no una novela. De ahí que frases como "Pero (piensa) sí puede escapar hacia la derecha, donde a no más de seis o siete metros un espeso breñal de pinos y maleza promete una posibilidad de esconderse" sean dudosas y causen ese doble efecto intencionadamente buscado de lo ambiguo: se trata de un cuasi estilo indirecto libre debido a la intromisión de ese "(piensa)" intercalado pero sin nexo que recuerda la voz del estilo indirecto del narrador; o dicho de otra forma, acaba por no ser ni lo uno ni lo otro, sino una mezcla de los dos.

Tampoco el hallazgo de Miralles termina resolviendo ni la ambigüedad que plantea el fusilamiento de Sánchez Mazas ni la de la obra. Miralles, que acaba siendo el miliciano republicano que salvó la vida a Sánchez Mazas, surge del azar en el tercer capítulo, "Cita en Stocktom", de una entrevista que el narrador hace al escritor Roberto Bolaño, el cual le cuenta la historia de guerra del tal Miralles, al que conoció en el cámping Estrella del Mar de Castelldefels, en donde veraneaba regularmente Miralles.

Este personaje, que es el contrario y el complemento a la vez de la historia de Sánchez Mazas, arrastra de nuevo al narrador a la búsqueda del personaje que le falta para completar su relato real.

> Esta mañana, excitadísimo y muerto de sueño, le conté a Conchi, mientras comíamos en un self-sevice, la historia de Miralles, le expliqué el error de perspectiva que había cometido al escribir Soldados de Salamina y le aseguré que Miralles (o alguien como Miralles) era justamente la pieza que faltaba para que el mecanismo del libro funcionara (p.167).

Miralles se convierte así no sólo en la pieza decisiva que completa el puzzle del libro, sino también en el personaje que el narrador espera encontrar para que le revele ese *secreto esencial* que anda buscando: por qué no mató a Sánchez Mazas y qué pensó al mirarlo a los ojos.

El convencimiento del narrador de que Miralles es el hombre que busca no surge de indagaciones en archivos y documentos, sino que aparece como una premonición, una iluminación de vigilia, una intuición de ensueño que afecta a la realidad del inconsciente, pero más propia de la invención que de la realidad.

> Pensé en el fusilamiento de Sánchez Mazas y en que Miralles había sido durante toda la guerra Civil un soldado de Líster, en que había estado con él en Madrid, en Aragón, en el Ebro, en la retirada de Cataluña. "¿Por qué no en el Collell?", pensé. Y en aquel momento, con la engañosa pero aplastante lucidez del insomnio, como quien encuentra por un azar inverosímil y cuando ya había abandonado la búsqueda (porque uno nunca encuentra lo que busca, sino lo que la realidad le entrega) la pieza que faltaba para que un mecanismo completo pero incapaz desempeñe la función para la que ha sido ideado, me oí murmurar en el silencio sin luz del dormitorio: "Es él" (p. 165).

De este modo, el autor del libro hace coincidir en el personaje de Miralles todos los rasgos que, deliberadamente y a lo largo del libro, iban caracterizando a ese miliciano anónimo y ata todos los cabos sueltos: Miralles es, así, ese soldado que al mando de Enrique Líster también se encuentra, en esos últimos días indecisos para los republicanos, en el Collell, que se exilia como muchos otros republicanos a Francia; que había oído hablar de Sánchez Mazas y lo conocía, pero además al que le gustaba bailar y cantar "Suspiros de España"[8] un pasodoble que expresa la tristeza y nostalgia del exilio "[...] Tierra gloriosa de mi querer, / tierra bendita de perfume y pasión, / España en toda flor a tus pies, / suspira un corazón. / Ay de mi pena mortal, / porque me alejo España de ti, / porque me arrancan de mi rosal" (p. 121) y que acaba canturreando a su vez el mismo Sánchez Mazas.

A última hora y una vez que el narrador ha encontrado en Miralles al personaje que andaba buscando deja abierto el enigma del que surge la novela, cuando Miralles le contesta con un *no* rotundo a la pregunta si era él ese miliciano que salvó la vida a Sánchez Mazas:

[8] "Suspiros de España" fue compuesta en 1902 por el maestro Álvarez Alonso (1867-1903) y ha sido interpretada por artistas conocidos de diferentes épocas como Estrellita Castro, Manolo Escobar o Diego el Cigala.

> Casi como un ruego pregunté: —Era usted, ¿no?
> Tras un instante de vacilación, Miralles sonrió ampliamente, afectuosamente, mostrando apenas su doble hilera de dientes desvencijados. Su respuesta fue:
> —No (pp. 204-205).

Porque en realidad, una vez que ha llegado a este punto, lo que menos le interesa al autor de la novela es descifrar la incógnita de la historia del fusilamiento, lo que le importa es el personaje Miralles y lo que éste representa; y porque además con Miralles él ya tiene completa y terminada su obra, su relato real y deja abierta la duda para que sea el lector el que la interprete a su modo, porque es posible que éste, que ha seguido los pensamientos y sentimientos del narrador, haya quedado atrapado en esa ambigüedad entre la realidad y la ficción, y como al narrador, tampoco le interese comprobar fehacientemente si Miralles es real o ficticio, si la novela es invención o realidad, porque Miralles acaba siendo la figura que mejor encarna a un personaje humano, real, de carne y hueso, como lo pretendió su creador. Y tal vez sea esta identificación del personaje más ficticio de la novela con el personaje real, humano que éste representa, uno de los éxitos de la novela.

De la reivindicación de Sánchez Mazas a la de los héroes anónimos

En *Soldados de Salamina* se vindica claramente la figura del escritor falangista Rafael Sánchez Mazas, que durante muchos años había quedado relegado al completo olvido. Un escritor que, como anota Carbajosa (2003), a él y a otros intelectuales y escritores falangistas de su época, a su labor de escritores les había acompañado siempre el adjetivo de falangista[9]. Al igual que se fue olvidando a estos escritores falangistas, se fue también postergando, incluso ya durante el franquismo, su ideología, el falangismo, el correspondiente fascismo español. La ideología que Sánchez Mazas ayudó a implantar en España antes de la guerra civil y que defendió toda su vida, acabó por taparse, ignorarse en la democracia española, como si no hubiera existido, como lo expresa el narrador de la novela, al

[9] Mónica y Pablo Carbajosa (2003: XVI) hablan de la corte literaria de José Antonio, entre los que cuentan, entre otros, Rafael Sánchez Mazas, Ernesto Giménez Caballero, Agustín de Foxá, José María Alfaro, Eugenio Montes, Jacinto Miquelarena, Pedro Moularde Michelena, Luys Santa Marina, Samuel Ros y Dionisio Ridruejo.

desvelarnos desde un principio su desconocimiento sobre este escritor falangista, al mismo tiempo que incluye una crítica de cómo la historia de España ha optado por tapar a personalidades falangistas que en gran medida decidieron el destino reciente de España:

> [...] en aquel tiempo no había leído una sola línea de Sánchez Mazas, y su nombre no era para mí más que el nombre brumoso de uno más de los muchos políticos y escritores falangistas que los últimos años de la historia de España habían enterrado aceleradamente, como si los enterradores temiesen que no estuviesen del todo muertos (p. 21).

Unido a este sentimiento de olvido, existe otro de rechazo y repulsa hacia estos escritores e intelectuales falangistas, como lo recoge muy bien en la novela el personaje antiintelectual de Conchi. Esta pitonisa de la televisión local, expresa, aunque lo haga de forma espontánea e irreflexiva, un sentir bastante generalizado y consolidado en la democracia: el desmérito hacia estos falangistas llamados despectivamente fachas y el reconocimiento a poetas y escritores que defendieron la República o fueron víctimas de la guerra como los casos concretos de Antonio Machado y Federico García Lorca, porque estos escritores falangistas, como dice Andrés Trapiello y se repite en la novela, "ganaron la guerra, pero perdieron la de la literatura" (p. 22)[10]. Y como el escribir sobre los falangistas conlleva el fracaso, o al revés, escribir sobre los otros conlleva el éxito, esta pitonisa insiste a Cercas para que abandone la idea de escribir sobre un falangista y sí lo haga, por ejemplo, de García Lorca.

> —¡Mierda! —dijo Conchi—. Ya te dije que no escribieras sobre un facha. Esa gente jode todo lo que toca. Lo que tienes que hacer es olvidarte de ese libro y empezar otro. ¿Qué tal sobre García Lorca? (p. 144).

Pero, ¿qué significa en nuestros días vindicar a un escritor falangista? ¿Significa reivindicar con ello su ideología, el falangismo?

Si bien existe en la novela una vindicación al reconocimiento literario de Sánchez Mazas, existe por otro lado una crítica a la moda empezada a mediados de los ochenta por ciertas editoriales de vindicar a los escritores falangistas sin dis-

[10] Frase acuñada por el escritor Andrés Trapiello en *Las armas y las letras* (2002/1994). Trapiello hace igualmente referencia en este libro al episodio del fusilamiento fallido de Sánchez Mazas en el santuario del Collell (2002/1994: 420).

tinción de calidad, lo que el narrador entiende como una forma de vindicarse a sí mismos como escritores y ser una moda surgida "de un cierto afán de provocación, de la certidumbre problemática de que una cosa es la literatura y otra la vida y de que por tanto se puede ser un buen escritor siendo una pésima persona (o una persona que apoya y fomenta causas pésimas), de la convicción de que se estaba siendo literariamente injusto con ciertos escritores falangistas" (p. 22).

Una vindicación que hace igualmente Carbajosa (2003: XVIII) a que estos escritores falangistas —entre ellos Sánchez Mazas— sean juzgados literariamente como corresponde hoy, desde una perspectiva objetiva ajena a sectarismos políticos:

> Más que necesitados de condena, aversión, empatía o entusiasmo, estas notabilidades demandan una curiosidad inquisitiva que les devuelva no a un banquillo o sitial, sólo al sitio de su época [...]. Tienen derecho a ser juzgados literariamente, del mismo modo que lo han sido en el plano político. Así sucede, lo repetimos, porque la literatura, la cultura española hace ya mucho que no está sometida a hipotecas políticas.

Sin embargo, una vindicación clara que separe literatura y vida en Sánchez Mazas no aparece en boca del narrador, sí en cambio en palabras de Miralles, "—O sea que se puede ser un buen escritor siendo un grandísimo hijo de puta" (p. 190), como respuesta a la calificación como escritor que hace el Cercas narrador de Sánchez Mazas. El narrador insiste en cambio en la novela en dar una valoración de Sánchez Mazas como escritor, al que considera un buen poeta y un buen novelista, aunque matiza que es "un buen poeta menor" (p. 80), pero también el "mejor de los escritores de la Falange" (p. 140), haciendo especial referencia a un soneto de juventud, escrito a los diecinueve años y a la novela *Rosa Krüger*, a la que considera "su mejor novela y también una buena novela" (p. 92), que, escrita en plena guerra civil mientras estaba refugiado en la embajada de Chile, y publicada inacabada cincuenta años más tarde, no tiene nada que ver con la tragedia de la guerra; esta novela, a la que califica de atemporal, carece —apunta el narrador— no sólo de todo el compromiso político que en aquellos momentos caracterizaba a intelectuales y escritores, y que debería haber caracterizado aún más a Sánchez Mazas por su inexcusable importancia en el falangismo, sino que carece de toda la violencia belicosa que conllevaban las ideas falangistas.

Pero la reivindicación que hace Cercas de Sánchez Mazas va más allá de su obra literaria, y engloba su vida, y sobre todo su peso e influencia en la creación de la Falange Española. "De hecho, —escribe— no es exagerado afirmar que Sánchez Mazas fue el primer fascista de España, y muy exacto decir que fue su más influyente teórico" (p. 82), como también se admite en la novela la existencia de una relación entre su ideología y su escritura, si bien subraya la importancia de la época que entre otras cosas a Sánchez Mazas le tocó vivir; en una época en la que difícilmente se podía separar vida, escritura e ideología.

> [...] quizá para Sánchez Mazas el fascismo no fue sino un intento político de *realizar* su poesía, de hacer realidad el mundo que melancólicamente evoca en ella, el mundo abolido, inventado e imposible del Paraíso (p. 82).

Aunque exista en la novela una cierta ambigüedad a la hora de responsabilizar a Sánchez Mazas de ser un falangista, incluso tachándolo de "falso falangista" o "un falangista que sólo lo fue porque se sintió obligado a serlo" (p. 136), inclinando la balanza a la época en la que le tocó vivir o viendo en el fascismo una forma estética por la que estos intelectuales creían además poder cambiar el mundo con sus palabras, como había dicho José Antonio Primo de Rivera en su conocida frase, "a los pueblos no los ha movido nunca más que los poetas" (p. 51), aunque éstas llamaran a la violencia y a la sangre, no le exime el autor de su responsabilidad en conseguir que estallara la guerra civil.

> Porque la guerra es por excelencia el tiempo de los héroes y de los poetas, y en los años treinta poca gente empeñó tanta inteligencia, tanto esfuerzo y tanto talento como él en conseguir que en España estallara una guerra (p. 83).

Incluso la responsabilidad de llevar a la muerte a miles de jóvenes arrastrados por palabras patrióticas de sacrificio y violencia y hasta de la victoria de las armas franquistas recae en la novela más sobre estos falangistas (especialmente José Antonio y Sánchez Mazas) que sobre Franco, el que claramente aparece mal parado y al que se nos describe además de como inepto militar y general decimonónico (p. 51) como "militarote gordezuelo, afeminado, incompetente, astuto y conservador", que se apropió de una ideología a la que vació de contenido y adulteró:

> [...] difundió en artículos anónimos o firmados por él mismo (Sánchez Mazas) o por el propio José Antonio unas ideas y un estilo de vida que con el tiempo y sin que nadie pudiera sospecharlo —y menos que nadie el propio Sánchez Mazas— acabarían convertidos en el estilo de vida y las ideas que, primero adoptadas como revolucionaria ideología de choque ante las urgencias de la guerra y más tarde rebajadas a la categoría de ornamento ideológico por el militarote gordezuelo, afeminado, incompetente, astuto y

> conservador que las usurpó, acabarían convertidas en la parafernalia cada vez más podrida y huérfana de significado con la que un puñado de patanes luchó durante cuarenta años de pesadumbre por justificar un régimen de mierda (p. 86).

La novela engloba por tanto varias reivindicaciones en torno a la figura de Sánchez Mazas que quedan recogidas en la biografía que sobre él incluye la novela. La anécdota de su fallido fusilamiento no deja de ser por tanto un mero pretexto para presentarlo en una dimensión más compleja, la de escritor e influyente teórico de la Falange. Pero reivindicar la figura de Sánchez Mazas supone a su vez reivindicar la existencia de una etapa en la historia de España que tuvo que ver con el fascismo, o lo que es lo mismo, reconocer que en España existió un fascismo que determinó su historia y cuyo partido, las JONS, rituales y simbología impregnaron España durante cuarenta años, perdurando hasta nuestros días.

Después de más de treinta años de democracia, la identificación y la importancia de estos rituales, se han seguido utilizando en manifestaciones de ultraderechas, como lo revelan las protestas de un grupo de ultras por la retirada de la última estatua ecuestre de Franco en Madrid, que tras el grito de ¡Viva Franco!, y el brazo en alto, acabaron cantando el "Cara al sol" (El País, 18/03/05); otro ejemplo son las anuales manifestaciones cada 20 de noviembre que tienen lugar en el Valle de los Caídos en memoria de la muerte de Franco[11]. Todo esto nos indica que aunque posiblemente se trate de grupos más o menos minoritarios y no exista riesgo de desestabilización democrática, aún hoy queda parte de esos rituales fascistas que dominó a España y que un día Sánchez Mazas ayudó a crear.

El autor no cae sin embargo en ningún momento en ninguna exaltación o justificación de la Falange, muy al contrario, insiste en apuntar reiterativamente en el libro, la violencia que contenía el fascismo y la responsabilidad de este fascista en la guerra civil. Es así como nos describe el narrador las primeras pretensiones que tenía al escribir su libro *Soldados de Salamina*:

> Este consistía en escribir una suerte de biografía de Sánchez Mazas que, centrándose en un episodio en apariencia anecdótico pero acaso esencial de su vida —su frustrado fusilamiento en el Collell— propusiera una interpretación del personaje y, por extensión, de la naturaleza del falangismo o, más exactamente, de los motivos que indujeron al puñado de hombres cultos y refinados que fundaron Falange a lanzar al país a una furiosa orgía de sangre (p. 143)

[11] Como exponemos arriba, estas manifestaciones han quedado prohibidas a raíz de la Ley de Memoria Histórica, aprobada a finales de 2007.

Unas pretensiones con afán de explicar y razonar qué es lo que movió a Sánchez Mazas y a estos intelectuales falangistas a crear esa ideología fascista que tanto les fascinó, y que tanta sangre derramó, y/ o la de tratar de entender, de comprender como el mismo autor dice en *Diálogos de Salamina* (2003: 33) "por qué en aquel momento, en los años treinta, hubo una fascinación mundial por el fascismo, y sobre todo por Hitler".

Se nos cuenta, por tanto, en la biografía de Rafael Sánchez Mazas, el esplendor y el declive de este personaje decisivo en la formación de unas revolucionarias, agresivas y violentas ideas que habían germinado ya en Europa y que en España atrajeron primero a este grupo de escritores e intelectuales en torno a la figura del líder falangista José Antonio Primo de Rivera y que en la guerra civil conseguirían ser un brazo decisivo violento y sanguinario del bando de los sublevados.

En la novela se nos narran los momentos de mayor esplendor que vivió Rafael Sánchez Mazas como retórico e ideólogo político de la Falange en los años anteriores a la guerra, en los primeros años treinta, entre el esplendor económico y cultural del Bilbao burgués y el también Madrid cultural de las tertulias en los cafés de intelectuales y escritores, entre las que resaltan las de la Ballena Alegre, o las suntuosas Cenas de Carlomagno, celebradas en el Hotel París en honor a este emperador[12], y donde germinarían y se consolidarían sus ideas fascistas, tras su estancia por la Roma fascista que tanto le fascinó. Se nos habla asimismo de la amistad íntima entre Sánchez Mazas y el líder José Antonio Primo de Rivera; cómo Sánchez Mazas fue su más influyente consejero y cómo las ideas falangistas alcanzaron su mayor auge en el semanario *El Fascio*, revista que se publicó por primera vez poco después de la subida al poder de Adolf Hitler en Alemania en 1933. Lo que demuestra, una vez más, lo difícil que sería sacar del desconocimiento a Sánchez Mazas sólo como escritor, sin hacerlo también de su función como ideólogo y propagandista de la Falange. Porque además de ser el número cuatro del partido, Sánchez Mazas propuso el símbolo del yugo y las flechas, acuñó el grito ritual de "¡Arriba España!" y ayudó a componer la letra del "Cara al sol".

Por el contrario, y paradójicamente, el declive tanto literario y político le llega a Sánchez Mazas tras la victoria de la guerra, poco después de haber alcanzado su máximo ascenso al pertenecer al gobierno de Franco, en el que poco después de ejercer de ministro sin cartera, es destituido de su cargo. Al igual que sus fundadores, la Falange también experimentó su desvirtuación y declive con

[12] Véase Mónica y Pablo Carbajosa (2003).

el franquismo, aunque Sánchez Mazas nunca se retractara a lo largo de su vida de sus ideas fascistas y escribiera en 1957 "Ni me arrepiento ni me olvido" (p. 135), contrariamente a lo que hicieran otros escritores falangistas que pasaron a ser falangistas resentidos, como Dionisio Ridruejo[13].

Estos fascistas, entre ellos Sánchez Mazas, que acabaron de ornamento en la dictadura franquista, pero que evocaban en su momento la idea de imperio de la historia europea, la historia heroica, se consideraban entonces héroes al estilo de la antigua Grecia, héroes protegidos por los dioses guerreros. "Sabían (o creían saber) —explica el narrador— que eran pocos, pero esa mera circunstancia numérica no les arredraba. Sentían que eran los héroes" (p. 86). Porque siendo pocos como eran en un principio[14], se sentían además ese "pelotón de soldados que a última hora siempre salva a la civilización" (p. 86), frase tomada de Oswald Spengler y que gustaba citar a José Antonio[15]. Y estos pocos héroes guerreros como ellos se consideraban, que pensaban salvar la civilización con sus ideas y su valentía, se sentían por tanto como aquellos soldados de Salamina, que siendo muy pocos en relación a la gran armada persa del rey Jerjes, consiguieron, con astucia y la protección de los dioses, como nos describe Heródoto en su *Batalla de Salamina*[16], vencer a los persas y salvar así no sólo Atenas y Grecia de la tiranía, sino salvar los ideales de libertad que éstos defendían.

Pero cuando Cercas se plantea qué es un héroe y reflexiona sobre la heroicidad, se da cuenta de que ni Sánchez Mazas ni los otros intelectuales falangistas llegaron a ser los héroes que pretendían ser, pero que precisamente, Miralles, su antagonista sí lo es. Éste es el héroe que acaba encontrando Cercas, ese miliciano desconocido, un soldado aparentemente insignificante en la guerra, que, con el cuerpo acribillado de cicatrices, acaba solo y olvidado en una residencia francesa en Dijon, enfermo y fumando cigarrillos a escondidas, y que, sin poseer las cualidades intelectuales de Sánchez Mazas, sabe sin embargo en un momento determinado, estar por encima de unas órdenes y perdonar la vida a su enemigo, Sánchez Mazas. Miralles es un hombre *plenamente humano*[17], que actúa con ins-

---

[13] Véanse Mónica y Pablo Carbajosa (2003); Andrés Trapiello (2002/1994).

[14] A principios de 1936, la Falange tenía unos 5.000 afiliados, aparte de los estudiantes universitarios o de secundaria, según cifras de Fernández Cuesta; Payne habla de 10.000 (citado en Thomas 1995/1976: 171); tampoco consiguieron ningún escaño en las elecciones de ese año.

[15] Frase mítica que se le citaba a José Antonio recogida, entre otros, por Pío Moa (2003).

[16] Heródoto describe la *Batalla de Salamina* en el 480 a. C. en el libro octavo *Urania* correspondiente a la Segunda Guerra Médica, en *Historia* de Heródoto (1996).

[17] Compárese Sánchez Cuenca (2003).

tinto humano y sabe anteponer este instinto a cualquier ideología, por eso es Miralles y no Sánchez Mazas el que encarna al tipo de héroe que en su momento describió Bolaño, un hombre que posee "el coraje y el instinto de la virtud".

> [...] un hombre acabado que tuvo el coraje y el instinto de la virtud y por eso no se equivocó nunca o no se equivocó en el único momento que de veras importaba no equivocarse (p. 209).

Por otro lado, la heroicidad de Sánchez Mazas queda en la novela varias veces en entredicho, porque como el resto de los intelectuales falangistas se pasaron la guerra civil, al contrario de la violencia de su retórica, sin pegar un tiro, escondidos, y a la postre salieron bien librados[18].

En cambio, Miralles no sólo representa un héroe cualquiera, sino que es justamente el prototipo de héroe que Sánchez Mazas en su retórica pretendía ser y nunca consiguió alcanzar. Porque el instinto de la virtud que posee Miralles va más allá de perdonar la vida a su enemigo, es un instinto y un coraje del que lucha por unos valores de libertad, unos valores que están por encima de una ideología y de una bandera. No en balde, Miralles, que reclutado a los 18 años en el bando republicano, lucha al mando de Enrique Líster en las batallas de Belchite, en Teruel, en el Ebro, y que como muchos otros acaba cruzando la frontera a Francia, pero que allí, al ver que en vez de acogerles la libertad, les esperaba el campo de concentración de Argelès[19], una playa alambrada, donde les esperaba el hambre y la muerte, se engancha como voluntario a la Legión Extranjera francesa y acaba en África al mando del general Leclerc, un general que no aceptó las órdenes de Vichy. Y fueron Miralles y un montón de voluntarios más de la columna Leclerc, los que, después de atravesar a pie y en varias direcciones el desierto, después de participar en los ataques de Murzuch y Cufra y combatir a los alemanes en la Línea Mareth y a los italianos en Gabès y Sfax,

[18] Como se explica en la novela, el heroísmo de Sánchez Mazas es dudoso, aunque vuelve a España porque se lo pide José Antonio desde la cárcel. "Lo cierto es que Sánchez Mazas, olvidando las protestas de caballerosidad y heroísmo con que ilustró tantas páginas de prosa incendiaria, rompe su compromiso y huye a Portugal" (p. 90).

El interrogante sobre la heroicidad o valentía de Sánchez Mazas queda también en entredicho en Carbajosa (2003).

[19] Véanse por ej. testimonios y fotografías en Martín Casas, Julio; Carvajal Urquijo, Pedro (2002) o el suplemento, "Exilio. La historia olvidada", *El País Semanal*, Nº 1.372. (12/01/2003).

acabaron desembarcando en Normandía, y fueron Miralles y un puñado de hombres como él, los que, sin dejar de luchar, liberaron Paris.

Y es este soldado anónimo de Miralles, que acaba llevando una bandera que no es la de su país, sino, como dice la novela "de un país que es todos los países" (p. 209) y que existe porque un soldado como Miralles la levanta y que "polvoriento y anónimo" junto a sus compañeros soldados también anónimos caminan en el desierto "hacia adelante, siempre hacia adelante" (p. 209), son los verdaderos soldados de Salamina que acabaron, sin pretender siquiera serlo, siendo "ese pelotón de soldados que a última hora salva a la civilización":

> Pensé: "Lo que ni José Antonio ni Sánchez Mazas podían imaginar es que ni ellos ni nadie como ellos podría jamás integrar ese pelotón extremo, y en cambio iban a hacerlo cuatro moros y un negro y un tornero catalán [se refiere a Miralles] que estaba allí por casualidad o mala suerte" (pp. 195-196).

Cercas, cuando habla con este hombre viejo, solo y olvidado que es Miralles, sabe que éste es el auténtico héroe griego y no Sánchez Mazas, un héroe que llora como lo hacían los héroes griegos ante un destino humano ineluctable: "Miralles dejó de hablar, sacó un pañuelo, se secó las lágrimas, se sonó la nariz; lo hizo sin pudor, como si no le avergonzara llorar en público, igual que lo hacían los viejos guerreros homéricos, igual que lo hubiera hecho un soldado de Salamina" (p. 201). Miralles llora ante el dolor que siente al pensar en el olvido al que han sido condenados, no él, sino todos sus amigos que lucharon como él, pero que terminaron muertos en la guerra y a los que nadie excepto él recuerda. Estos soldados anónimos que perdieron su vida por un ideal de libertad, son en cambio los únicos verdaderos héroes para Miralles, éstos que murieron en la guerra, porque todos ellos repite Miralles "están muertos, muertos, muertos" (p. 199).

La reivindicación que hace Cercas en la novela pasa de la figura de Sánchez Mazas y la importancia de la retórica de unas violentas ideas fascistas, carburante de la guerra civil, a Miralles y a estos héroes anónimos que murieron en la guerra. Esta reivindicación es la del compromiso y reconocimiento hacia estos *pobres héroes* como los llama Vargas Llosa (2001) que en palabras de este escritor son a fin de cuentas los que "padecen en carne propia estos apocalipsis que otros, más cultos, más inteligentes y más poderosos que ellos, conciben, planifican y desatan, para materializar un sueño que, a la postre, resulta siempre un sueño infernal". Pero estos *pobres héroes* son también los que a fin de cuentas acaban resistiendo y dando su vida por levantar la bandera de la libertad.

Presente y pasado en diálogo

La conexión entre presente y pasado se establece en la novela mediante el joven narrador, Javier Cercas, que acaba de cumplir cuarenta años y pertenece a esta generación de españoles que no sólo no vivió la contienda ni sus consecuencias directas, sino que crecieron con la sensación de que la guerra civil era parte de un pasado completamente concluido sin ninguna relación con el presente y que sus historias sucedieron hace mucho tiempo, perteneciendo más a la leyenda que a la realidad, como el narrador de la novela, que piensa que la guerra sólo engendraba historias novelescas y servía de "excusa para la nostalgia de los viejos y carburante para la imaginación de los novelistas sin imaginación" (p. 21). Una guerra que le resultaba al principio a este narrador tan remota como la batalla de Salamina (p. 43); pero al escuchar por primera vez la anécdota de guerra que le cuenta Rafael Sánchez Ferlosio de su padre le despierta un interés que le lleva a investigar sobre el pasado hasta llegar a descubrir que todavía existen testigos de la historia y darse cuenta de que esas historias de hace más de sesenta años pertenecen a una realidad que sigue viva en el presente y forman parte de éste. No es extraño entonces que reaccione con sorpresa y aturdimiento cuando se entera de que todavía siguen vivos algunos protagonistas de la historia de Sánchez Mazas, como si estas informaciones le fueran apartando de un estado ausente que mantenía respecto a la realidad del presente y pasado de España.

> De todas maneras si de verdad se propone escribir sobre mi padre y Sánchez Mazas, con quien tiene que hablar es con mi tío. Él sí que conoce todos los detalles.
> —¿Qué tío?
> —Mi tío Joaquín. —Aclaró—: El hermano de mi padre.
> Otro de los amigos del bosque.
> Incrédulo, como si acabaran de anunciarme la resurrección de un soldado de Salamina, pregunté:
> —¿Está vivo?
> —¡Ya lo creo! —se rió con desgana Figueras, [...]. Ahora no creo que lo encuentre, pero en septiembre seguro que estará encantado de hablar con usted. ¿Quiere que se lo proponga?
> Un poco aturdido por la noticia, dije que por supuesto que sí (p. 56).

Este sentimiento generalizado de lejanía hacia la guerra civil que nos transmite Cercas se puede explicar por el silencio impuesto que marcó para los vencidos la dictadura y ese deseo de olvido que se llevó a cabo en la transición, pero también en algunos casos por el deseo de padres e hijos de alejar un pasado traumático y poder seguir viviendo, así como cierto rechazo o hastío que generaciones más jóvenes a la guerra mantuvieron hacia el pasado al estar confrontados con historias que oían contar una y otra vez —aunque tal vez siempre a medias— de los familiares y amigos, como lo expresa Figueras, el hijo de uno de los amigos del bosque.

> ¿Le hablaba su padre a menudo de su encuentro con Sánchez Mazas?
> Figueras dijo que sí. Reconoció, sin embargo, que no tenía más que un reconocimiento muy vago de los hechos.
> Entiéndalo —se disculpó otra vez—. Para mí era sólo una historia familiar. Se la oí contar tantas veces a mi padre... En casa, en el bar, solo con nosotros o rodeado de gente del pueblo, [...]. En fin. Yo creo que nunca le hice mucho caso. Y ahora me arrepiento (p. 53).

La sensación de lejanía que el narrador establece entre la guerra civil y la batalla de Salamina, ocurrida en el año 480 a. C., expresa por tanto una doble intencionalidad simbólica que atañe más al presente que al pasado. Primeramente porque existen unos ideales similares de lucha por la libertad contra la tiranía entre los atenienses que se batieron contra los persas y los que lucharon en la guerra civil contra el fascismo. Estos ideales griegos simbolizados aquí en la batalla de Salamina que nos parecen tan antiguos y lejanos y que consideramos que no tienen conexión con el presente, corresponden sin embargo a pensamientos que forman parte de nuestro mundo actual, que son tan modernos como los ideales por los que hoy se siguen luchando. En segundo lugar, por el hecho de que Heródoto que nació hacia el 490 a. C. hizo una descripción de las Guerras Médicas, acontecimientos que ya habían ocurrido antes de que él naciera, basándose principalmente en la tradición oral. Una actualidad que le costó a Heródoto el apelativo de embustero, a pesar de que se le considerase el "padre de la historia"[20]. Como Heródoto, Cercas, el autor de esta novela, que tampoco vivía cuando ocurrió la guerra civil se basa fundamentalmente en fuentes orales[21] para construir la historia de guerra de Sánchez Mazas; probablemente por eso, sabiendo el riesgo que se corre

---

[20] Véase el prólogo "Historiografía griega" de Arnaldo Momigliano en *Historia* de Heródoto (1996).

[21] Una apreciación similar respecto a la relación de la utilización de las fuentes orales entre Heródoto y Cercas se puede ver en García Jambrina (2001: 148).

de que la historia transmitida oralmente sea considerada una leyenda, una invención, es decir, una mentira, se esfuerza por hacer creíble y fiable lo que cuenta.

Son las fuentes orales las que le llevan a Cercas a emprender una serie de indagaciones que le conectan con los testigos fidedignos, que son los que le posibilitan desentrañar la verdad de la historia de Sánchez Mazas. Una búsqueda que se convierte en vital para Cercas hasta encontrar al testigo vivo —y protagonista más directo—, Miralles, el único que puede revelarle la verdad de los hechos.

Las fuentes orales son también las que ponen a Cercas en contacto con una generación de supervivientes de la guerra que están a punto de desaparecer. Es primero por tanto la generación intermedia, como Jaume Figueras, el hijo de Pere Figueras (uno de los amigos del bosque), el que pone en contacto a Cercas con María Ferré y los amigos del bosque que ayudaron a sobrevivir a Sánchez Mazas tras el fusilamiento.

> Fue también gracias a Jaume Figueras, [...], —explica Cercas— como pude conversar con su tío Joaquín, con María Ferré y con Daniel Angelats. Los tres sobrepasaban los ochenta años: María Ferré tenía 88, Figueras y Angelats 82 (p. 72).

Mediante este contacto directo con los testigos de los hechos Cercas se da cuenta de que los testimonios de los testigos son el acceso más directo que tiene para conocer la historia completa de Sánchez Mazas y que es la memoria de éstos la que tiene el poder de traer al presente recuerdos vivos del pasado. Por eso Cercas se sirve de la entrevista para dialogar con ellos; la entrevista confronta así cara a cara a dos generaciones distintas, una vieja como son los testigos de esta historia que cuentan sus experiencias a una generación joven, como Cercas, que se interesa por el pasado de estos supervivientes y trata de recuperar y actualizar sus recuerdos. A través de los testimonios de estos amigos del bosque, Cercas pretende entender lo que pasó en esas circunstancias concretas desde el fallido fusilamiento hasta la llegada de los llamados nacionales, cómo sobrevivió a toda una serie de dificultades y tal vez qué llegó incluso a pensar Sánchez Mazas en esos momentos tan dudosos y difíciles en los que salvó su vida.

Este narrador que forma parte de una generación sin recuerdos propios de ella y ajeno por tanto a la anécdota de este falangista es el que acaba contando la historia de Sánchez Mazas y el que construye con todos los recuerdos de los testigos, una historia afín y común al grupo. Pero es también Cercas el que, como espectador de los recuerdos de estos testigos aún vivos, se convierte a su vez en oyente del testigo, pasando a formar parte de esa cadena de transmisión de la memoria.

De ahí que este periodista y escritor busque una objetividad ante la memoria del pasado y en esa búsqueda observe de forma distanciada no sólo la esencia de los relatos, sino las similitudes, las diferencias, las lagunas y las variaciones motivadas por el presente en la memoria individual de cada portador de la memoria. Por eso, ante los recuerdos de los supervivientes de la historia, observa la estética de los relatos, consciente a su vez de que la memoria al ser subjetiva puede traicionar y confundir; sin embargo, le sirve también para cerciorarse de que lo que cuentan no varía en la esencia de la verdad de los hechos.

> Los tres [Joaquím Figueras, María Ferré y Daniel Angelats] conservaban una buena memoria, o por lo memos conservaban una buena memoria de su encuentro con Sánchez Mazas y de las circunstancias que lo rodearon, como si aquél hubiera sido un hecho determinante en sus vidas y lo hubiera recordado a menudo. Las versiones de los tres diferían, pero no eran contradictorias, y en más de un punto se complementaban, así que no resultaba difícil recomponer, a partir de sus testimonios y rellenando a base de lógica y de un poco de imaginación las lagunas que dejaban, el rompecabezas de la aventura de Sánchez Mazas (p. 72).

El narrador deja constancia de esta manera de que la memoria de estos testigos supervivientes es buena y que las posibles diferencias no sirven sino para completar la historia. Muestra cómo, al tratarse de testimonios orales que se han transmitido dentro del ámbito familiar, han sido narrados prácticamente sin variaciones de generación en generación. Sin embargo, en el afán de buscar objetividad y distanciamiento hacia los hechos, este narrador echa mano de todos los recursos que tiene a su alcance y recurre no sólo a las fuentes orales, sino también a los Archivos Históricos, a los libros, a bibliotecas y a hemerotecas que le pueden ampliar información o que le ayudan a corroborar los hechos. Y éstos contribuyen en su caso a subrayar la fiabilidad de las versiones de los testigos o sus transmisores, como experimenta Cercas al escuchar en la Filmoteca de Cataluña la primera versión oficial que Sánchez Mazas contó poco después de los hechos del Collell al noticiario oficial. Cercas se da cuenta de que las versiones que ha oído contar recientemente poco difieren de la que transmitiera hacía sesenta años Sánchez Mazas, al igual que pone a prueba la fuerza de la memoria por medio de la transmisión oral que es la que evita que una historia caiga en el olvido.

> La filmación —una de las pocas que se conservan de Sánchez Mazas— apareció en uno de los noticiarios de posguerra, [...]; por lo demás esa historia no difiere en lo esencial de lo que me refirió su hijo, así que mientras escuchaba contarla [...], no

pude evitar un estremecimiento indefinible, porque supe que estaba escuchando una de las primeras versiones, todavía tosca y sin pulimentar, de la misma historia que casi sesenta años más tarde había de contarme Ferlosio y tuve la certidumbre sin fisuras de que lo que Sánchez Mazas le había contado a su hijo (y lo que éste me contó a mí) no era lo que recordaba que ocurrió, sino lo que recordaba haber contado otras veces (pp. 42-43).

Si los testimonios orales transferidos mediante relaciones humanas le ofrecen a Cercas una información más preciada, más humana, que le producen sentimientos de emoción y compromiso y hacen que transforme su actitud en relación con el pasado reciente de España, los *lugares de la memoria*[22] como los monumentos conmemorativos, en su caso la cruz levantada en honor a los fusilados del Collell, no le producen ninguna sensación ni ninguna emoción ni ningún recuerdo porque evidentemente carece de él.

Allí permanecí un rato, paseando por el sol frío y el cielo inmaculado y ventoso de octubre, sin hacer otra cosa que auscultar el silencio frondosísimo del bosque y tratar de imaginar en vano la luz de otra mañana menos cristalina, la mañana inconcebible de enero en que, sesenta años atrás y en aquel mismo paraje, cincuenta hombres vieron de golpe la muerte y dos de ellos consiguieron eludir su mirada de medusa. Como si aguardara una revelación por ósmosis, me quedé allí un rato; no sentí nada. Luego me fui (pp. 70-71).

La experiencia del narrador en su visita al santuario del Collell y al lugar donde ocurrieron los hechos se contrapone a su vez a narraciones de transmisión oral más completas y que transmiten una verdad más compleja, como la que le cuenta el cura referente a lo que sucedió en el monasterio del Collell cuando llegó el ejército de Franco, donde a su vez "no dejaron con vida a un solo guardián de prisión" (p. 70).

Soldados de Salamina no sólo narra unos sucesos que ocurrieron hace más de sesenta años, sino que nos presenta la situación que existe actualmente en España en relación al pasado de la guerra, una conexión que en la novela está representada por el narrador Cercas. Cercas hace de puente entre presente y pasado y más allá de construir la historia de guerra de Sánchez Mazas, lo que entabla es una relación de diálogo entre presente y pasado; una relación que se transforma en compromiso. De ahí que Cercas, además de querer entender el

---

[22] En el sentido de *lieux de mémoire* de Pierre Nora (1984).

pasado para comprender mejor así el presente, trate de sacar del olvido a los más abandonados de la historia, como el personaje que encarna Miralles, y trate con su reconocimiento y compromiso de darles un halo de justicia histórica. Al mismo tiempo el personaje Cercas refleja el interés actual por recuperar y mantener viva la memoria de una guerra civil que determinó no sólo destinos personales sino colectivos; una memoria que portan estos testigos que todavía siguen vivos, pero a punto de desaparecer.

El compromiso moral de este escritor respecto a los testigos y supervivientes de la historia queda patente cuando decide tras la entrevista con Daniel Angelats, uno de los "amigos del bosque", escribir un libro con el título *Soldados de Salamina*, como el libro que les prometió escribir Sánchez Mazas, pero que nunca escribió, donde contaría su historia y hablaría de Angelats y de los otros "amigos del bosque". Cercas, cuando toma esta decisión, es consciente de que se siente comprometido ante la deuda que dejó pendiente Sánchez Mazas ante aquellos que le ayudaron y que de no escribir él el libro, todos estos protagonistas quedarían sumidos en el completo olvido. Cercas pretende saldar por tanto una deuda con el pasado que ha quedado pendiente y de la que corresponde hacerse cargo en nuestros días.

Pero la deuda y el compromiso que adquiere Cercas llegan a su culmen con el descubrimiento de Miralles. Poder conocerlo, poder hablar con él se convierte en más vital para este escritor que el hecho de terminar su obra.

Cuando Cercas está frente a Miralles no le interesa juzgar a buenos o a malos, a vencedores o a perdedores, sino lo que quiere es escuchar directamente de Miralles, el único superviviente y testigo directo de los hechos, su testimonio, y de esta forma, llegar a entender y poder reflexionar y encontrar un sentido a las experiencias del pasado, para entender a su vez mejor no sólo el pasado sino el presente.

> Sólo quiero hablar con usted [le dice Cercas a Miralles], para que me dé su versión, para poder contar lo que realmente pasó, o su versión de lo que pasó. No se trata de pedirle cuentas a nadie, sino sólo de tratar de entender...
> —¿Entender? —me interrumpió— ¡No me haga reír! Es usted el que no entiende nada. Una guerra es una guerra. Y no hay nada más que entender. Yo lo sé muy bien, me pasé tres años pegando tiros por España, ¿sabe? ¿Y cree usted que alguien me lo ha agradecido?
> Precisamente por eso... (p. 175).

Cercas quiere entender "precisamente por eso", porque reconoce el desagradecimiento y el olvido generalizado al que han sido sometidos estos olvidados de la guerra que lucharon por los valores de libertad y democracia que hoy él disfruta; de ahí que el Cercas de la novela acabe pensando "¡Y una mierda para la transición!" (p. 175), lo mismo que le dijera al principio un lector de su artículo, reprochando que la guerra terminó bien para los que la ganaron, pero mal para los que la perdieron.

Ante el abandono de Miralles —y por ende a todos los que él representa— Cercas apela al reconocimiento y recuerdo no sólo de la memoria personal, sino al compromiso del Estado ante el olvido al que han estado sometidos. Porque este republicano anónimo, que se pasa su juventud luchando por la libertad hasta entrar con otros pocos supervivientes en 1944 por la Porte-de-Gentilly en París, pero que acaba viviendo exiliado y solo en Francia en una residencia de ancianos en Dijon, es el símbolo del desconocimiento y olvido que han padecido durante tantos años y siguen padeciendo tantos combatientes de guerra que lucharon por los mismos ideales que Miralles.

> Desde donde me hallaba se veía un letrero con el nombre de la plaza: Place de la Libération. Inevitablemente pensé en Miralles entrando en París por la Porte-de-Gentilly la noche del 24 de agosto del 44, con las primeras tropas aliadas, a bordo de un tanque que se llamaría Guadalajara o Zaragoza o Beltiche. [...]; gente atareada e indiferente cruzaba frente a nosotros. Pensé: "No hay ni uno solo que sepa de ese viejo medio tuerto y terminal que fuma cigarrillos a escondidas y ahora mismo está comiendo sin sal a unos pocos kilómetros de allí, pero no hay uno solo que no esté en deuda con él". Pensé: "Nadie se acordará de él cuando esté muerto" (p. 195).

¿Cómo iba entonces a suponer Miralles, que sesenta años más tarde, alguien iba a interesarse por él y su historia de guerra?, ¿cómo iba a pensar, que tanto tiempo después alguien reconociera su abandono y agradeciera aunque fuera de forma simbólica su lucha por la libertad?

Cercas publica su libro *Soldados de Salamina* en el año 2001. Tres años más tarde, el Ayuntamiento de París, con motivo del 60° aniversario de su liberación, rinde homenaje los días 24 y 25 de agosto de 2004 a los republicanos españoles de la División Leclerc que liberaron París de la ocupación nazi, con la inauguración de una placa que dice: "A los republicanos españoles, principal componente de la columna Dronne" (*El País*, 25/8/2004). Sesenta años después de la liberación de París no faltan palabras de agradecimiento y reconocimiento hacia estos luchadores que fueron relegados al olvido. Los políticos pretenden con este homenaje reconocer la deuda vigente hacia estos combatientes que con su resistencia hicieron que se construyera una Europa democrática. También son conscientes de que este reconocimiento intenta "recuperar una parte de nuestra historia que había sido olvidada" (*El País*, 25/8/2004).

Si el Miralles de la novela acoge con escepticismo la idea de que Cercas escribiera sobre él sesenta años después, para algunos de los supervivientes españoles que liberaron Paris, el homenaje de reconocimiento que más tarde les rinde Francia les llega demasiado tarde, ya que —según explican— faltaron unas palabras de perdón a tiempo por parte del Estado francés para curar el recuerdo doloroso de esos años, por el maltrato que sufrieron estos republicanos en Francia al terminar la guerra civil española[23].

Hoy son además unos pocos —diez republicanos— que superan los 80 años los que pudieron presenciar este homenaje en París representando a los miles de compatriotas que lucharon por la liberación de París. Lluís Royo, condecorado en este homenaje, es el último que queda de los que participaron en la División Leclerc, como cuenta para *El País* (25/8/2004):

> La 2DB (II División Brindada del General Leclerc, que venía de Chad) estaba integrada por 14.500 soldados, de los cuales unos 3.500 éramos españoles. De la *nueve* soy el único que sigue con vida.

El personaje de Miralles de *Soldados de Salamina* podría ser uno de estos homenajeados que resistieron luchando por la libertad, y como a Lluís Royo también le llega el reconocimiento muchos años después; o al revés, Lluís Royo —o cualquiera de estos homenajeados, que al mando del general Leclerc entraron en Paris con tanques con nombre de batalla española, *Beltiche*, *Guadalajara*, *Teruel*, *Guernica*— podría ser un Miralles más, que por suerte o casualidad, su lucha por la libertad ha podido ser —en las postrimerías de su vida— reconocida[24].

[23] El aragonés Luis Martí Bielsa de 82 años expresa así su queja en *El País* (22/8/2004) por el trato que recibió del Estado francés, no del pueblo francés: "Este homenaje llega demasiado tarde. Ya quedamos muy pocos de aquellos sucesos" [...]. "A mí, no me va ni me viene este reconocimiento -continúa- porque nosotros combatíamos contra el fascismo, que era nuestra obligación. Lo que hubiera agradecido más es que el Estado francés se hubiera decidido a pedirnos perdón por el trato terrible que recibimos los republicanos al cruzar la frontera. Eramos soldados derrotados y nos trataron como a salvajes, como asesinos". Este recuerdo también escuece a otro de los supervivientes, Miguel Nuñez, aunque la queja no sea extensiva al pueblo francés y tenga buenos recuerdos de sus camaradas franceses.

[24] Compárense las breves biografías de algunos combatientes homenajeados que aparecen en el diario *El País*, 22 de agosto de 2004.

Cuando Cercas decide escribir *Soldados de Salamina* pretende sacar del olvido (o de esa ciudad imaginaria Stockton de la película *Fat City*, donde sólo existe espacio para el fracaso y el olvido), no sólo a Miralles, sino a través de él, a todos aquellos otros a los que Miralles representa. Para evitar que el olvido arrastre a la completa muerte a Miralles y a todos esos otros, Cercas recurre a la memoria de sus nombres como lucha contra la muerte absoluta del pasado; sólo recordándoles y pronunciando sus nombres alarga y devuelve a la vida a todos esos que murieron luchando por la libertad en la guerra civil y en otras guerras, aunque no fueran las de sus países.

Jan Assmann (1992: 63) dice que, según un dicho egipcio, un hombre vive cuando se pronuncia su nombre. Esto es lo que hace Cercas en *Soldados de Salamina*, dar vida a Miralles nombrándolo y a través de él, dar vida a todos esos héroes anónimos que hoy sólo viven en el recuerdo de Miralles, pero que al evocarlos les devuelve a la vida. El autor además, al nombrarlos en su novela, no sólo les devuelve a la vida, sino que les inmortaliza en su libro, para que el lector cada vez que los lea y diga sus nombres les siga devolviendo a la vida. Cercas en su novela apela por tanto al lector a que lea su libro, porque cuantos más lo lean, cuantos más conozcan la historia de Miralles y pronuncien su nombre, más vivo seguirá éste, y con él sus amigos muertos, los hermanos García Segués —Joan y Lela— y Miquel Cardos y Gabi Baldrich y Pipo Canal y el Gordo Odena y Santi Brugada y Jordi Gudayol, y con ellos, tampoco morirán los hermanos Figueras y Angelats y María Ferré, y por supuesto, Sánchez Mazas (p. 208).

CAPÍTULO V

La cara oculta de la represión: *La voz dormida* de Dulce Chacón

La voz dormida, publicada en 2002[1], consiguió pronto, con su 23ª edición ser una de las novelas actuales más leídas en relación a la guerra civil y la posguerra. Y es que Dulce Chacón, en su novela, ha dado voz a las protagonistas más silenciadas y olvidadas de la historia reciente de España: las mujeres que por defender los ideales de libertad y democracia en la guerra civil acabaron fusiladas o en las cárceles, víctimas de la represión franquista, y las mujeres guerrilleras que a pesar de la violencia y la represión continuaron luchando contra el franquismo, participando o ayudando en la resistencia del maquis.

Dulce Chacón en una de sus entrevistas[2] cuenta: "La voz dormida surge de una necesidad personal de hace mucho tiempo, de conocer la historia de España que no me contaron, aquella que fue censurada y silenciada", y subraya, que el motivo de centrar la historia en las mujeres es porque cree que son "las protagonistas de la Historia que nunca se contó". Lo que realiza en su novela, explica en otra de sus entrevistas[3], es un homenaje a los republicanos y republicanas que perdieron la guerra, que no tuvieron la oportunidad de contar su historia.

---

[1] Galardonada con el Premio Libro del Año 2002 y por el Gremio de Libreros 2003. Dulce Chacón fallece de cáncer en diciembre de 2003.

[2] Entrevista con Velázquez Jordán (2002): "Dulce Chacón: La reconciliación real de la guerra civil aún no ha llegado", en *Espéculo* nº 22. Véase <http://www.ucm.es/info/espéculo/número22/dchacon.html> (02/09/2005).

También en: Crespo, Mariano (noviembre de 2003): "Entrevista a Dulce Chacón". Revista *Tribuna de la Administración Pública*. Véase <http://www.mujeractual.com/entrevistas/chacon/index3.html>.

[3] Domínguez, José Antonio (18/03/2003): "Entrevista con Dulce Chacón". Véase <http://www.izquierda-unida.es/iualdia/2003/marzo/18/dulcechacon.html> (14/11/2005).

Basada en testimonios orales[4] recogidos por la autora, en libros de testimonios escritos y documentación histórica, la novela de Chacón abarca y enlaza, en momentos históricos en los que los españoles quieren mirar y conocer su pasado reciente más escabroso, la guerra civil y la represión franquista, dos temas arrinconados y marginados de la memoria colectiva de los españoles, las humillaciones y vejaciones que sufrieron las mujeres presas y el maquis español, consecuencia de la guerra civil. *La voz dormida* se sostiene por tanto no en la memoria de la autora, sino en la memoria de los testigos que aún viven para recordarlo. Debido al grado de testimonio real y de documentación que impregna la obra se ha tendido a identificarla o catalogarla como libro documento, testimonio o reportaje; de ahí que en algunas de sus aclaraciones públicas[5], la autora haya insistido en que se trata de una novela, por lo tanto de una obra de ficción. Sin embargo, se la puede calificar de novela documentalista, capaz de despertar y mantener despierta toda una "imaginación" sobre el tema.

Los rasgos que definen a esta novela como relato ficcional, aunque se basen en esa amalgama de realidades, son el empleo de un narrador omnisciente que escribe en tercera persona, combinado sobre todo con discursos en estilo indirecto libre, donde el narrador se adentra en los pensamientos y deja hablar la conciencia de los personajes. La omisión generalizada en el relato de los verbos de sentimiento y pensamiento que introducen el estilo indirecto libre y las escenas dialogadas que reflejan el habla coloquial de los personajes les caracteriza de auténticos y reales; tan auténticos y tan reales como lo son también la localización espacial y temporal en el que se desarrollan, la posguerra y la cárcel de Ventas de Madrid, así como la represión violenta de exterminio, ejecuciones, torturas, encarcelamientos tras la guerra a la que fueron sometidos hombres y mujeres que defendían los valores de la República y de la libertad.

Lo relevante de la novela es la información fehaciente de una etapa oscura y oculta de la historia reciente de España, como fue la de la represión violenta ejercida por el franquismo.

---

[4] En la larga lista de agradecimientos que la autora incluye al final del libro se puede observar la importancia que otorga a los testimonios de personas que le contaron su historia, así como a libros de ensayos y de testimonios sobre la lucha y la resistencia de las mujeres y publicaciones de historiadores e historiadoras.

En sus entrevistas habla Dulce Chacón de la documentación de su novela: "Hablé con historiadores, visité bibliotecas y hemerotecas, pero lo más importante fueron los innumerables testimonios que recogí en pueblos y ciudades", en José Antonio Domínguez (18/03/2003).

[5] Entrevistas de José Antonio (18/03/2003) y Velázquez Jordán (2002).

Un grito al silencio de la Historia

> La guardiana que recorre el pasillo central camina despacio con los brazos en jarra. Mira a la derecha y a la izquierda. Observa a los familiares. Vigila a las presas. Es La Zapatones, y murmura en voz baja una letanía, la misma que masculla siempre que le toca el turno de locutorio. Algunos creen que reza una oración. Pero no. Repite una y otra vez el último parte de guerra. El parte que su admirado Generalísimo escribió por primera vez de puño y letra. Estando enfermo de gripe, lo escribió de puño y letra. Y ella lo aprende de memoria: *En el día de hoy, cautivo y desarmado el ejército rojo, han alcanzado las tropas Nacionales sus últimos objetivos militares. La guerra ha terminado.* Mira a las presas. Mira a sus familiares. Y repite su desprecio, una y otra vez [...] (p. 140-141)[6].

Según el parte oficial de guerra del 1° de abril de 1939 del Generalísimo, la guerra había terminado. Sin embargo, para todos aquellos soldados republicanos que entregaron sus armas y pasaron a formar parte de las largas filas de prisioneros destinados a fusilamientos arbitrarios, a los campos de concentración y a las cárceles franquistas, la guerra civil no había concluido[7], como tampoco terminó para tantas mujeres que al igual que los hombres fueron encarceladas y ajusticiadas.

Con la victoria de Franco concluyen tres años de enfrentamientos fratricidas, pero empiezan décadas donde predomina el terror y la violencia y continúa el exterminio físico y psíquico del vencedor hacia el vencido[8]. Así lo expresa Richards (1999/1998: 7): "La guerra y los primeros años de posguerra estuvieron profundamente marcados por un proceso de poda caracterizado por el exterminio y la expulsión por parte de la población: un 'imposible exorcismo' en busca de la pureza".

Este exterminio comenzó por una falsificación y tergiversación de la historia y un enterramiento y una manipulación de la memoria reciente que el régimen franquista llevó a cabo con el exaltamiento primero de que la guerra había terminado, al que unía la trampa de una propaganda de paz y perdón que incitaba

---

[6] Chacón, Dulce (2002, 2ª ed.): *La voz dormida*, Madrid, Alfaguara. En lo sucesivo indicaré solamente la página refiriéndome a citas de este libro.

[7] La idea de que la guerra civil no acabó el 1 de abril de 1939 la expresan entre otros, Reig Tapia (1999); Lafuente (2002: 23); Molinero (2003: Prólogo, XI).

[8] Un exterminio sistemático y consecuente lo llevaron a cabo los sublevados desde los primeros días de la guerra (Juliá 1999).

a los vencedores a entregarse[9], mientras se imponía la memoria de un pasado heroico[10] y un discurso que exhortaba e implantaba la memoria de los vencedores, creando *lugares de memoria*[11] que recordaban al "Glorioso Alzamiento" y a los caídos "por Dios y por la Patria": conmemoraciones a la Victoria —fiesta nacional el 18 de julio y el 1 de abril—; día de luto nacional anual en memoria de la figura de José Antonio Primo de Rivera junto a himnos falangistas e inscripciones en los muros de las iglesias con los nombres de los caídos[12] en una guerra tildada por los vencedores de "cruzada"; símbolos falangistas y religiosos decoraban las instituciones públicas y privadas, calles recordando a generales del bando victorioso, incluidas las avenidas que evocaban al Generalísimo[13]. La legitimación del Movimiento Nacional y el "origen divino" del poder personal de Franco "Caudillo por la gracia de Dios", santificado por una Iglesia que apoyó incondicionalmente desde un principio a los sublevados, profundizó una división de buenos y malos, de españoles y antiespañoles que propició a los vencedores una venganza religiosa e ideológica hacia los vencidos (Casanova 2001)[14]. Éstos eran por lo tanto un engendro del mal que había que purificar, una enfermedad que

---

[9] Ya durante la guerra, el bando de los sublevados hacían propaganda tirando octavillas en los campos de batalla, incitando a los soldados a que dejaran las armas. Lo mismo sucedió al final de la contienda con la victoria y continuó en la posguerra. En la novela de Dulce Chacón se expresa así: "Entonces Jaime [el guerrillero Chaqueta Negra] leerá el papel que Sole le ruega que mire, una de las miles de octavillas que el ejército ha arrojado en los montes, donde se asegura el perdón de los huidos que se entreguen y no tengan manchadas las manos de sangre y un entierro sagrado con rito cristiano a los demás" (p. 267).

[10] Se exhortaban las gestas del Cid, de los Reyes Católicos o de Felipe II, mientras que se ocultaba la herencia de Jovellanos o la Generación del 98 (Martín Gaite 1994/1987: 23).

[11] En el sentido de *lieux de mémoire* de Pierre Nora (1984).

[12] Aunque la propaganda la presentaban como si fuera por todos los caídos, ni Franco ni el bando "nacional" reconocieron a los caídos del bando republicano. Todos los caídos hacían exclusivamente referencia a los de su bando.

[13] Calles y avenidas con el nombre de José Antonio Primo de Rivera, Queipo de Llano, entre otras, y por supuesto, las avenidas del Generalísimo o General Franco abundaron en toda la geografía española, existiendo algunas hasta nuestros días.

[14] Casanova (2001: 201-202) escribe: "El anticlericalismo sirvió también para que los vencedores ajustaran cuentas con los vencidos, recordándoles durante décadas los efectos devastadores de la matanza del clero y de la destrucción de lo sagrado. Después de la guerra, las iglesias y la geografía española se llenaron de memoria de los vencedores, de placas conmemorativas de los "caídos por Dios y por la Patria", mientras se pasaba un tupido velo por la "limpieza" que en nombre de Dios se había emprendido y seguían llevando gentes piadosas y de bien".

había que extirpar (Richards 1999/1998). La Ley de Responsabilidades Políticas, de 9 de febrero de 1939, con carácter retroactivo a 1934[15], la Ley de Represión de la Masonería y el Comunismo, de 1 de marzo de 1940 y la Ley para la Seguridad del Estado, de 29 de marzo de 1941, legitimaron judicialmente en la posguerra un proceso depurador contra los vencidos que les castigaba con la pena de muerte, les llevaba al presidio y les despojaba de todos sus derechos y su dignidad como personas. Los vencidos pasaron a ser no sólo "delincuentes peligrosos", sino que pasaron a la categoría de animales, seres inferiores por condición humana[16]. Como dice Todorov (2002/2000: 83) en relación a los exterminios nazi y bolchevique: "Para facilitarse la tarea, los verdugos dicen siempre: no son seres humanos, pertenecen a una especie inferior y por esta razón no merecen vivir". Y este argumento es el que también toma la represión franquista.

Además de la inculcación de la memoria de los vencedores y del exterminio físico e ideológico de los vencidos se aplicaron otros mecanismos de represión, como fueron el silencio y el miedo, que extinguieron la voz y la memoria de los vencidos. El franquismo añade a una posguerra hambrienta y destruida, donde florecía el estraperlo y la prostitución, un tiempo de silencio y de miedo a la estigmatización y marginación social de los vencidos, atentando de este modo contra su memoria personal y la memoria histórica.

Un silencio que, a pesar de los veinticinco años de democracia consolidada, ha llegado hasta nuestros días. La represión y el miedo apagaron las voces de muchas mujeres para siempre, condenadas no sólo a la cárcel, sino a callar y a silenciar su historia, como la mujer con la que se entrevista Dulce Chacón.

> Cuando empecé a documentarme para mi nueva novela visité a una mujer que me pidió que no mencionara su nombre ni el nombre de su pueblo. Me habló en voz baja. Miró con desconfianza la grabadora que puse sobre la mesa y, me dio permiso

[15] Francisco Moreno (en Santos Juliá 1999: 346) habla de La Ley de Responsabilidades Políticas, de 9 de febrero de 1939, como "máquina confiscadora", cuyas sanciones se resumían en tres: inhabilitación, extrañamiento o destierro y sanción económica. Explica que para muchos tenía carácter póstumo, ya que en caso de muerte del inculpado, la responsabilidad caía sobre sus herederos o familiares y añade que "No sólo se castigaba la "acción" en cuanto a promover o agravar la "subversión" desde 1934, sino también la "omisión", o la oposición al triunfo del Movimiento nacional".

[16] El comandante y psiquiatra Antonio Vallejo Nájera llevó a cabo investigaciones de apariencia científica donde justificaba la inferioridad mental del disidente, así como la peligrosidad por su maldad, especialmente de las mujeres. Véase especialmente Vinyes (2002). Otros libros que también abarcan el tema son por ejemplo Torres (2003/2000); González Duro (2003).

para usarla, bajó aún más la voz y me rogó que cerrara la ventana. Era el mes de agosto del año 2000, hacía calor. Pero yo cerré la ventana. Aquella anciana de 82 años aún temía que la vecindad recordara su historia. El eco del miedo (*El País Semanal*, 2002: 46)[17].

Silencios que muestran mujeres recientemente entrevistadas[18]; mujeres que esconden ¡quién sabe cuántas humillaciones!, pero que en sus silencios delatan los sufrimientos de la represión; porque sus silencios en sus gestos, aun de dolor y de tristeza, hablan. Porque, como apunta de nuevo Richards (1999/1998: 166), "los *silencios*, en plural, reflejarán mejor las múltiples maneras de interpretar la represión y la resistencia".

A las mujeres de *La voz dormida* también se les obliga a bajar la voz y a callar y a tragarse sus miedos. Un mecanismo que interioriza la derrota y con ello la pérdida de la voz. El miedo a hablar se cuela en lo más hondo del alma de estas protagonistas presas.

> Ya se había acostumbrado [se refiere a Hortensia, una de las protagonistas presas] a hablar en voz baja, con esfuerzo, pero se había acostumbrado. Y había aprendido a no hacer preguntas, a aceptar que la derrota se cuela en lo hondo, sin pedir permiso y sin dar explicaciones."
> [...]
> El miedo de Elvira. El miedo de Hortensia. El miedo de las mujeres que compartían la costumbre de hablar en voz baja. El miedo en sus voces. Y el miedo en sus ojos huidizos, para no ver la sangre. Para no ver el miedo, huidizo también, en los ojos de los familiares (p. 13).

Las mujeres que perdieron la guerra fueron con el régimen franquista perdedoras por partida triple: perdieron el pasado, el presente y el futuro. Del pasado perdieron todos sus logros de derechos legislativos y reivindicativos de igualdad ante los hombres adquiridos en la Segunda República y en la guerra civil, del presente sus derechos como vencidas políticas y como mujeres y del futuro el reconocimiento y el recuerdo.

---

[17] Chacón, Dulce (2002): "Las mujeres que perdieron la guerra", *El País Semanal*, nº 1.353, 01/09/2002.

[18] Véase la película reportaje *La guerrilla de la memoria. Recuerdos de los maquis*, dirigida por Javier Corcuera (2002), en la que varias de las mujeres entrevistadas que participaron o colaboraron con la guerrilla, expresan en sus gestos, mientras silencian -como respuesta a la pregunta- el dolor y sufrimiento que vivieron en la posguerra.

Fernanda Romeu Alfaro (1994: 15) resume así la importancia de las mujeres en un régimen y una sociedad que las excluyó.

> [...] las víctimas son las mujeres que tienen que vivir en una sociedad totalmente anclada en el pasado y excesivamente paternalista, como fue el franquismo. Sobre ellas recaían las tareas más importantes para la supervivencia. Se convierten en cabezas visibles de la familia cuando sus maridos, compañeros, estaban presos o muertos. Los fusilamientos, encarcelamientos, exilios y huida a los montes de los hombres que lucharon por la República, hace de España una nación de mujeres. Sacar adelante a la familia y ayudar al hombre en su caída, es una vía crucis para ellas. Los campos de concentración, las puertas de las cárceles, la ayuda clandestina a los que están en los montes, da una talla humana a las mujeres de los vencidos que es bueno recordar.

Las mujeres españolas de los años treinta del siglo pasado, relegadas a asumir el rol tradicional de veladoras del hogar y la familia, tuvieron que luchar contra los roles discriminatorios de género caracterizados por la desigualdad socio-política, laboral y educativa de subordinación al género masculino. A pesar de seguir imperando el modelo vigente tradicional asignado a la mujer, con la llegada de la Segunda República, se dieron cambios sustanciales en el ámbito político y cultural de la mujer en la sociedad española. Mujeres como Victoria Kent, Margarita Nelken, Clara Campoamor o Dolores Ibárruri, entre otras, asumieron cargos públicos y políticos[19] en el Parlamento. Las mujeres de la República además de ejercer el derecho al voto, se beneficiaron tanto de las reformas escolares y educativas emprendidas por el gobierno, como de las leyes del divorcio o del aborto (Nash en AA.VV., 1987).

Con la guerra civil la imagen de la mujer tomó una dimensión social nueva. Aparece la figura de la miliciana, símbolo de la revolución y la resistencia antifascista en la iconografía de la guerra. Carteles de propaganda presentaban la imagen de la mujer miliciana, que incitaba a la lucha y mujeres dirigentes políticas y representantes de las agrupaciones de mujeres, como la oradora Dolores Ibárruri, la Pasionaria, o Federica Montseny, entre otras, movilizaban con sus mítines a las mujeres para la lucha antifascista.

A pesar de que se produjera en los primeros meses de guerra una enorme movilización de mujeres que tomaron las armas en defensa de la República y de la li-

[19] Victoria Kent por ejemplo fue diputada por el partido Radical- Socialista y Directora General de Prisiones; Margarita Nelken diputada por el PSOE, Clara Campoamor creó la Unión Republicana Femenina y Dolores Ibárruri por el PCE (AA.VV. 1987: 11-15).

bertad, pronto el rol de la mujer en la guerra quedó relegado a funciones y a trabajos en la retaguardia. Enseguida comenzó una propaganda que llamaba a los hombres al frente y a las mujeres al trabajo de retaguardia y que desacreditó a la mujer miliciana que pasó de heroína a prostituta, mientras la apartaba del frente y la convertía por otro lado en heroína de la retaguardia (Nash 1999)[20]. Hubo, sin embargo, mujeres anónimas y míticas antes de pasar a la historia que estuvieron en el frente, como la mítica Rosario, *La Dinamitera*, inmortalizada por el poeta Miguel Hernández[21] u otras que perdieron sus vidas en combate, como la también mítica heroína Lina Odena, por nombrar algunos ejemplos. Lo relevante de todo ello es que la participación y la importancia que adquirieron las mujeres en el frente o en la retaguardia crearon una nueva conciencia de identidad política y personal en la mujer del bando republicano que se vio condenada al exterminio con la victoria de los sublevados y el régimen franquista. La mujer que luchó por unos ideales de libertad y por una reivindicación de género no tenía ninguna cabida en un régimen donde se restablecieron los valores más tradicionales de madre y esposa sumisa; la mujer relegada a la familia debía servir de complemento al hombre, cuya raíz de inferioridad respecto a éste era de origen biológico.

El soporte ideológico al Nuevo Estado respecto a esta caracterización y este rol de la mujer española lo desempeñó la Sección Femenina de Falange, la organización creada en 1934 por la hermana del fundador de Falange, Pilar Primo de Rivera, vehículo de adoctrinamiento de la mujer al espíritu nacionalsindicalista. La Acción Católica, por su lado, íntimamente ligada a la Iglesia, formaba también parte de la socialización de la mujer que implicaba no sólo una práctica cotidiana de la religión, sino una posición activa de la mujer en la parroquia. El franquismo eliminó todos los derechos civiles de la mujer española. La mujer pasó a ser subordinación y posesión legal primero de los padres y luego del marido. Más allá de la desaparición del divorcio, de la pérdida de la propiedad rústica que pasaba al marido, de la imposibilidad de abrir una cuenta bancaria o tener derecho a un pasaporte sin permiso del marido, se le aplicó una política de

---

[20] Para un estudio detallado sobre el rol de la mujer republicana en la guerra civil con una visión crítica de la misma, véase Mary Nash (1999).

[21] Miguel Hernández con su poesía *Rosario, dinamitera* ayudó a popularizar y mitificar a esta mujer, alabando su valentía al lanzar dinamita con la que perdió su mano derecha, que Miguel Hernández inmortaliza con los siguientes versos: *Rosario, dinamitera,/ sobre tu mano bonita/ celada de dinamita/ sus atributos de fiera./* [...], véase, en *Poemas sociales de guerra y de muerte* (1978/1977: 64).

El periodista Carlos Fonseca (2006) ha publicado recientemente su historia, titulada, *Rosario Dinamitera. Una mujer en el frente* (Madrid: Temas de Hoy).

represión sobre su cuerpo, que más allá de las formas, perseguía el aborto, prohibía los anticonceptivos y eliminaba la información sexual privada o pública (Gracia/ Ruiz Carnicer 2004: 94 y ss.). Una represión física[22] que se transponía del cuerpo al alma. Sin embargo, se le otorgaba, además de ser paciente y dulce veladora del marido, una función primordial en el ámbito familiar, con consecuencias sociales relevantes, el de la maternidad y la educación de los hijos[23]. Porque educada y concienciada la mujer según la ideología dictada por el régimen franquista y una vez asimilados e interiorizados sus valores sociales y morales, éste se aseguraba así no sólo la sumisión de su cuerpo y de su alma, sino la continuación en las nuevas generaciones mediante la educación de sus hijos, de los ideales sociales y políticos de régimen, al mismo tiempo que el Estado mantenía los cuerpos y las mentes de estas mujeres ocupados en velar por el "orden" y el "bien" familiar. De ahí que a pesar de su discriminación e inferioridad respecto al hombre en todos los aspectos de la vida pública y privada se le atribuyera a la mujer un papel tan primordial dentro exclusivamente de la familia, y por ende, de la sociedad.

El régimen debía asegurarse por lo tanto de que todas las mujeres participaran e interiorizaran la función que se les asignaba, a fin de cuentas, la familia debía ser una copia y un reflejo exacto del Estado, donde el cabeza de familia, padre o marido, constituía la cima jerárquica que debía velar por el mismo orden y por los mismos principios que lo hacía Franco como representante de la gran

[22] Como explica Carmen Martín Gaite (1987: 93-94) la inmoralidad estaba relacionada con la pobreza, las mujeres semidesnudas y harapientas eran inmorales. La inmoralidad se concentraba en los extrarradios de las grandes ciudades, tema candente de los rectores de la moral oficial, porque no sólo el trato entre muchachos y muchachas era absoluto, sino que los extrarradios eran foco de rebeldía de posguerra. En estos lugares "habitados por obreros y por gente sin oficio ni beneficio, reinaba la anarquía y el desdén rencoroso de las normas".

[23] A la educación de la madre contribuían además el rol de la Iglesia en la educación. Estaba bien visto, para las familias algo más pudientes de la sociedad, dar una educación a sus hijos en colegios religiosos, de curas para los niños, de monjas para las niñas o del Opus Dei.

"Hacia 1955, sólo una quinta parte de los centros de enseñanza media eran de titularidad estatal, mientras el resto lo regentaban escolapios, jesuitas o dominicos. Y por las mismas fechas el número de escolarizados en centros públicos era de 70.000 alumnos aproximadamente, frente a los más de 170.000 de las escuelas confesionales", escribe Ruiz Carnicer en *La España de Franco* (Gracia/Ruiz Carnicer, 2004: 122). A esto hay que subrayar la predominancia masculina sobre la femenina después de los estudios elementales, enseñanza media y universitaria, y anotar la importancia que a partir de los años cincuenta tomó el poder del Opus Dei en la enseñanza, controlando sobre todo la universitaria y la de investigaciones científicas, el CSIC.

familia que era España. De ahí que a las mujeres de los vencidos que no se exiliaron, se las apartara de la sociedad, se las fusilara o encarcelara. Marcadas con el distintivo de *rojas* portaban la encarnación del mal, una enfermedad que había que extirpar, cuerpos que había que purificar. Eran no sólo seres raros e inferiores, sino seres que pasaron a la categoría de delincuentes peligrosos que había que castigar, corregir y reconvertir. Carmen Alcalde (1976: 169) escribe, según un testimonio, que las mujeres rojas eran seres "peligrosísimos, sanguinarios", porque el ser miliciano "era todavía inevitable dentro de nuestra guerra civil; pero ser miliciana, era inimaginable, extraterrestre".

"—Sois escoria, y por eso estáis aquí. Y si no conocéis esa palabra, yo os voy a decir lo que significa escoria. Mierda, significa mierda" (p. 122), predica el cura en la homilía de la cárcel, como forma de culpabilizarles e interiorizarles su insignificancia y su mal a las presas vencidas de nuestra novela. Porque los vencedores ya lo habían interiorizado desde la guerra. Como anota Casanova (2001: 88), el asesino de un "rojo" podía estar tranquilo: hacía un buen servicio a la sociedad y se aseguraba así un lugar en el cielo. Esto mismo servía en la posguerra para los que seguían matando, delataban, humillaban y torturaban al vencido.

En este medio de represión y violencia, las mujeres que siguieron luchando fuera y dentro de los muros carcelarios por su dignidad como mujer y por sus ideales de libertad a pesar de ser castigadas, vejadas y encarceladas son las que marcaron una diferencia de resistencia al control y dominio absoluto del poder del régimen en la sociedad española.

De estas mujeres es de las que trata Dulce Chacón en su novela *La voz dormida*. Mujeres anónimas, que además de acabar siendo heroínas de la resistencia, acaban siendo las heroínas que rompen el silencio de la Historia. Cuatro mujeres *rojas* encarceladas en la cárcel de Ventas por diferentes motivos y otra mujer fuera de las rejas componen el escenario central en el cual giran la violencia y la represión de la posguerra franquista. Dentro de los muros, Hortensia, la mujer embarazada que no sabía que iba a morir, miliciana en la guerra, se incorporó a la guerrilla donde estaba su marido Felipe huyendo de las torturas policiales después de que éstos mataran a su padre; Tomasa, con una enorme concienciación política y que se niega a aceptar sin más la derrota, es el personaje que más resistencia opone ante las humillaciones y los castigos de doblegamiento que imponen en la cárcel; Reme es encarcelada y humillada por delación de los vecinos, por bordar una bandera republicana en la camilla de su casa arrimada a la ventana; Elvira, la chiquilla pelirroja, la más pequeña de las compañeras, es encarcelada por ser hermana del buscado guerrillero Paulino, de sobrenombre El Chaqueta Negra, con el que acaba fugándose al monte. Fuera de los muros, Pepita, la mujer de ojos azules, que a pesar de su miedo a la represión, sin tener convicciones políticas y siempre con una postura crítica hacia el partido[24], se traslada, sin embargo, de Córdoba a Madrid para estar cerca de su hermana presa, Hortensia, y acaba arriesgando su vida haciendo de enlace con la guerrilla por amor a El Chaqueta Negra. El personaje de Pepita enlaza tres mundos que impregnan la posguerra franquista: el mundo de dentro de las rejas, el mundo de fuera de éstas y el mundo de la guerrilla. Este último, el del maquis, se muestra también en relación sobre todo a dos mujeres, Pepita y Elvira. Mundos que se influyen y se vinculan entre sí, con personajes que forman un enjambre de relaciones, cuyo hilo conductor es Pepita. Otros personajes también relevantes en la novela complementan el abanico de resistencia al régimen, como la patrona de Pepita, la señora Celia, que hace cola en la puerta del cementerio o Sole, otra disidente política, que arriesga su vida por ayudar a sus compañeras de prisión o incluso Don Fernando, un personaje ambivalente, que aunque integrado al bando de los vencedores, ayuda a los guerrilleros. Por último, la continuación de la resistencia al franquismo, una nueva generación de mujeres que sin haber vivido ni la guerra ni la inmediata posguerra sigue luchando en la clandestinidad contra el franquismo, la hija de Hortensia, que nacida en la cárcel, continúa la lucha que emprendieron y por la que murieron sus padres. La novela abarca por lo tanto varias generaciones —desde el abuelo a la nieta y desde la madre a la hija— de vencidos y de afectados por la represión, que luchan y sufren la dictadura franquista en un largo periodo de tiempo que engloba casi todo el franquismo. Situado en los primeros años de la posguerra, "Era el seis de marzo de mil novecientos cuarenta y uno" (p. 220), cuando fusilan a Hortensia, las historias giran entre el presente y los recuerdos de la guerra, para seguir más tarde una línea recta que avanza hacia el futuro; 1963 es la última fecha que aparece en el libro, cuando el guerrillero El Chaqueta Negra recibe el indulto en la prisión.

Dulce Chacón no sólo despierta la voz de este grupo de mujeres protagonistas de la novela, sino la de todas aquellas mujeres anónimas, que fueron condenadas a silenciar sus historias; mujeres que, aunque condenadas a sufrir la represión franquista y el olvido, siguieron sin embargo luchando por la libertad.

[24] Nos referimos al Partido Comunista, que era al que pertenecían las mujeres encarceladas que mejor y con mayor disciplina se organizaron en las cárceles franquistas y además era el partido al que pertenecía el guerrillero El Chaqueta Negra, novio de Pepita.

> Tomasa no pudo despedirse de Hortensia. Se acurruca en su dolor. Sobrevivir. Y contar la historia, para que la locura no acompañe al silencio. Se levanta del suelo. Contar la historia. Se levanta y grita. Sobrevivir. Grita con todas sus fuerzas para ahuyentar el dolor. Resistir es vencer. Grita para llenar el silencio con la historia, con su historia, la suya (p. 213).

Es el grito al silencio de la Historia, un grito para resistir el dolor y el silencio al que se la ha condenado. Tomasa, encerrada a oscuras y aislada en el "cubo", la celda de castigo, llena de dolor, grita para no dejarse vencer ante la injusticia y la crueldad del silencio. La memoria es la única manera que le queda a Tomasa para vencer un pasado y un presente de sufrimiento y dolor. Recordar y contar su historia es dar vida a sus muertos, es volver a ver la tragedia de cómo ante sus ojos los falangistas mataron y tiraron por el puente a sus cuatro hijos y a su nuera y luego la tiraron a ella y a su marido; porque recordarles es también, la forma que tiene Tomasa de sobrevivir ella y devolver a sus muertos la vida.

> Vivirás para contarlo, le habían dicho los falangistas que empujaron el cadáver de su marido al agua. Vivirás para contarlo, le dijeron, ignorando que sería al contrario. Lo contaría para sobrevivir (p. 216).

Porque el silencio es otra forma de matar y otra forma de morir. Por eso, contar su historia no sólo es la forma de sobrevivir al silencio de la historia, sino que es una forma de terapia personal de resistir el dolor de lo vivido.

Para Simone Veil[25], superviviente de Auschwitz, hablar de sus recuerdos de este tiempo también le ayuda a sobrevivir. "Cuando me encuentro —explica— con mi cuñada, que también vivió la deportación, casi sólo hablamos de nuestros recuerdos de esa época. Todo eso nos ayuda a sobrevivir".

Gritar al silencio, contar la historia personal, como lo hace Tomasa, son los únicos recursos a fin de cuentas que les quedan a estas perdedoras de la guerra para vencer en la memoria y en la Historia.

---

[25] Simone Veil (Niza, 1925), ministra primero de Gobierno francés, fue la primera presidenta del Parlamento Europeo en 1979. Tras una serie de premios recibidos en toda su vida, entre ellos el de Carlomagno, se le concede en 2005 el premio Príncipe de Asturias de Cooperación Internacional por su defensa de la libertad y del papel de la mujer en la sociedad (Martí, Octavi: "Simone Veil. Una mujer luchadora", en *El País Semanal*, nº 1.514, domingo 2 de octubre de 2005).

España, un país carcelario dentro y fuera de los muros

Junto a los fusilamientos masivos y los consejos de guerra de los que fueron víctimas los vencidos, la cárcel se convirtió en el medio de terror y violencia de la posguerra y de la dictadura franquista. La vida de los vencidos carecía de valor alguno para los vencedores. A falta de cárceles para encerrar a esa masa de presos surgida de la victoria de Franco se destinaron, escribe Cenarro "conventos, cines, sótanos de ayuntamiento, escuelas y otros espacios cerrados" (en Molinero 2003:134). Aunque fuera de forma improvisada y provisional, para muchos antesala de la muerte, España empieza a tomar forma física de lo que llegó a ser durante cuarenta años, una cárcel. Y no sólo por la proliferación de prisiones[26] en toda la geografía española, sino porque muchos de los métodos carcelarios, o al menos algunos de los principales, aislamiento, control y vigilancia, se aplicaban más allá de los muros de las prisiones. "Una inmensa prisión" o "Toda España era una cárcel"[27] son metáforas que tanto historiadores, reporteros o periodistas emplean para expresar la similitud de dentro y fuera de los muros en la España franquista. "En materia de libertad, la cárcel y la calle se diferenciaban sólo en grado. España entera —debe recordarse— era entonces una inmensa prisión en la que toda persona tenía sus movimientos restringidos y de la que se salía excepcionalmente", explica Sánchez-Albornoz (en Molinero 2003: 9). El personaje de Herbal, vigilante de prisiones en la novela *El lápiz del carpintero* lo confirma: "Yo era un vigía que no vigilaba. Nadie se iba a fugar. ¿Para qué? España toda era una cárcel. Esa era la verdad" (Manuel Rivas 2002/1998: 179). A ello colaboraron por un lado, el abandono internacional por parte de las potencias democráticas y por otro, la autarquía económica[28] que vivía España. Ambas for-

[26] Juana Doña (1978: 149), en su novela-reportaje, lo expresa así: "El sistema fascista después de nueve meses de Poder no podía controlar en detalle toda la represión. España entera estaba abarrotada de presos, sólo Madrid tenía habilitados para cárceles, diez grandes conventos y caserones con miles de hombres en cada uno; tres cárceles de mujeres: 'Ventas', 'Claudio Coello', y 'Quiñones', y dos prisiones militares".

Núñez Díaz-Balart/Rojas Friend (1997: 29) nombran cerca de dieciocho cárceles sólo en Madrid.

[27] "Una inmensa prisión" es el título que utiliza tanto Molinero/Sala/Sobrequés (2003) en sus estudios sobre los campos de concentración y las prisiones durante la guerra civil y el franquismo. El mismo título "Una inmensa prisión" lleva el documental realizado por "El número veinticinco" (DVD 2005; Dirección: Carlos Ceacero y Guillermo Carnero) dedicado al mismo tema con entrevistas a testigos e historiadores. "Toda España era una cárcel" es también el título del libro de los periodistas Rodolfo y Daniel Serrano (2002).

[28] Véase Richards (1999/1998).

talecieron su aislamiento y facilitaron un régimen de represión cuyo poder se sustentaba con mecanismos carcelarios. La censura generalizada o el salvoconducto obligatorio expedido por la policía para moverse por el país, son sólo un par de ejemplos del control y la vigilancia que se ejercía fuera de los muros.

Por otro lado, la relación del mundo carcelario con el mundo de fuera era sumamente estrecha, de tal forma que el primero influía determinantemente en el segundo, al igual que la vida fuera de los muros, podía convertirse de un momento a otro en una vida en prisión. Al poder ilimitado de los vencedores, la policía de Seguridad y Vigilancia, la Guardia Civil o las milicias de Falange, que tenían autorización para encarcelar personas, trasladar presos o incautar sus bienes (Vega Sombría, en Molinero 2003: 179) se unía el poder de las delaciones que cualquiera y por cualquier motivo podía emplear. La relación de estos mundos carcelarios queda claramente presentada en la novela *La voz dormida*.

La prisión suponía, por tanto, una forma legítima de castigo en la que los vencedores ejercían su poder sobre los vencidos. Pero la privación de la libertad no bastaba. Las torturas físicas a los presos y presas se generalizaron y se endurecieron especialmente para todos aquellos condenados por apoyo o colaboración con el maquis. El suplicio, método de castigo empleado hasta fines del siglo XVIII, antes del nacimiento de las prisiones[29], era el procedimiento que durante el régimen de Franco empleaban la policía, la Guardia Civil y los falangistas, no solamente para castigar a los capturados, sino para hacerles confesar[30] sus "crí-

[29] Véase Foucault (2005/1975).

[30] Para hacernos una idea de lo importante que se hacía la confesión o la denuncia en los interrogatorios, expongo el ejemplo de Juan Casín que presenta Andrés Trapiello en la historia del maquis, *La noche de los cuatro caminos*. Una historia basada en un dossier policial que cuenta la historia de un grupo de hombres del maquis pertenecientes a la Agrupación Guerrillera de Madrid, cuyo jefe era el maqui, héroe de la resistencia francesa, José Vitini Flórez y que tras el sonado atentado contra la Subdelegación de Falange en la zona de Cuatro Caminos de Madrid en 1945, acabaron capturados por la policía y delatándose unos a otros. Ante la imposibilidad de la policía de hacer "confesar" a Juan Casín, ésta acabó redactando de todos modos una declaración en la que argumentaba la confesión de Casín "como la del resto" de las confesiones de los compañeros, pero al seguir Casín negando la declaración, el secretario acaba escribiendo su negativa en el último párrafo. Dice así:

> "Antes, sin embargo, decidieron darle una oportunidad a Casín. Durante el mes que permaneció en la Dirección General de Seguridad, a una media de tres y cuatro palizas diarias, no habían conseguido destruirlo, lo cual les humillaba lo indecible.
>
> No obstante indiferentes a todo, los señores policías redactaron la declaración de Casín, como la del resto, sin evitar ni siquiera poner en su boca las consabidas expresiones como 'Glorioso Movimiento Nacional' o 'Ejército rojo'. [...] "Dada la insistente propensión a negar todo

menes" y sobre todo para hacerles delatar tanto a los que habían defendido la República como a los que tenían algún tipo de conexión con la guerrilla. La detención de mujeres y hombres posteriores en relación a la Victoria, explica Vinyes (2002: 23) iba acompañada de la tortura, que se aplicaba "no sólo con la brutalidad conocida por los anteriores, sino ensayando métodos de agresión nuevos o más precisos. La aplicación de descargas eléctricas al cuerpo del detenido hizo su aparición de manera contundente". Los suplicios corporales habían perdido sin embargo su parte de espectáculo público, y con ello la forma de expiación pública, para convertirse en una práctica secreta, pero lo suficientemente conocida como para infundir miedo y terror.

En *La voz dormida*, Hortensia y Elvira encarceladas por tener relación con la guerrilla, también sufren los castigos de los interrogatorios. Sin embargo, a las torturas en la novela se les ha quitado el velo violento de la narración, ya que se insinúan y no se describen, aunque lo que sí trata de subrayar, es la fidelidad de estos hombres y mujeres torturados, que soportaron las torturas y la cárcel y prefirieron morir a delatar a la guerrilla. Como Carmina, el enlace de El Chaqueta Negra, que muere en los interrogatorios pero no habla, o Elvira u Hortensia que, a pesar esta última de estar embarazada y de ser torturada, ninguna de ellas, desvela el paradero, la primera de su hermano, la segunda de su marido.

> Tres días estuvieron mirando al cielo. Y tres días estuvo Elvira sin poder verlo. Los tres días que permaneció recluida en la celda de castigo por haber intentado explicar a su abuelo que soportó el dolor en los interrogatorios, hincada de rodillas en los garbanzos, sin despegar los labios, sin contestar una sola pregunta, sin desvelar la identidad de su hermano Paulino (p. 18-19).

> Treinta y nueve días pasó en Gobernación. Treinta y nueve días y muchas palizas y muchas horas de rodillas pasó en Gobernación. Pero Hortensia no quiere pensar en eso. Se sienta en el retrete, se toca las rodillas y piensa en Felipe (p. 134).

Las torturas no sólo las practicaban con los guerrilleros o guerrilleras y sus enlaces capturados, sino especialmente con sus familiares, a los que encarcelaban y torturaban para que delataran y sirvieran de cebo para cazar a sus hijos, padres u otros parientes. Como el caso del padre de Hortensia, al que torturaban a diario para que delatara al marido de ésta. Como él, muchos fueron los que murieron o

---

lo que se le pregunta, el señor Comisario Instructor acuerda dar por terminada esta declaración, que leída por el que depuso, la encuentra conforme y firma" (2001: 242-243).

enfermaron para siempre en los interrogatorios a consecuencia de las torturas sin que por ello llegaran a "confesar" ni delatar ninguna identidad[31].

> A su padre no lo cogieron por estar con la República, lo cogieron porque sabían que el marido de Hortensia estaba en el monte; y lo mataron porque no quiso decir dónde estaba (p. 26).

Las torturas a las mujeres consistían muchas veces, además de darles palizas y descargas eléctricas, en vejarlas y violarlas. Este último método que aparece varias veces levemente insinuado en la novela, era en cambio una forma usual de ejercer no sólo el poder hacia el vencido, sino el completo dominio y posesión hacia la mujer. Mujeres que tuvieron que soportar violaciones múltiples en los interrogatorios y en las cárceles, de las cuales nacían hijos de verdugos cuyo paradero acababa siendo tan incierto como el de sus madres víctimas[32]. Otra de las humillaciones que practicaban con las mujeres republicanas era el raparles el pelo y pasearlas por el pueblo, así como darles de beber aceite de ricino para que expulsaran el mal de su cuerpo. Vejaciones que hacían públicamente como forma de expiación colectiva, al mismo tiempo que mostraban su humillación y las estigmatizaban como poseedoras del mal. Reme cuenta una y otra vez a sus compañeras de prisión cómo la humillaron delante de su familia, cómo un falangista mandó a su hijo comprar aceite de ricino que tuvo que pagar el padre de

[31] Según un testimonio entrevistado por Dulce Chacón comenta: "Su compañero fue torturado hasta quedar inválido, paralizado completamente: necesitaba ayuda para fumar. Cuando le aplicaban las corrientes, sus últimas palabras fueron: "Físicamente me habéis destruido, pero moralmente soy invulnerable" Incapaz de moverse, fue llevado al paredón por dos compañeros, en volandas, el 2 de octubre de 1942" (*EL País Semanal* 1/9/2002: 52).

[32] Un ejemplo es el testimonio de Juana Doña del 5 de marzo de 2001 que cuenta un caso de la prisión de Ventas:

> "A Julia Lázaro la violaron entre siete policías, y de una de las violaciones quedó embarazada. La condenaron a muerte a los tres o cuatro meses de estar en la cárcel. Ella ya sabe que está embarazada, lo dice, y entonces la meten en la galería de las condenadas a muerte. Su hermana María se queda con la gran contradicción de ese niño. Ese niño qué pasa: ella no sabe del padre que ha sido, ha sido del martirio de su hermana, de las violaciones de su hermana. Por una parte le horroriza el niño, por otra parte no le horroriza porque es el hijo de su hermana, pero al fin puede casi más el horror que tiene al niño que el amor que tiene a su hermana. Y entonces pues la Topete dice que no, que ese niño es para ella. Y ese niño se lo lleva la Topete" (cit. en Vinyes 2003: 88).

su dinero, cómo le hicieron tragar por embudo un litro de aceite de ricino delante de sus hijas, y cómo siente vergüenza por tener la cabeza rapada. "Ella sólo sentía una vergüenza muy honda al pasarse la mano por la cabeza rapada" (p. 54), explica el narrador de la novela.

El hacinamiento en las prisiones, la mala alimentación y las plagas de enfermedades, consecuencia casi siempre de las dos primeras, eran también formas de castigo corporal de penar la culpa del vencido y de expiación del mal de su alma, que en muchos casos acababa con la muerte. La prisión de mujeres de Ventas, donde se encuentran nuestras protagonistas presas, no es ninguna excepción. Construida en la República por la diputada Victoria Kent, estaba pensada para albergar como dice el siguiente texto a quinientas reclusas, pero con la represión en la posguerra llegaron a encerrarse hasta 11.000 mujeres[33].

> Y mientras la espera, le cuenta que Victoria Kent ordenó construir la prisión de Ventas, y que estaba diseñada a albergar a quinientas reclusas. Se queja de que doce petates ocupen el suelo de las celdas donde antes había una cama, un pequeño armario, una mesa y una silla. Se queja de que los pasillos y las escaleras se hayan convertidos en dormitorios, y de que haya que saltar por encima de las que están acostadas para llegar a los retretes.
> —Esto es una inmundicia. Así estamos como estamos. Once mil personas no pueden evacuar en tan pocos váteres (pp. 132-133).

El hacinamiento y las enfermedades que llenan la enfermería de la prisión sensibiliza y espanta incluso al médico de ésta.

> El hacinamiento en la enfermería provincial de Ventas produjo en el doctor Ortega un extraño sentimiento de horror, mezcla de impotencia, repugnancia y lástima. Todas las camas se encontraban ocupadas por dos presas. Las enfermeras compartían los lechos de sábanas escasas en limpieza, y faltos de mantas. Pelagra, disentería, sífilis, desnutrición, tuberculosis, todo tipo de enfermedades, contagiosas o no, aquejaban a las mujeres que respondieron en un hilo de voz a las preguntas de don Fernando, cuando éste recorrió la primera sala que le mostró La Zapatones. Al pasar a la segunda sala, la contigua a la anterior, el médico se detuvo espantado. Colchones en el suelo y somieres sin colchones acogían a las pacientes en parejas (p. 182).

---

[33] Núñez Díaz-Balart y Rojas Friend (1997: 30) basándose en datos de ex prisioneras consultadas dan una cifra de 12.000 mujeres en la cárcel de Ventas en los primeros años de posguerra.

Fuera de los muros, las enfermedades, el hambre y otras necesidades de subsistencia eran penas que padecían muchos españoles, pero que afectaban especialmente a los vencidos y a familiares de los presos. La tuberculosis, por ejemplo, era una enfermedad extendida por todo el país. Según Lafuente (2002: 257) a mediados de los cuarenta existía medio centenar de sanatorios antituberculosos en España y era la primera enfermedad más terrible en las prisiones. En cuestión de hambre, la cartilla de racionamiento y la falta de trabajo, en muchos casos la destitución de sus cargos[34] o el despido del mismo aumentaban la pobreza y aislaban o estigmatizaban a los derrotados.

Los familiares de los presos y presas no sólo se trasladaban por toda la geografía española para estar cerca de sus familiares encarcelados, sino que se encargaban de llevarles comida, esperaban largas horas en la cola en las puertas de las prisiones para comunicar con ellos o ellas durante diez minutos o para en muchos casos volverse a su destino sin conseguir ver siquiera a sus familiares; estos familiares fuera de las rejas padecían como los presos un sinfín de inseguridades, como el abuelo de Elvira en nuestra novela al que no le dejan ver a su nieta y se vuelve sin saber por qué, si aún su nieta sigue viva o está muerta, o como las mujeres anónimas que también esperan a la puerta de la cárcel de las Ventas, que emplean todos sus ahorros para trasladarse y se tienen que volver sin ver a sus familiares.

> La mujer que se encontraba delante de él venía desde Huelva y se lamentaba ante otra que venía de Vitoria.
> —No podré volver hasta el año que viene. Dios mío, no podré ver a mi hija hasta dentro de un año. He ahorrado durante todo este año para venir hoy, y me tengo que ir sin verla, entrañas mías.
> Tristes formaron la cola los que llevaban paquetes y regresarían sin haber visto a sus mujeres, a sus hijas, a sus madres, a sus abuelas, a sus nietas, o a sus hermanas. Siempre familiares directos, ya que otras visitas no estaban permitidas (p. 63).

Tanto a los presos y presas como a sus familiares les privaban del derecho de saber qué iban a hacer con ellos. Los presos y presas se enteraban a menudo de sus propias penas poco antes de que se cumplieran. Las "sacas" producidas generalmente por la noche y al amanecer eran el método que les producía más inse-

---

[34] Entre la marginación y la depuración laboral de los vencidos cabe subrayar la que se emprendió contra el personal docente, en especial contra los maestros nacionales (Moreno, en Juliá 2003).

guridad e inquietud a los presos y las presas; no se comunicaba con antelación ni nadie sabía a quién le iba a tocar esa madrugada[35]. "La mujer que iba a morir no sabía que iba a morir" (p. 13) cuenta el narrador refiriéndose a la pena de muerte a la que será condenada la protagonista Hortensia, sin ésta saberlo. Los vencedores ejercían así una forma más de poder sobre los vencidos que les daba derecho a determinar cuándo y qué hacían con ellos, y siguiendo a Núñez Díaz-Balart y Rojas Friend (1997: 61) una forma de tortura "psicológica" sobre los reclusos condenados a pena de muerte. Los familiares vivían también en ese estado de incertidumbre de no saber tampoco qué iba a pasar con sus familiares encarcelados y de imaginar por otro lado todo lo que podía pasar. Una forma humillante de cómo se enteraban si sus familiares habían sido fusilados era cuando los funcionarios de prisiones rechazaban la comida que les llevaban. Demostrarles ante todo que sus vidas carecían de valor en el régimen victorioso. De esta forma se entera Pepita, en la novela, de la muerte de su padre.

> No le traigas más comida, no la va a necesitar, dice que le dijeron en la puerta de la cárcel de Porlier. Y rechazaron la lata cuando Pepa se disponía a entregarla. Tu padre ya no está aquí. ¿Y dónde está? No está. No preguntes, vete, y no vuelvas más. Y mucho cuidadito con llorar y formar escándalo (p. 25).

El terror amenazante de no preguntar ni "llorar y formar escándalo" era una forma disciplinaria de poder para mantener el control y el orden tanto fuera como dentro de los muros. La disciplina del silencio. A los de fuera como a los de dentro se les vigilaba y disciplinaba; se les ordenaba mantener silencio y orden en las colas de las puertas de las cárceles (p. 138), se les prohibía llorar y enterrar a sus muertos, se les obligaba a silenciar su sufrimiento; a silenciar los crímenes del franquismo y a silenciar a sus verdugos; a silenciar el destino de sus familiares y el suyo. A las de dentro, se las vigilaba y se les imponía el control mínimo del movimiento de sus cuerpos, "En silencio y en orden abandonaban la sala las mujeres hacia el sótano de la prisión de Ventas" (p. 35), "En silencio y en

---

[35] Las "sacas" eran el momento en que funcionarios llamaban por sus nombres a los presos o presas para ser fusilados. Eran sacados de sus celdas y llevados a capilla para que confesaran o a alguna dependencia de la prisión a la espera del camión que les condujera al lugar de fusilamiento, por lo general las tapias de los cementerios. El terror de la saca era también el método torturador que empleaban los funcionarios de las prisiones cuando llamaban titubeando los nombres de la lista o repetían la operación durante varias veces, lo que torturaba a los encarcelados. Véanse Núñez Díaz-Balart/Rojas Friend (1997); Vinyes (2002).

orden regresaban a la galería número dos las reclusas que han ido a comunicar" (p. 147). La vigilancia carcelaria, más allá de controlar lo que entraba y salía de la prisión, en los paquetes, la comida, que entregaban los familiares a las presas, o las cartas de éstas a sus familiares, consistía en tener el absoluto conocimiento y poder sobre las presas, saber en cada momento lo que éstas hacían, cómo se movían, qué decían. Las mujeres encarceladas de la novela lo sabían y expresar su dolor y sus sentimientos era romper la disciplina carcelaria del silencio y el orden que les llevaba al castigo. Por eso no lloran, a excepción de Elvira, que sabe que no debe llorar, pero llora. Las vigilantes por su lado sabían que dejarlas llorar podía producir una pérdida del orden que afectaba al poder de la disciplina; una muestra por tanto de que la "mecánica del poder"[36] perdía parte de éste.

> Y Hortensia no debe llorar. Se sienta. Y no llora. A su lado, Elvira se desata con furia la coleta. No debe llorar. Pero llora. [...].
> [...]
> La disciplina comienza por el control. La hermana María de los Serafines lo sabe. Y está dispuesta a castigar a la niña pelirroja que no va a morir (pp. 147-148).

Los castigos carcelarios podían ir desde la prohibición de no salir a comunicar con sus familiares, pasando por castigos de trabajo, hasta el aislamiento completo en el "cubo", como llamaban las presas al calabozo, lugar sin espacio, sin luz, sufriendo aún mayor restricción de comida; todos ellos, castigos disciplinarios que afectaban no sólo al cuerpo, sino sobre todo al alma. El castigo que recibe Elvira por llorar afecta al alma; es el de la humillación de cortarle su coleta roja y venderla. Porque lo que buscaban los vencedores en los presos y presas no era sólo causarles sufrimientos corporales, que lo hacían, y hacerles purgar por sus culpas, sino que querían causarles también transformaciones a su alma y a su espíritu; someterles, corregirles y convertirles al Nuevo Estado, hacerles creyentes; en definitiva, hacer de ellos seres doblegados y obedientes al nuevo régimen, a ser posible que interiorizaran la ideología impuesta. Foucault (2005/1975: 134), en relación al objetivo de corrección de las cárceles, dice que "lo que se trata de reconstituir es el sujeto obediente, el individuo sometido a hábitos, a reglas, a órdenes, a una autoridad que se ejerce continuamente en torno suyo y sobre él, y que debe dejar funcionar automáticamente en él". En la España de la represión franquista, el terror y el miedo que infundía en sí la violencia de la represión era por sí misma una

[36] Véase Foucault (2005/1975: 141).

forma más de disciplina que afectaba fuera y dentro de los muros para conseguir hombres y mujeres sumisos al Nuevo Estado. Como apuntan Núñez Díaz-Balart y Friend Rojas (1997: 36) "la represión, con su estela de *paseos* y ejecuciones, palizas y vejaciones, fue tremendamente efectiva en su finalidad de sumisión y domesticación de la población".

El trabajo, los hábitos religiosos y ritos ideológicos[37] que imponían a los presos y presas eran también métodos disciplinarios que perseguían la corrección, reconversión y doblegamiento del vencido. A las mujeres, según correspondía a su clasificación de género, las empleaban por lo general en labores de costura, a mano o a máquina, a los hombres los emplearon en trabajos forzados, construyendo mausoleos ideológicos y reconstruyendo el país[38].

Las mujeres de *La voz dormida* también trabajan en el taller de costura de la cárcel, excepto Tomasa que se niega a trabajar y redimir penas. Ella se niega a colaborar con "los que ya quieren escribir la Historia" (p. 31). La Redención de Penas por Trabajo, una forma hipócrita de beneficencia en la que el preso redimía tiempo de su pena por días trabajados, un acto de propaganda más, de caridad y humanidad hacia el preso, con el que el Estado se aseguraba un control absoluto del poder haciendo que fueran los mismos presos los que se ganaran mediante su trabajo la libertad. Al mismo tiempo que se les pagaba por su trabajo, evidentemente mucho menos que al trabajador libre, el preso trabajador ayudaba al Estado a su manutención en la cárcel y mantenía en muchos casos a su familia[39]. Dinero que controlaba y entregaba el Patronato a las familias de los presos por medio de Juntas Locales compuestas por un afiliado a Falange, el cura y una mujer de "espíritu profundamente caritativo" que les concedía el poder de velar por la reconversión ideológica de los vencidos, y de vigilar alteraciones en los beneficiarios que pudieran alterar el jornal, con la finalidad de "aliviar a las familias en sus necesidades con espíritu de verdadera asistencia y solidaridad social" (Lafuente, 2002: 45). La reconversión religiosa era un grado más de conseguir la

[37] Según testimonios por ejemplo en Tomasa Cuevas (1985), además de obligar a los presos a ir a misa y hasta comulgar, les hacía cantar himnos falangistas como el "Cara al sol" y hacer el saludo fascista.

[38] Además de la construcción del Valle de los Caídos, los presos trabajaron en la reconstrucción de pueblos y ciudades destruidos en la guerra, a veces eran lugares simbólicos como Belchite, Brunete o Guernica, por poner algunos ejemplos. Lafuente, en su libro *Esclavos por la patria* (2002), nos ofrece una lista de las empresas de construcción privadas y públicas, empresas mineras, obras civiles y militares y talleres penitenciaros a los que se destinaban a los presos.

[39] Véanse, por ejemplo, Lafuente (2003); Torres (2003/2000); Vinyes (2003).

remisión de penas. Un sistema en definitiva de control al preso y a la familia, al mismo tiempo que el preso mantenía económicamente[40] el sistema carcelario español y con el que se evitaban fugas o protestas al tener ocupado los cuerpos y las mentes de los presos ganándose su libertad y el mal alimento de sus familias. Hay que pensar, que las penas no eran de cadena perpetua expresa, sino que iban desde doce años y un día, veinte años y un día hasta treinta años, esta última muchas veces concedida como benevolencia de la pena de muerte que tan fácilmente se dictaba, lo que alentaba a los presos la idea de salir algún día de la cárcel, que aumentaba con los indultos que se concedían en fechas memorables, otro método de "benignidad" del Caudillo[41]; pero eran penas que concedían tiempo suficiente al Estado para que los presos salieran corregidos y transformados, o bien, doblegados. Como dice Foucault (2005/1975: 127): "La duración de la pena sólo tiene sentido en relación con una corrección posible y con una utilización económica de los criminales corregidos".

Sin embargo, la disciplina, el castigo y la vigilancia se ejercía en los presos de por vida. Tras cumplir su condena, entraban no sólo marcados y estigmatizados a formar parte de la sociedad, sino que se le castigaba con el destierro, ya que debían irse a vivir a otro lugar y quedaban controlados y vigilados de por vida, teniendo que ser ellos los predispuestos a seguir cooperando con una disciplina carcelaria fuera de las rejas.

El Chaqueta Negra, el héroe de la guerrilla de *La voz dormida* acaba, tras sus largos años de cárcel en la prisión de Burgos[42] con el indulto, con motivo "de la exaltación al Solio Pontificio de Su Santidad el Papa Paulo VI" (p. 367); un indulto firmado por el mismo Franco y su vicepresidente Carrero Blanco. Acontecimientos memorables, que como dice el decreto, "*aconsejan hacer llegar a los que sufren condena el júbilo y la alegría de sus conciudadanos, con la fundada esperanza de que el recuerdo del hecho que motivó la gracia ha de cooperar a la recuperación del delincuente, reincorporándole así a la paz de la vida familiar y social, finalidad máxima*

---

[40] Véase Lafuente (2002).

[41] La Redención de Penas por Trabajo y los indultos eran las dos formas que tenían los presos de cumplir antes su pena. Esto suponía una "redención" en todos los sentidos ya que debían demostrar su reconversión a la Iglesia y al régimen. Existía asimismo el periódico *Redención*, el único al que tenían acceso, otro recurso propagandístico, que además de ser hecho por y para los presos arrepentidos o en vías de su reconversión, donde se alababan las "bondades del nuevo régimen", su adquisición o participación era motivo de redención (Lafuente, 2002: 270).

[42] Desde la guerra, es sabido que al penal de Burgos iban destinados los condenados con mayor pena y los conmutados de la pena de muerte.

a que aspira nuestro sistema penitenciario" (pp. 367-368). El preso, supuestamente corregido y transformado o al menos redimido, debía alegrarse y agradecer la benignidad del Estado en nombre del Papa y de la Iglesia católica, motivo que debía servir a su vez como una forma más de corrección de su "delincuencia". Un mecanismo de propaganda en la que el Estado hacía partícipe de esa benignidad llena de "júbilo y alegría" a todos los ciudadanos. Por eso, al indulto le seguía un hoja de instrucciones datada en este caso de 1963 —que en la novela aparece en forma de documento original— donde se exponía con detalle su destierro y su vigilancia perpetua fuera de los muros (p. 375).

A las mujeres de nuestra novela, como a tantas otras presas de las cárceles franquistas, les obligan a ir a misa y comulgar y escuchar las humillaciones que el cura les dirige en la homilía (p. 122). Las vigilantes, por su parte, la hermana María de los Serafines, apodada La Veneno, y Mercedes, la nueva carcelera, ante la negativa de algunas presas de comulgar siendo día de Navidad, emplean el castigo obligándolas a besar los pies del Niño Jesús, ritual religioso que se llegó a ejercer en España anualmente en esa fecha hasta finales de la dictadura franquista.

> —El culto religioso forma parte de la reeducación. No han querido comulgar y hoy ha nacido Cristo. Van a darle todas un beso, y la que no se lo dá se queda sin comunicar esta tarde.
> Una a una, las presas fueron besando el pie ofrecido. Una a una, inclinaron la cabeza para besar al Niño. La Veneno lo sostenía a la altura de su estómago para obligarlas a una inclinación pronunciada (pp. 123-124).

Tomasa de nuevo se rebela ante los insultos y sale indignada, proponiendo en la asamblea extraordinaria una huelga de hambre hasta que el cura les pidiera perdón, y se niega a besar los pies de la figura del Niño Jesús, lo que le cuesta un castigo de meses incomunicada y aislada en el "cubo".

La reconversión religiosa de los presos la llevaron a cabo los representantes de la Iglesia. Curas y monjas se encomendaron a una labor incondicional en sus métodos para reconvertir almas pecadoras a la Iglesia católica. Durante la guerra civil, los representantes de la Iglesia fueron responsables, en muchos casos testigos, colaboradores y actores directos de la eliminación del enemigo; en el régimen franquista continuaron su "labor" de exterminio y purificación de las almas y los cuerpos de los vencidos, mientras expandían su poder en la vida privada y pública de todos los españoles (Casanova 2003). La Iglesia era, dice el autor antes indicado, "el alma del Nuevo Estado. [...]. La Iglesia y la religión católica lo inundaron todo: la enseñanza, las costumbres, la administración y los centros de poder". "Los ritos —continúa más adelante— y las manifestaciones litúrgicas, las procesiones y las misas de campaña llenaron las calles de pueblos y ciudades" (pp. 274-275). En las cárceles se encargaban de conseguir, mediante la represión, la cristianización del ateo y sobre todo la aceptación de culpa y el arrepentimiento del condenado antes de ser fusilado. Si se les maltrataba, torturaba y asesinaba injusta y arbitrariamente no interesaba al cura redentor de almas pecadoras para la otra vida.

A Hortensia, antes de ser fusilada, como era habitual con los presos condenados a muerte, la hacen pasar por capilla para que se confiese y comulgue. Vemos la disponibilidad del cura a la coerción y al chantaje del que se servía, que, para salvar el alma de la presa "delincuente" y ponerla en orden con el Dios de los vencedores le era lícito cualquier método.

> —Dicen que la nueva acompañó a la capilla y que se quedó fuera con la niña toda la noche. Y que la niña no paró de berrear de hambre, criaturita.
> —Y que el cura la quiso convencer para que confesara y comulgara. Le dijo que su deber era salvarle el alma, y que si se ponía en orden con Dios le dejaba que le diera la teta a la niña. Pero ni confesó ni comulgó, no consintió, esa mujer tenía los principios más hondos que el propio corazón (p. 219).

Sólo mediante una vigilancia permanente que las guardianas de la cárcel ejercían sobre las presas se podía llevar a cabo la disciplina carcelaria y el consiguiente castigo a las insumisas. Sin embargo, la vigilancia jerárquica no sólo se daba de las guardianas hacia las presas, sino entre las vigilantes. La hermana María de los Serafines reprende a la novata guardiana, Mercedes, por su poca dureza con las presas, al mismo tiempo que la advierte de poseer una vigilancia permanente de la cárcel.

> Grita, [se refiere a la carcelaria Mercedes] porque después del suceso del dedo del niño Dios recibió una dura amonestación de la hermana María de los Serafines. Le dijo que era muy blanda con las internas, y que debía aprender a ponerse en su sitio si no quería perder su puesto.
> —Se le están subiendo a la chepa, Mercedes, y si a usted se le suben a la chepa se nos suben a todas a la chepa. Tengo mis informadores, no crea que no sé lo de la cancioncita, sé lo que pasa en la prisión a todas horas y a usted se le están subiendo a la chepa. A todas horas, no lo olvide (p. 138).

"Vigilantes perpetuamente vigilados" los llama Foucault[43]. Tanto dentro como fuera de la cárcel, los chivatos o delatores ejercían también una función de vigilantes. La nueva guardiana de la cárcel, Mercedes, por su actitud más blanda hacia las presas no sólo estaba vigilada y observada por las otras vigilantes, como la monja, sino también por la chivata entre las presas, una chivata que observaba y vigilaba tanto a las presas como a las guardianas. "Mercedes se arriesga a ser descubierta por la chivata, que acecha sus movimientos desde el primer lugar de la fila, ávida por encontrar cualquier información que le sirva de moneda de cambio" (p. 34). Delatar por miedo, por sentir su propia protección o para conseguir beneficios, en cualquier caso, el delator o delatora cooperaba con el sistema de vigilancia que mantenía la pirámide de poder del régimen.

Las delaciones fuera de los muros como hemos anotado antes eran habituales y comunes en la posguerra y crecieron en relación a la guerrilla. La exterminación del maquis fue uno de los objetivos en el que el régimen empleó todos sus medios, pero más que el temor de que la guerrilla pusiera en peligro el Estado franquista, lo que trataban de evitar era la pérdida del orden disciplinario del régimen. La guerrilla era para el Estado una pérdida del control absoluto, y por consecuencia, suponía también una pérdida del absoluto poder. La vigilancia no se limitaba sólo a la policía, Guardia Civil o falangistas en busca de sospechosos, disidentes políticos o apoyo al maquis, sino que cualquiera podía ser un delator o un delatado. El poder disciplinario, que abarcaba desde los hábitos de comportamiento hasta las delaciones, pasando por la censura y otros mecanismos de control, siguiendo a Foucault[44] no era solamente una vigilancia jerárquica, en cuya cúspide estaba Franco, sino un sistema de vigilancia que se sostenía mediante una vigilancia producida por todos y dirigida en todos los sentidos.

El comportamiento del personaje de Pepita desde que hace de enlace para el guerrillero El Chaqueta Negra se convierte en un estado latente de vigilancia hacia todos y en todas partes. "Y pisa el umbral de la pensión mirando a derecha y a izquierda antes de entrar. Porque lleva un mensaje de El Chaqueta Negra" (p. 85). Pero la vigilancia no se daba sólo en relación a los vencidos, sino que también se ejercía entre los vencedores. Don Fernando, el médico que durante la

[43] Según Foucault (2005/1975: 182) el funcionamiento de la vigilancia "es el de un sistema de relaciones de arriba abajo, pero también hasta cierto punto de abajo arriba y lateralmente. Este sistema hace que "resista" el conjunto, y lo atraviesa íntegramente por efectos de poder que se apoyan unos sobre otros: vigilantes perpetuamente vigilados."

[44] Véase cita anterior a pie de página.

guerra había ayudado a la República y que fue testigo de la matanza de Paracuellos[45], vive por un lado en una permanente vigilancia por parte de su mujer que se rige según los cánones de la sociedad que creó el nuevo régimen, por otro lado él vigila a su alrededor por miedo a que se descubra su pasado y por su ayuda clandestina al guerrillero El Chaqueta Negra. Doña Amparo, la mujer de Don Fernando, envuelta en comportamientos hipócritas vigilados por el qué dirán, se niega a hablar desde hace dos años a su marido porque éste ha dejado de ser cirujano, si bien seguían cooperando en un sistema social clasista donde imperaban las formas. "A mí no me haces pasar por la vergüenza de explicarle a nadie que has dejado de ser médico porque te da asco la sangre. Y no pienso decirle a nadie que ahora quieres ser un simple empleado de pacotilla" (p. 89), le dice a su marido, mientras éste, Don Fernando, la acompaña a misa los domingos tomándola del brazo y sonriendo mientras devuelve saludos de cortesía (p. 89). Esta pareja, perteneciente a los vencedores, está basada en la doble moral y en una farsa personal por ambos lados y pública, que se sostiene mediante una vigilancia mutua, acorde a un régimen totalitario montado a su vez en la hipocresía y la mentira.

Es por eso que cuando el médico va a sacar a Pepita de Gobernación donde ha sido llevada para ser interrogada —y en consecuencia torturada— por la carta que ha recibido de Francia, le aconseja que sea ella misma la que lo comunique "de inmediato en Gobernación, sin esperar a que lo hiciera el cartero" (p. 179). En definitiva, la incita a que colabore con ese mecanismo de control y vigilancia en el que se mantenía el régimen franquista.

Lo difícil en el régimen franquista era salirse de esa la vigilancia de terror continua que dominaba España. Sin embargo esto es lo que hicieron esas mujeres y esos hombres que a pesar del aislamiento internacional, de los encarcelamientos, de las torturas físicas y anímicas a los que les sometieron, siguieron poniendo resistencia a un régimen que no sólo buscaba aniquilarles físicamente, sino corregir y transformar su voluntad. Éste es también el reto que hacen nues-

[45] La matanza de Paracuellos ha quedado como símbolo del terror republicano. El 6 de noviembre de 1936 las tropas de Franco llegaban a las puertas de Madrid. El Gobierno republicano se traslada a Valencia, dejando una Junta de Defensa en Madrid, presidida por el general Miaja. Santiago Carrillo se quedó como consejero de Orden Público. Los días 7 y 8 de noviembre fueron sacados 2.000 hombres de las cárceles y "checas" de Madrid y trasladados en autobuses hasta Paracuellos del Jarama y Torrejón de Ardoz. La mayoría fueron fusilados y enterrados en fosas comunes (Casanova, en Juliá 1999: 133 y ss.).

tras protagonistas de la novela. Las mujeres presas luchan por no sucumbir ante unos mecanismos de poder que las van agotando, eliminando. Emprenden un contraataque de lucha contra el aniquilamiento carcelario: se organizan y se disciplinan entre sí, siguen una lucha clandestina contra el régimen durante y después de la cárcel. Luchan, en definitiva, por la dignidad de su alma y de su cuerpo; por la dignidad como personas y como presas políticas, que lucharon y siguieron luchando por unos ideales de libertad y de reconocimiento de la mujer. Se ayudan entre sí, se escuchan sus sufrimientos, se cuidan entre ellas la miseria que ronda sus cuerpos, se enseñan a leer y a escribir, comparten su alimento. Una ayuda solidaria e incondicional que las hace seguir viviendo en medio de ese dolor interno y de carencias físicas a las que están sometidas. Forman una "familia" en la que lo comparten todo con sus compañeras como escribe Hortensia en sus cartas (p. 120). Desde dentro de los muros, estas mujeres siguen ayudando a la guerrilla, mientras burlaban la vigilancia carcelaria, cosían en los talleres de trabajo uniformes de Falange, mantas, camisetas, pantalones, que sacaban luego para la guerrilla.

> El truco consistía en cambiar de posición los patrones en el corte de la tela. Las cortadoras entregaban a las maquinistas tres piezas, de donde la funcionaria había calculado que saldrían dos. Coser más aprisa, apurar el hilo y esconder la tercera prenda bajo la propia ropa en el primer despiste de la funcionaria era sólo cuestión de habilidad (p. 252).

No sólo habilidad y truco, sino coraje de romper la disciplina de vigilancia y de obediencia, coraje al arriesgar sus propias vidas por ayudar a los otros, fuera a la guerrilla o a las otras compañeras, como hace Sole, que pertenece a la dirección del Partido Comunista de Salamanca y cuando llega a la prisión de Ventas se pone a trabajar y a ayudar en la enfermería y lucha por mejorar las condiciones deplorables en las que se encuentran las enfermas (p. 185). Y lucha también para que el médico vea a Tomasa y le cure los sabañones de la cara y de las manos y consigue que la saquen al sol diez minutos al día para que no se muera de avitaminosis en la celda de castigo, mientras la alimenta con una sonda por la rendija de la cerradura (pp. 187-188). Estas mujeres presas comienzan su resistencia ya desde el momento en que se niegan a cooperar con el sistema disciplinario carcelario, cuando se niegan a aceptar la homilía del cura o a besar la figura del Niño Jesús o a comulgar, o desde el momento en el que en las torturas no delatan a sus familiares. Es aquí cuando empiezan su oposición y resistencia al régimen, y no pararán de hacerlo a pesar de haber cumplido años de encarcelamiento, porque estas mujeres cuando salen de la cárcel continúan su lucha clandestina. Reme se pone a disposición del Partido al día siguiente de salir de prisión, y forma parte de un grupo de ayuda a los familiares de los presos, al igual que sus hijas (p. 286).

Fuera de la cárcel no sólo la guerrilla opone resistencia contra el régimen, sino todos aquellos, hombres y mujeres que seguían ayudando a la guerrilla, esos puntos de enlaces que les protegían, que no les delataban y que les ayudaban; mujeres como Pepita, cuyos valores por los que ayuda a la guerrilla son la solidaridad y el amor. Pero la resistencia la ofrecen también todas esas mujeres que hacían cola en los cementerios para ver a sus muertos y en las puertas de las cárceles para ver a sus presos,[46] como dice Fernanda Romeu Alfaro (1994: 40):

> El origen de la lucha clandestina de las mujeres, lo encontramos ya cuando se reunían en las propias puertas de los cementerios y de las cárceles. Desde el final de la guerra, las mujeres, las madres e hijas de los detenidos, se vieron obligadas a permanecer durante largas horas ante las comisarías y buscar los cadáveres de los propios familiares entre los fusilados en los cementerios.

Doña Celia, la patrona de Pepita en nuestra novela, en recuerdo y protesta de su hija muerta en la guerra, va todas las mañanas al cementerio del Este y tras las descargas de los fusiles, corta un trocito de tela de las ropas de los fusilados y se lo entrega a las mujeres que esperan en la puerta para que éstas reconozcan a sus muertos (p. 97).

En *La voz dormida*, la guerrilla por su parte no sólo oponía resistencia armada al franquismo, sino que llegó a romper el control de vigilancia precisamente allí donde más se daba, en la cárcel. Los guerrilleros El Chaqueta Negra y Felipe llegan incluso a visitar a la cárcel a sus familiares; el primero para ver a su hermana Elvira y Felipe a Hortensia. Más adelante planearán y llevarán a cabo con éxito la fuga de la cárcel de Sole y Elvira. Muestras todas ellas de que la resistencia clandestina no cesó en ningún momento de actuar.

Relevante es ver también que esa lucha clandestina no cesó con las mujeres y hombres que vivieron la guerra y la posguerra, sino que se transmitió a las generaciones más jóvenes. Tensi, la hija de la fusilada Hortensia, es un ejemplo de ello. Esta joven sigue luchando en la clandestinidad, siguiendo los pasos de sus padres. "Lucha, hija mía, lucha siempre, como lucha tu madre, como lucha tu

[46] Richards (1999/1998: 56) apunta también a esta actitud de las mujeres como resistencia.

padre, que es nuestro deber, aunque nos cueste la vida" (p. 357) le deja escrito Hortensia a su hija recién nacida. Es la prueba de que la resistencia y la lucha clandestina de las mujeres no concluyó en la guerra civil ni el la posguerra, sino que duró durante todo el franquismo.

La resistencia armada: la guerrilla

La guerrilla fue la única resistencia armada contra el régimen franquista. Surgida en un principio en la inmediata posguerra[47] de forma forzada debido a la aniquilación de los vencidos que llevó a cabo la victoria franquista; estos hombres y mujeres, que huyeron a los montes, en un principio para salvar sus vidas, no sólo no se daban por vencidos, sino que tenían la esperanza de restablecer la libertad.

Conocidos entonces también como huidos, fugados o "los del monte", los guerrilleros[48] eran para el régimen franquista simples bandoleros, forajidos o delincuentes. Héroes en Francia, bandoleros en España[49], lo cierto es que la memoria de la guerrilla ha sido relegada durante mucho tiempo en España al silencio y al olvido[50], o reducida a una memoria colectiva clandestina, en otros casos, una memoria desvirtuada, ateniéndose a la que promulgaba el régimen. A una memoria de silencio y de no existencia que presentó primero el régimen franquista respecto a la guerrilla, le sigue, una vez erradicada ésta, una memoria de cruzada de las fuerzas represivas contra el movimiento armado de posguerra,

---

[47] En 1939. Sin embargo, los primeros huidos que se esconden en los montes de Galicia, Asturias, León, Cáceres, Badajoz, o Huelva para no ser fusilados, están relacionados con el triunfo de los sublevados en 1936. Según Francisco Moreno, los fugitivos del sur fueron aniquilados en 1937, mientras que muchos grupos del norte consiguieron resistir hasta el periodo de huidos de la inmediata posguerra (Moreno, en Casanova 2002).

[48] Según Serrano (2002: 249), desde el principio se fue imponiendo entre los ciudadanos el término de maquis, ya que fue prohibida por la Dirección General de Seguridad la palabra guerrillero.

[49] "Cristino García Granda es un héroe en Francia y un bandolero en España. En Madrid fue fusilado y en Saint-Denis le dedicaron una calle" (Serrano 2002: 13).

[50] Serrano (2002: 16) apunta también al olvido al que ha colaborado el PCE respecto al maquis, convirtiéndolo en un acontecimiento casi anecdótico. "El Partido Comunista —dice—, que eligió la vía armada para acabar con el franquismo, se desembarazó de la guerrilla no sólo como opción estratégica -lo que parecía obligado dada la evolución política- sino también como fragmento de su historia y de la historia de España".

que el régimen exaltó con un nuevo discurso, en el que ocultaban y negaban la violencia represiva desde que les obligó a huir al monte hasta su desmantelamiento; estos huidos y los guerrilleros, despojados de toda ideología, aparecían como la última secuencia del bandolerismo decimonónico (Serrano 2002: 15). Otros huidos prefirieron enterrarse en vida; eran los "topos", que por miedo a la represión se escondían entre los muros de sus casas o cerca de ellas, muchos de ellos no salieron hasta llegada la democracia.

Si se ocultó la lucha de resistencia al franquismo de los hombres guerrilleros, las mujeres guerrilleras, determinadas por su condición de género, su participación en la guerrilla está presentada por el régimen sólo en relación sexual al hombre: "Las mujeres eran simplemente las queridas de los maquis, barraganas del monte", escribe Serrano (2002: 220). Aunque no dejara de haber mujeres que vivieron en el monte y que ejercieron una resistencia activa contra el franquismo, la mayoría de las mujeres actuó de enlace con la guerrilla; de un modo u otro, estas mujeres apenas cuentan en la historiografía del maquis[51]. Sin embargo, explica Serrano (2002: 225), entre el 20 y 40 por ciento de las personas que integraban las redes de apoyos eran mujeres, algo muy significativo si se tiene en cuenta que eran en su mayoría mujeres campesinas, analfabetas, trabajadoras explotadas en el campo o amas de casa con numerosos hijos, que actuaban menos por actitud ideológica que por solidaridad familiar o vecinal. Los enlaces que eran la organización del llano, eran sin embargo el elemento de supervivencia de los guerrilleros y los primeros expuestos a la violencia franquista, la caza de venganza que resultaba más fácil para la represión. Por eso es importante resaltar el sacrificio anónimo no sólo de los hombres, sino también de las mujeres que lucharon como puntos de enlace en la resistencia guerrillera.

En *La voz dormida*, como hemos anotado antes, aparece la memoria de la guerrilla en constante relación con las mujeres. No sólo la mujer que actúa como enlace, en el caso de Pepita, y en relación sentimental con el héroe guerrillero, sino que aparece la mujer que vive también en el monte, como Elvira y Sole, aunque acabaran allí para proteger sus vidas. Y es respecto a éstas como Dulce Chacón nos presenta la dificultad a la que se enfrentaban también aquí en el monte, para ser aceptadas entre los guerrilleros, sin ser relegadas a un rol secun-

[51] Relevante en este caso es anotar que la bibliografía sobre las mujeres, bien sobre la resistencia en la guerrilla o sobre la represión, nos la dan sobre todo los primeros testimonios recogidos por mujeres. Véanse, entre otros, Tomasa Cuevas (1985) y (1986), Juana Doña (1978), Fernanda Romeu Alfaro (1994).

dario por su condición de mujer[52]. Ésa es la postura de Mateo, antes Felipe, que no es partidario de que la mujer esté en el monte. "Pero era mujer, y las mujeres no deben vivir como alimañas en el monte" (p. 262) piensa reiteradamente Mateo al hecho de que Elvira viva con ellos en el monte, por mucho que ésta le diga: "No has aprendido nada de la República, Mateo, los tiempos de los señoritos se acabaron" o "—que los hombres y las mujeres somos iguales, a ver si te enteras" (p. 263). Como apunta Serrano (2002: 220) pese a tener al frente de la organización a una mujer, Dolores Ibárruri, la Pasionaria, los comunistas asignaron un rol secundario a la mujer en la resistencia. Cuando la dirigente comunista incitaba a las mujeres de la guerra civil al grito de "Mas vale ser viuda de héroes que esposa de cobardes[53]", no las llamaba a la lucha activa, sino que apelaba al poder de la esposa o madre para que ésta indujera y, por qué no, permitiera ir al frente a su marido o a sus hijos, quedando sin embargo ella, la mujer, en su rol ancestral de género, colaborando con su sacrificio de esposa o madre; desde el exilio, volverá a llamar al sacrificio de las mujeres, cuando grita "¡Ayudad a los héroes guerrilleros![54]", eso sí, de nuevo en relación al hombre, supeditando otra vez más su condición de mujer a la del hombre héroe luchador.

Organizados en partidas y agrupaciones, los guerrilleros formaban una amalgama de comunistas, anarquistas, socialistas o antifranquistas que de nuevo se unían para luchar contra el franquismo, aunque fuera el Partido Comunista el que más ayudara a la lucha armada. Nuestro héroe guerrillero de la novela, El Chaqueta Negra, también es comunista y vuelve de Francia con dos cometidos: liberar a Sole y mandarla a Francia y organizar la guerrilla y constituir la "Agrupación Guerrillera de Cerro Umbría" (p. 259). Como el resto de los guerrilleros, estaba convencido de que las potencias democráticas, tras la caída de Hitler y Mussolini, no iban a permitir que Franco siguiera en el poder.

> Todos los partidos de la izquierda española en el exilio habían unido sus fuerzas en un bloque antifranquista, la Unión Nacional Española, que obligaría a los aliados a intervenir cuando acabara la guerra en Europa, para ello era necesario organizar un

---

[52] Serrano (2002) señala "la firme decisión de que la mujer permaneciera en labores asistenciales y que se evitara por todos los medios su presencia en el monte". Sin embargo, según el testimonio de una superviviente de la guerrilla, ésta subraya el compañerismo y respeto que sentía entre los hombres guerrilleros. Recogido en el reportaje fílmico *La guerrilla de la memoria. Recuerdo de los maquis*, dirigida por Javier Corcuera (2002; DVD).

[53] Véase Nash (1999: 156).

[54] Véase Serrano (2002).

> auténtico Ejército Guerrillero que demostrase que en España continuaba la lucha armada (p. 259).

Pero las potencias democráticas, EE. UU., Inglaterra y Francia, una vez combatido el nazismo, dan la espalda, insolidarios con sus ideas democráticas, a estos hombres y mujeres que resistieron con la esperanza de recibir una ayuda internacional. Estos hombres, muchos de los cuales habían luchado en la guerra civil, y que lucharon luego como maquis en la resistencia francesa, volvieron a España para liberar a ésta del franquismo con la esperanza de que no estaban solos. Se equivocaron, porque las potencias democráticas en su concentración de eliminar el nazismo, pero con su postura de abandono hacia España, legitimaron un régimen totalitario de origen fascista y condenaron a estos guerrilleros y a los demás vencidos a la cárcel y al exterminio.

Una esperanza fallida, tras la liberación de París en agosto de 1944, resultó ser la invasión más célebre del Valle de Arán[55] por los Pirineos, protagonizada por Jesús Monzón, y que tras ciertos éxitos iniciales, acabó en retirada, evitando un enfrentamiento sangriento a la respuesta de las tropas franquistas[56].

Nuestros guerrilleros protagonistas en su afán de reinstaurar la República llevan a cabo pequeñas invasiones, en las que unen un paso a la libertad de España y un éxito a su supervivencia mediante la confiscación de bienes.

> Tomaron un pueblo en nombre de la República en una operación militar perfectamente coordinada. Todas las partidas de la Agrupación Guerrillera de Cerro Umbría participaron en la invasión. Fue un día de victoria. Colocaron la bandera tricolor en el balcón del ayuntamiento, requisaron la pistola del alcalde, las armas y las municiones del cuartelillo, desvalijaron la caja fuerte del jefe de la Falange local y los vecinos les entregaron cestas repletas de alimentos (p. 296).

A pesar de su resistencia, la guerrilla a partir de los años cincuenta acabó extinguiéndose, las mujeres y los hombres con más suerte que vivieron a los años más duros de terror contra la guerrilla pasaron al exilio a Francia o acabaron en la cárcel; los de menos suerte o más resistencia acabaron fusilados en emboscadas o redadas o tras ser sometidos a largas torturas por la policía o la Guardia Civil. La represión del régimen respecto a la guerrilla se intensificó, poniéndose en marcha

[55] La cifra que da Moreno, en Casanova (2002: 223), de hombres que participaron en esta invasión es de 3.500-4000.

[56] Véanse por ejemplo Moreno, en Casanova (2002); Serrano (2002).

el método de las contrapartidas[57] y el Decreto-Ley sobre Bandidaje y Terrorismo de 1947. Moreno habla de los métodos de la "guerra sucia" del régimen, convirtiendo los años de 1947-1949 en el "trienio del terror". Lo explica así:

> Se recurrió a las peores aberraciones de todo tipo: delaciones, recompensas, engaños, torturas inenarrables, castigo a los familiares, y todavía peor, "paseos" y aplicaciones de la "ley de fugas" (ley que en estas fechas alcanzó su cota más trágica de la España negra), siendo sus víctimas ciudadanos inofensivos, unos enlaces y otros por lejana sospecha de serlo, y padres y hermanos y parientes de los maquis, por el único "delito" de ser familiares. El fin último era llevar el terror al medio rural, que en la posguerra inmediata no se había extendido, y se consiguió ahora plenamente. Así pues, conforme avanza 1946, libre ya el régimen de la temida intervención de los aliados, se lanzó sin tapujos a una batalla sin cuartel contra la sierra y el llano (en Casanova, 2002: 248).

En nuestra novela, los protagonistas acaban con mucha mejor suerte que la mayoría de los guerrilleros y guerrilleras. Sole y Elvira consiguen pasar a Francia, El Chaqueta Negra acaba en la cárcel de Burgos. No así Mateo y el resto de los que componían la partida, algo más anónimos, que además de ser fusilados en una redada son fotografiados y expuestos como trofeos de caza, esperando que tras su muerte sirvieran no sólo para testimoniar el terror, sino como anzuelo para cazar, si no a más personas relacionadas con la guerrilla, sí a sus familiares o al menos condenarles a éstos una vez más al sufrimiento y al silencio.

> La Guardia Civil fotografió el cadáver de Mateo, y el de cada uno de los guerrilleros que murieron en El Pico Montero, y expuso las fotografías en los escaparates de las tiendas de todos los pueblos de El Llano. Seis hombres. Y una chiquilla. Los rumores que corrían señalaban la trampa en la que caerían los que reconocieran a sus muertos. Sólo unos pocos confiaban en que les entregarían los cadáveres, y no serían detenidos ni interrogados. Los demás miraban los retratos procurando controlar la emoción para que su rostro no les delatara al conocer la muerte de los suyos. Miraban. Guardaban silencio y se alejaban sin un gesto de dolor, sin una lágrima (p. 303).

[57] La "contrapartida" eran guardias civiles y otros colaboradores civiles que se hacían pasar por maquis y que simulaban comportamientos guerrilleros, cometiendo crímenes que atribuían a la guerrilla (Moreno, en Casanova 2002).

Las Trece Rosas

La madrugada del día 5 de agosto de 1939 fueron fusiladas en las tapias del cementerio del Este de Madrid, hoy cementerio de la Almudena, trece jóvenes, la mayoría de ellas menores de edad. Momentos antes habían sido fusilados cuarenta y tres hombres inculpados con los mismos cargos, algunos de ellos maridos o novios de las jóvenes, con los que éstas pensaban verse en sus últimos momentos ante el paredón. Pero la muerte de estas jóvenes caló hondo en las personas que las conocieron. Pronto, estas jóvenes, a las que se las llamó simbólicamente las Trece Rosas o las Menores[58], no sólo pasaron a formar parte de la memoria colectiva de las que compartieron con ellas la represión, sino de la Historia y de la leyenda. "La huella de estos fusilamientos está presente en la mente de todos los entrevistados, así como en toda la bibliografía sobre la represión del momento", explican Mirta Núñez Díaz-Balart y Antonio Rojas Friend (1997: 75). Una pequeña placa conmemorativa datada de 1988 las recuerda de esta forma en el interior de la tapia de dicho cementerio[59]: "Las jóvenes llamadas 'LAS TRECE ROSAS" dieron aquí su vida por la libertad y la democracia el día 5 de agosto de 1939. El pueblo de Madrid recuerda su sacrificio".

Sin embargo, ha sido sobre todo en estos últimos años, surgido en este afán de recuperar la memoria de la guerra civil y la posguerra española, cuando vuelve a recordarse y mitificarse la historia trágica y simbólica de estas Trece Rosas. Su historia la cuentan y la imaginan tanto historiadores como periodistas y literatos. Su germen principal lo encuentran en la memoria de quienes las testimonian, en los documentos de los archivos y en las cartas que escribieron en la cárcel a sus familiares antes de ser fusiladas. La memoria de estas muertes está ya presente en la novela-reportaje de Juana Doña en 1978 y la recogen los testimonios de mujeres que vivieron las cárceles franquistas en el libro de Tomasa Cuevas en 1985. Una visión más amplia al igual que profunda y detallada de la historia de estas jóvenes nos la da el primer artículo de investigación sobre el suceso del periodista Jacobo García Blanco-Cicerón (1985). Años más tarde en 1993, Fernanda Romeu Alfaro rememora a las Trece Rosas mediante el recuerdo de las cartas de una de ellas, Julita, y su deseo explícito de perdurar en la Historia. Las

[58] Aunque se las llamaban las Menores, no todas eran menores de edad, como se anota más adelante. La mayoría de edad estaba entonces fijada en los veintiún años.

[59] Una fotografía de la placa puede verse en Núñez Díaz-Balart/Rojas Friend (1997: 76) y Fonseca (2003: 321).

investigaciones de Mirta Núñez Díaz-Balart y Antonio Rojas Friend (1997) aportan nuevos datos sobre las ejecuciones de las ya míticas víctimas. En los últimos años, el escritor Jesús Ferrero (2003) las ficcionaliza al mismo tiempo que inmortaliza sus voces en su novela *Las trece rosas*. Jorge Semprún las recuerda en su novela *Veinte años y un día* (2003), y hace renacer el espíritu de estas jóvenes en una chica de quince años. En 2004 vuelve a recoger su historia el periodista Carlos Fonseca en su libro, a medio camino entre el reportaje y la novela, *Trece rosas rojas*, que lleva al cine en 2008 Emilio Martínez-Lázaro con el título *Las trece rosas*. También en 2004 se crea la Fundación Trece Rosas en "homenaje a las trece jóvenes de las JSU" orientada a proyectos de igualdad y justicia social[60]. El artículo sobre las Trece Rosas de *El País Semanal* de 2005 habla de la película documental[61] que retoma recientemente el drama de estas mujeres, y la puesta en escena ese mismo año del destino de estas jóvenes por la compañía de danza y teatro Arrieritos. En 2006 se publicó la novela *Martina, la rosa número trece*, de la periodista y escritora Ángeles López, en la que reconstruye de nuevo la vida de estas "rosas".

Dulce Chacón también apela a la memoria de estas Trece Rosas en su novela *La voz dormida*. La pena de muerte a la que condenan a Hortensia recuerda a sus compañeras presas a las Trece Rosas y reviven de nuevo la experiencia que tuvieron cuando condenaron a estas jóvenes; como éstas, doce mujeres pertenecientes a la JSU (Juventudes Socialistas Unificadas) son condenadas a la pena de muerte, Hortensia completa el número trece.

> —Las han condenado a todas.
> —¿A Hortensia también?
> —Vienen las trece con "La Pepa", que estaba hoy baratita.
> —Trece, como las "rosas" del treinta y nueve.
> Como las "rosas", sí.
> Y Tomasa recuerda a Julita Conesa, alegre como un cascabel, a Blanquita Brissac tocando el armonio en al capilla de Ventas, y las pecas de Martina Barroso. Y acaricia en su bolsillo la cabecita negra que guarda desde la noche del cuatro de agosto de mil novecientos treinta y nueve. Pertenecía al cinturón de Joaquina (p. 192).

[60] Véase la página web <http://www.trecerosas.de>.

[61] *Que mi nombre no se borre de la historia* es el título del largometraje documental sobre las Trece Rosas llevado a cabo por la productora Delta Films y los directores Verónica Vigil y José María Almeda. Véase Huete Machado (2005): "La corta vida de trece rosas", en *El País Semanal*, nº 1524, domingo 11 de diciembre de 2005.

"La Pepa" era el sobrenombre que daban a la pena de muerte. El humor negro llegó en las cárceles de Madrid hasta a la propia muerte que tomó incluso forma de canción[62]. Por eso el personaje de Pepa, cuando se entera de que así llaman a la "saca" se hace llamar Pepita. Como vemos unos años después del fusilamiento de estas jóvenes, en el 39, siguen las condenas masivas a la pena de muerte. Y esto es lo que hace que las mujeres presas de la novela recuerden a las Trece Rosas, porque vivieron con ellas en la cárcel de Ventas. Son recuerdos personales que vuelven a la memoria porque viven de nuevo un caso parecido, porque poseen objetos que evocan su memoria o porque otros individuos pertenecientes al grupo aluden y completan el mismo recuerdo. En *La voz dormida*, Tomasa, Reme y Elvira rememoran la historia de las llamadas las Trece Rosas, recuerdan cómo se las condenó, de qué se las inculpó y qué actitud tomó cada una de ellas. En definitiva, Dulce Chacón en la novela reincide en unas páginas en el mismo discurso sobre las Trece Rosas que aparece en casi todos los libros, el mismo discurso que las mitifica.

Tomasa recuerda cómo no tardaron ni dos días desde la condena del Consejo de Guerra hasta el día del fusilamiento, sin esperar siquiera a que llegara el "enterado"[63] del Generalísimo, que llegó una semana más tarde. Y cómo las inculparon de un asesinato que ni ellas ni el resto de los condenados por la misma causa pudieron cometer.

> Y les cargaron en las costillas el atentado del comandante Isaac Gabaldón, que era inspector también de la policía militar de la Primera Región, y el encargado del Archivo de Masonería y Comunismo. En el coche iba con su hija, una niña de diecisiete años. La niña, el padre y el conductor murieron a balazos en la carretera de Extremadura, a la altura de Talavera, cuando se dirigían a Madrid. Tres muertos. Y quisieron veinte por uno. Sesenta jóvenes de las Juventudes Socialistas Unificadas fueron juzgados y condenados por atentar contra el Movimiento Nacional Triunfante. Un escarmiento, y en dos días los llevaron a todos a la tapia (pp. 193-194).

---

[62] La canción dice así: "Es la Pepa una Gachí/ que está de moda en Madrid/ y que tié predilección por los rojillos. /Cuando pasa esta mujer/ desde Ventas a Polier/ a cualquiera se le arruga hasta el ombligo./ Pepa, Pepa, ¿dónde vas con tanto brío?/ Pepa, Pepa, te vas a meter en un lío/ pues al paso que tú vas/ dejarás Madrid vacío y nos vas a liquidar", en Tomasa Cuevas (1985: 12).

[63] El "enterado" era la ratificación de la pena de muerte firmada por el mismo Franco.

La atribución de este asesinato aparece ya en el artículo de García Blanco-Cicerón (1985) [64] y continúa apareciendo en el libro de Fonseca (2004), así como se insinúa en la novela de Ferrero (2003), cargo que corrigen Núñez Díaz-Balart/Rojas Friend, anotando que "dicho atentado no se menciona en la causa en ningún momento" (1997: 74), así como también corrigen el habitual error de que fueran 60 los fusilamientos, siendo "exactamente 56 ese día" (p. 75). Lo que sí aparece en el sumario, según las investigaciones de estos dos últimos autores son las declaraciones del entonces secretario general de las JSU, José Pena Brea, que delató a toda la organización. El nexo entre los implicados era "haber pretendido reconstruir las JSU en la clandestinidad, así como de haber intervenido en indeterminados "actos de sabotaje" e "intentos de complot" en distintos grados, unos como dirigentes, otros como enlaces". Lo que sí parece más claro es que la represalia contra estos hombres y jóvenes mujeres fue porque pertenecían o habían pertenecido a las JSU, si bien casi ninguna de las Trece Rosas tenía cargos directivos en esta organización; Blanca Brisac por ejemplo ni siquiera pertenecía a ninguna organización y según la carta de solicitud de indulto de otra "rosa", Julia Conesa, había ingresado en las JSU en 1937 "sólo por seguir los cursos de gimnasia y deportes que en esta organización se daban" (Fonseca 2004: 291). Por otro lado, la única acción detallada —según el sumario de las declaraciones del denunciante— era "la de planear un atraco en una tienda de ultramarinos, sita en la calle Dulcinea, esquina a Tetuán, para apoderarse del dinero que había en el comercio". Hecho que ni siquiera se llevó a cabo. Así como también se cita "como uno de los objetivos de la organización el de "atentar contra la vida de S. E. el Generalísimo" (Núñez Díaz-Balart/Rojas Friend 1997: 74).

Lo que bien se puede sospechar es la conexión de revancha por "escarmiento" como insisten las supuestas testigos de la novela de Chacón por parte de Franco o de sus más extremos seguidores, de hacer pagar la pena de muerte de cualquier persona multiplicada en extremo por cada muerte de uno de los suyos, con tal de intentar cortar —por lo sano— cualquier indicio de peligro que pudiera pensarse como inestabilidad política. Método que parece que empleó Franco hasta el fin de su vida, póngase por ejemplo los últimos fusilamientos del régimen a cinco hombres pertenecientes a ETA y el FRAP en 1975. Si bien, volviendo a la condena de estas 56 personas y si nos atenemos al sumario de la declaración

[64] Según Hartmut Heine, explica García Blanco-Cicerón (1985: 26) en el citado artículo, la represalia de la muerte del comandante Gabaldón continuó tras el 5 de agosto, llegando a ser detenidos en Madrid y en la zona de Talavera 364 personas, la gran mayoría condenada a muerte y ejecutada.

arriba indicada, la muerte de esta cantidad de personas, incluidas las menores y el mismo delator, era de carácter preventivo más que curativo, ya que no se justifica ninguna de las acusaciones, tónica predominante y dominante en los juicios que se llevaban a cabo en los consejos de guerra, teniendo además en cuenta los métodos torturadores y terroríficos en los que se basaban los interrogatorios. Pero sin duda lo que pretendían estos fusilamientos era difundir el miedo y el terror en la sociedad española, especialmente entre los vencidos.

Estas "rosas" sabían, sin embargo, por qué se las condenaba y así lo exponen en las cartas que dirigen a sus familiares. Dionisia Manzanero escribe lo siguiente el 9 de junio de 1939: "Yo estoy tranquila (y quiero que en vosotros entre esto también) porque el encontrarme en este estado no es por haber robado ni matado, sino que es por mis ideas políticas". Idea que repite en su carta horas antes de su ejecución el día 4 de agosto de 1939: "Pero tened en cuenta que no muero por criminal ni ladrona, sino por una idea"; Julia Conesa en varias de sus cartas apela a su inocencia: "Mamá, espero que no llores, pues como puedes comprender soy y somos inocentes de todo lo que ocurrió", escribe el 4 de agosto de 1939 y en la carta del 5 de agosto de 1939 insiste: "me matan inocente, pero muero como debe morir una inocente" (Fonseca, 2004: p. 277 y ss.).

La serenidad, pero sobre todo la dignidad, con las que estas jóvenes afrontaron su fatídico destino es un rasgo mítico en su bibliografía. Lo testimonian las mujeres que las vieron y las que recuerdan su historia:

> El fusilamiento de las TRECE MENORES el 5 de agosto del 39, demostró a toda la prisión de qué estaban hechas esas jóvenes. Fue la "saca" más dolorosa que se recordaba. [...].
> A las doce de la noche del día 4 fueron las funcionarias a buscarlas en los distintos departamentos donde estaban para meterlas en "capilla". [...]; sus nombres fueron repetidos dramáticamente por toda la cárcel, cuando llamaron a la primera: ¡Joaquina López Lafitte!, las catorce mil mujeres se estremecieron y como un reguero corrió la voz: ¡fusilan a las menores! Y las trece muchachas se juntaron sin una lágrima en sus ojos juveniles, con las cabezas erguidas, rapadas, serenas y valientes, se despidieron de sus hermanas de cautiverio dándoles ellas ánimo, a esas miles de mujeres que se resistían a creer que se pudiera cometer ese crimen monstruoso (Juana Doña 1978: 164-165).

Esa dignidad que demuestran estas jóvenes ante el abismo de una injusta muerte lo corroboran sus cartas: "que no os ahoguen las lágrimas, a mí no me tiembla la mano al escribir. Estoy serena y firme hasta el último momento", escribe Dionisia en su última carta. Julia Conesa también pide a su familia que no llore, "Salgo sin llorar" escribe antes de ir al paredón. Blanca Brisac escribe a su hijo Enrique de once años: "Voy a morir con la cabeza alta. Sólo por ser buena: tú mejor que nadie lo sabes, Quique mío" (Fonseca 2004: 284 y ss.).

Reme y Elvira recuerdan cómo antes de salir de capilla una de ellas se colocó las medias y otra se cortó las trenzas para que se las dieran a su madre (p. 197), gestos de dignidad, y Elvira recuerda que vio a las Trece Rosas desde la ventana atravesar el patio y que "Salieron de la capilla de dos en dos, sin humillar la cabeza. A cada pareja la escoltaban tres guardias civiles. Las subieron en camiones. Todas continuaron con la cabeza alta. Algunas cantaban. Julita Conesa siempre cantaba" (p. 198). Elvira, como las Trece Rosas, tampoco se atreve a mirar a los ojos a Hortensia, mientras sigue recordando cómo a estas jóvenes se les privó de todo derecho y se las castigó hasta el último momento, sin que se cumpliera su último deseo, morir junto a sus maridos, novios u hermanos.

> Querían despedirse. Deseaban verse por última vez. A los varones los llevaron a las seis de la mañana al cementerio del Este, y murieron a las seis contra la tapia. A ellas las llevaron a las seis y media (pp. 196-197).

Como en el caso de las Trece Rosas las compañeras de Hortensia piensan que la solicitud de clemencia que ha mandado su hermana Pepita al mismísimo Franco no servirá de nada, como tampoco sirvieron la solicitud de indulto que escribió Julia Conesa al Generalísimo, que nunca llegaron a entregarla, ni la de su madre, firmada el mismo 5 de agosto, cuando habían sido fusiladas. Era corriente que en esta situación de desesperación e impotencia, tanto familiares como presos acudieran a personas influyentes, si los conocían, para que les conmutaran la pena de muerte, o en última instancia apelaran la "misericordia" del Generalísimo escribiendo cartas dirigidas a su persona, antes de que éste firmara el "enterado" que los llevaba al piquete. Esto nos puede dar una idea del control personal con el que ejercía Franco su poder de represión. De esta forma se presentaba como "justo" cuando los condenaba y "misericordioso" cuando los perdonaba, sin que nadie que pidiera verdadera justicia pudiera llamarlo criminal.

Misericordia era también lo único que pedían por lo general los defensores de los penados ante los consejos de guerra. Y misericordia es lo que pide el defensor militar de Hortensia, capitán del Ejercito de Tierra, porque estaba embarazada (p. 197).

Hortensia, como las Trece Rosas, fue también víctima de la cruel represión franquista, y como ella fueron muchas más las que sufrieron el mismo destino[65]; quién sabe cuántas muertes quedaron sin ser registradas en los archivos, como la de nuestro personaje, Hortensia, que "no figura en la lista" de los ajusticiados aquél día "seis de marzo de mil novecientos cuarenta y uno" (p. 220). Sin embargo, fue el fusilamiento de estas Trece Rosas el que se grabó en la memoria colectiva de quienes lo vivieron y el que pretende perdurar en la historia de las víctimas de la represión. Hoy se presenta su historia como la "más conmovedora de la guerra civil[66]" o como "uno de los episodios más crueles de la represión franquista[67]". Pero, ¿a qué se debe su mito?, ¿qué simbolizan sus muertes?

Sin duda fueron ellas mismas y su relación con sus compañeras de la cárcel de Ventas las que calaron y perduraron en las mentes de éstas, pero también su inocencia y su juventud, así como su valor y entereza ante la muerte, inconcebible para los que las conocieron y vivieron con ellas, por lo absurdo y no menos ridículo e infundado de su acusación. Pero lo que estas muertes demostraron, era el no respeto a la vida de los vencidos, la absoluta pérdida del derecho a la vida y a la justicia. No ya su inocencia, sino su minoría de edad carecía de valor[68]. A los vencidos se les mostraba así la completa imposibilidad de defenderse, nadie tenía ya posibilidad de protegerse, ni mayores ni jóvenes. Si pensamos que la mayoría de estas jóvenes rondaba entre 18 y 20 años[69] cuando fueron fusiladas, podemos darnos cuenta de que les tocó vivir su adolescencia en guerra.

---

[65] Según Núñez Díaz-Balart y Rojas Friend (1997: 79), de 1939 a 1945 fueron fusiladas en las tapias del cementerio del Este 87 mujeres.

[66] Véase la portada del libro de Fonseca (2004).

[67] Véase el artículo de Lola Heute Machado en *El País Semanal* de 11 de diciembre de 2005.

[68] El hecho de que no se respetara la minoría de edad extendió el miedo en "menores" que se habían sentido protegidas por su minoría de edad, según un testimonio recogido en Tomasa Cuevas (1985: 20).

[69] Ateniéndome a la información que aparece en Fonseca (2003), sólo Martina Barroso García tenía 24 años; Blanca Brissac Vázquez, la más mayor, con 29; Pilar Bueno Ibáñez, de 27; Ana López Gallego, de 21 y Joaquina López Laffite, de 23, eran mayores de edad. Como nota meramente informativa y no sustancial, sólo añadir que se dan ciertas discrepancias respecto a la edad y a los nombres exactos de estas jóvenes. García Blanco-Cicerón presenta variaciones en la edad; Núñez Díaz-Balart/Rojas Friend (1997: 73) "verifican con exactitud que el número real fue de trece, con nombres y apellidos", siendo el nombre Carmen Barroso y no Barrero, como aparece en el resto de las bibliografías; escriben Brisaz en vez de Brisac o Brissac o Anita en vez de Ana o Adelaida y no Adelina como aparece por ejemplo en Fonseca.

El régimen presentaba con los fusilamientos de estas jóvenes su capacidad de terror y demostraba como apunta García Blanco-Cicerón (1985: 11) "hasta dónde estaba dispuesto a llegar el régimen para asegurar su permanencia". Los juicios a los que sometían a los condenados mediante los consejos de guerra, pretendían legitimar las penas y por ende el carácter represivo del régimen. No hace falta ser jurista para poder darse cuenta, si se conoce algo de cómo se llevaban a cabo los juicios, de la arbitrariedad de quienes componían el consejo, seguidores del régimen, así como de la desproporción entre el fiscal, que podía ser letrado y el defensor que debía ser militar, además del hecho de no poder ser elegido por los condenados, y de la desproporción entre los cargos que se imputaban y las penas a las que se condenaban; en definitiva, juicios ante nuestros ojos fuera de la legalidad. Según Núñez Díaz-Balart/Rojas Friend (1997), el consejo de guerra compuesto por un presidente, tres vocales y un vocal ponente, todos militares, dictaban sentencia una vez oídos al fiscal y al defensor. Los juicios eran colectivos, como hemos visto en el caso de las Trece Rosas, en cuyo juicio se dictó sentencia a 57 personas, y eran celebrados en la mayor brevedad de tiempo, a veces menos de dos horas para juzgar a más de veinte personas, la mitad condenadas a muerte[70], sin posibilidad de que los acusados pudieran defenderse, a no ser por un defensor puesto de proforma para mostrar cierta legalidad de juicio. Sólo la pena de muerte la ratificaba el "enterado" de Franco, que como vimos, el de estas jóvenes llegó cuando ya habían sido fusiladas, lo que nos demuestra la celeridad con que se cumplían a veces las sentencias.

La mayoría de las penas de muerte acababan resumiéndose por el delito de "Adhesión a la Rebelión", al que también fue condenada Hortensia en *La voz dormida*. Como dice el personaje de Reme en la novela, también condenada a doce años por ayuda a la rebelión militar, "—Yo creía que los rebeldes eran ellos. Yo no entendía nada" (p. 54). De nuevo nos encontramos con una típica farsa del Estado de Franco, dar la vuelta a la realidad de los hechos, una *rebelión invertida*[71]. Según Núñez Díaz-Balart/Rojas Friend (1997: 54), "Las numerosísimas penas capitales sólo se entienden porque también cualquier delito de opinión, asociación o discrepancia política se asume como rebelión".

---

[70] Según la descripción de lo que sucedía en un juzgado de guerra de Eduardo Guzmán, en Núñez Díaz-Balart/Rojas Friend (1997: 57).

[71] Como dicen Núñez Díaz-Balart/Rojas Friend (1997: 54): "¿Cómo es posible que se les sentenciara por el delito de rebelión militar? ¡Qué ironía! Sobre este aspecto nos dice el fiscal Gutiérrez Carbonell que nos encontramos ante la creación de una original figura penal, *la rebelión invertida*".

No sólo los testimonios orales o las circunstancias en las que se ejecutaron los fusilamientos de estas jóvenes y el significado que ello conllevaba ha hecho perdurar la memoria de estas Trece Rosas, sino también algo tan cercano a ellas como las cartas, especialmente las que escribieron poco antes de morir, nos dan una dimensión humana de lo que sentían estas jóvenes y un claro deseo de querer perdurar en la memoria de sus queridos y en la memoria de la Historia. Las cartas se convierten en la única esperanza que las une con el exterior, fuera de la cárcel, y que las une también con la vida tras su muerte. Cartas llenas de ánimo y cariño, así como de preocupaciones hacia sus familiares y amigos, son las que escriben estas jóvenes; cartas en las que insisten en su honradez e inocencia; en las que dan instrucciones y consejos tras sus muertes; cartas que sirven de despedida y de testamento a un tiempo: "Que quieras a todos y que no guardes nunca rencor a los que dieron muerte a tus padres, eso nunca. [...] Enrique, que no se te borre nunca el recuerdo de tus padres", para terminar la carta con una posdata que dice: "Te envío, hijo, una de mis trenzas. Guarda mi libro de misa y una pajarita que te envío, y mis medallas", escribe Blanca Brissac a su hijo Enrique; "Mis cosas ya os las entregarán, conservar alguna de las que os dejo"[72] pide Dionisia Manzanero en su carta antes de ser ejecutada; pero va a ser sin duda la frase ya mítica que escribe Julia Conesa en su carta con fecha del mismo día de su fusilamiento, 5 de agosto de 1939, la que como una premonición expresa ese deseo que las ha llevado a la inmortalidad: "Que mi nombre no se borre en la historia".

Cuando Julia Conesa escribe que su nombre no se borre de la historia, está clamando a las generaciones futuras su derecho como víctima a ser recordada y el lugar que le corresponde en la Historia, por eso Julia Conesa espera a que sean las generaciones venideras las que se hagan cargo y reparen las injusticias del pasado. Este mensaje es el que también debe entender Dulce Chacón, por eso nos presenta en su novela la última carta que escribió Julia Conesa a su familia, para decirnos que sólo la memoria es capaz de vencer al olvido, de ahí que añada: "No, el nombre de Julia Conesa no se borrará en la Historia" (p. 199).

[72] Véanse las cartas en Fonseca (2004: 284 y ss.).

CAPÍTULO VI

Veinte años después: varias generaciones confrontadas a la memoria colectiva de la guerra civil. *Veinte años y un día* de Jorge Semprún

VEINTE AÑOS DE REPRESENTACIÓN EXPIATORIA DEL ASESINATO DEL 36

El historiador e hispanista americano Michael Leidson[1], atraído por una extraña ceremonia expiatoria que la familia de los Avendaño celebraba cada año a raíz del asesinato de uno de los dueños de la finca, llega a La Maestranza[2] la víspera del 18 de julio de 1956 interesado en investigar la historia de aquella muerte anclada en la guerra civil.

[1] El personaje de Michael Leidson aparece en otra de las novelas de Semprún, *La algarabía*, escrita en 1981. En *La algarabía* Leidson es un historiador americano que se encuentra en París en los años setenta tras la revolución de mayo de 1968 e investiga sobre la Segunda Comuna en Francia. Es políglota, habla, aparte de francés y alemán, español. En *Veinte años y un día* es un historiador hispanista que ha escrito ensayos sobre la guerra civil y la Segunda República e investiga y es testigo en Madrid de las manifestaciones estudiantiles de 1956; interesado en el asesinato del joven Avendaño, va a la finca de La Maestranza para recopilar la historia de esta muerte.

[2] El hecho de que la finca se llame La Maestranza, como, por ejemplo, la renombrada y prestigiosa Plaza de Toros de Sevilla nos indica la relevancia del lugar en relación al mundo del toreo. En la realidad la importancia taurina en la población de Quismondo se debía entonces a la finca de La Companza, residencia de la conocida familia de los Dominguín, de larga tradición torera. En la novela, La Companza aparece en relación a Domingo Dominguín y a la relación a su vez de éste con Semprún (en la novela con el narrador) y en relación también a la historia y la familia de los Avendaño. Por otro lado este nombre muestra la importancia que tenía el mundo de los toros en la época de Franco.

Veinte años atrás, el 18 de julio de 1936, los braceros de la finca del pueblo toledano de Quismondo[3], llevados por la euforia de colectivización de la tierra[4], llegan a tropel a la finca de La Maestranza y matan al hermano más joven de los dueños de la finca, José María Avendaño. A partir de 1939, con la victoria Franco, el hermano primogénito de los Avendaño, José Manuel, empezó a conmemorar cada 18 de julio la muerte de su hermano asesinado, obligando a representar a los braceros de la finca el asesinato del 36. Los campesinos, armados y en tropel, escenificaban así año tras año la llegada a la finca por la carretera de Quismondo y simulaban el asesinato colectivo del joven Avendaño, papel que representaba el segundo de los hermanos, el jesuita José Ignacio, y que años después llegó a representar el joven Lorenzo, hijo del asesinado. Incluso, alguno de los actores que representaba la escena había sido testigo de los hechos, como el Mayoral de la finca, que como entonces, se representaba a sí mismo gritando "con la misma voz descompuesta, desaforada, como aquel día de julio, veinte años antes" (p. 170)[5] la llegada de los braceros. A la ceremonia teatral le acompañaba una misa solemne a la que estaban invitadas las autoridades, civiles y eclesiásticas, de la provincia. En definitiva, acababa siendo una celebración festiva y religiosa que concluía con la invitación a todos a un banquete en recuerdo de la "sangre" del difunto.

Sin embargo, más allá de la misa y la celebración festiva, se trataba de una verdadera ceremonia expiatoria, como se explica en la novela (p. 16), en la que se obligaba a los campesinos mediante ese simulacro repetitivo y ritualizado del asesinato del dueño de la finca a interiorizar su culpa y expiarla, "zambullirlos cada año en aquella memoria colectiva" (p. 16), manteniendo vivo y haciendo

---

[3] Se trata de un pueblo real, ubicado en el norte de la provincia de Toledo.

[4] La repartición de la tierra era un problema que había brotado ya en la Segunda República, debido a la explotación y opresión en la que vivían los jornaleros sin tierra que trabajaban en los latifundios; solamente en el sur de España suponían el 75% de la población activa. La colectivización de la tierra empezó a ponerse en práctica sobre todo con el gobierno del Frente Popular, sin embargo, al estallar la guerra civil surgió por toda la zona republicana, como fenómeno espontáneo y de masas, la formación de colectividades agrarias que se llevaban a cabo una vez que los propietarios habían huido o habían sido asesinados (Bernecker 2003). El asesinato del dueño de la finca de nuestra novela no fue, por lo tanto, un caso excepcional a las reacciones colectivas que los jornaleros emplearon en las semanas siguientes de empezar la guerra, sino que fue una respuesta más al momento revolucionario.

[5] En Jorge Semprún (2003): *Veinte años y un día*. Barcelona: Tusquets. En lo sucesivo nos referiremos a esta edición siempre que se haga sólo referencia a la página.

presente el recuerdo de aquella muerte. Una "especie de auto sacramental"[6] que el primogénito de los Avendaño se había inventado para perpetuar de generación en generación a los campesinos de la finca el recuerdo de su condición "no sólo de vencidos sino también de asesinos" (p. 16). Aunque todavía quedaba alguno de los más viejos que podría haber participado activa o pasivamente o habían oído hablar de aquella muerte, eran las nuevas generaciones, las que, sin tener relación alguna con ella, tenían que representar la función y las que se veían ahora pagando las culpas de aquel 18 de julio, por vencidos y por asesinos o por ser descendientes de vencidos y asesinos.

> Perpetuaban [se refiere a los campesinos] la insufrible razón de su derrota al conmemorar la injusticia de aquella muerte que justificaba alevosamente su derrota, su reducción a la condición de vencidos. En suma, aquella ceremonia expiatoria [...] ayudaba a sacralizar el orden social que los campesinos temerariamente —temerosamente también, como puede suponerse—, habían creído destruir en 1936 asesinando al dueño de la finca" (p. 16).

Más allá de los objetivos privados de la familia Avendaño, la representación de este "auto sacramental" como ritual festivo tenía simbólicamente un sentido litúrgico, que equivalía a representar el tema del dogma de la Redención, la Pasión y Muerte de Jesucristo redentor, por otro lado, era una forma representada de hacer entender "al público" su condición de pecador y su incapacidad de salvación[7], con el agravante en el caso de este "auto", de que el "sermón" o la lección moral que estos campesinos debían asimilar, no les entraba sólo por los sentidos de la vista y del oído, sino por el de la acción, o más concretamente, por el

[6] La relación de la ceremonia expiatoria con un auto sacramental aparece varias veces en la novela; véanse como ejemplo, entre otras, las páginas 16 o 167. El "auto sacramental", representación de un tema relacionado con la Biblia, especialmente el tema de la Eucaristía, llegó, distanciándose de la cultura europea, a su máximo apogeo en España en el siglo XVII con los autos de Calderón de la Barca que se representaban con regularidad y no sólo durante el Corpus Cristi. Alexander A. Parker (1983/1943: 22-23) escribe: "los autos representaban la tradición de un teatro escrito y representado para el pueblo, en el contexto de la tradición de unas festividades religiosas que se celebraban al aire libre. Esta tradición sobrevivió a lo largo del siglo XVII únicamente en España" y añade que incluso "los autos de Calderón eran libro cerrado para el que no fuera español".

[7] Según Parker (1983/1943: 54), "el dogma de la Redención comprende varias ideas: la caída del hombre de la gracia; su sujección al pecado; la imposibilidad en que se halla de volver a conseguir el favor de Dios por sus propios esfuerzos y, en consecuencia, la incapacidad, sea del judaísmo sea de cualquier otra religión precristiana, de ofrecer medios de salvación".

de la actuación directa en escena. Estos braceros, convertidos en personajes dramáticos, tenían así que vivir personalmente el sentido de su papel y experimentar la culpa de su pecado.

Lo mismo le ocurrió a Lorenzo cuando tuvo que representar el papel de la muerte de su padre. Al representarlo por primera vez a los dieciséis años se dio cuenta de que no era lo mismo ser actor que espectador; que actuar, suponía, más allá de encarnar la figura de su padre muerto, engendrarse a sí mismo (p. 168) en esa función que le encomendaban de redentor. De tal manera que, cuando Lorenzo lo representó, aquella vez, escenificó con tanta "naturalidad" su fingida muerte, que su madre, Mercedes Pombo, creyendo verídica la escena y sobrecogida de dolor "se abalanzó sobre el cuerpo yacente de Lorenzo", dando a la escena no sólo un sentido mayor de verosimilitud, sino de interpretación del tema artístico de la Piedad[8]. El patético abandono del cuerpo yacente de Lorenzo y el dolor no fingido de la madre nos llevan no sólo a recordar la escena escultórica de la *Piedad* (1498-1500) de Michelangelo, sino el sentido litúrgico de la muerte del Redentor, Jesucristo; el sacrificio de su muerte y el derramamiento de su sangre para redimir los pecados de los hombres.

Esta especie de "auto sacramental" que celebraban año tras año los Avendaño y al que acudían los representantes de las autoridades provinciales, civiles, de la Iglesia y de la Guardia Civil o policía, aunque fuera de carácter privado —a pesar de que el comisario Sabuesa entendía esta ceremonia como ejemplar, digna de imitar a escala nacional[9]—, era un reflejo fidedigno de la España victoriosa de Franco —recordada cada 18 de julio—, una alegoría primeramente de la realidad

---

[8] "Al final, cuando los braceros descargaron la salva de sus escopetas, Lorenzo se cayó de bruces en el porche de la casa, como si hubiese sido, de verdad, mortalmente herido. Con tanta naturalidad, tan patético abandono de todo el cuerpo, que Mercedes Pombo, sobresaltada, pensó fugazmente que alguna escopeta, por accidente o por malevolencia, habría podido permanecer cargada de perdigones, o de alguna bala [...].

Pensó así, y se abalanzó sobre el cuerpo yacente de Lorenzo, lo cual dio aún más rasgo y rango de verosimilitud a aquel momento de la ceremonia. José Manuel Avendaño, el primogénito, cínico como de costumbre, estuvo a punto de aplaudir el espontáneo juego escénico. Sin llegar a tanto, todos los demás espectadores quedaron impresionados por la veracidad emotiva de la fingida muerte de Lorenzo, por el dolor de su madre, no fingido éste" (p. 171).

[9] Concretamente, en el Cerro de los Ángeles, a la salida de Madrid por la carretera de Andalucía. "Pues que esos bestias —explica el comisario Sabuesa— le pusieron el nombre de Cerro Rojo y organizaron el fusilamiento de la estatua de Cristo Rey por un piquete de milicianos. Hay fotografías de tan sacrílego acontecimiento..." (p. 36).

existente de la España dividida entre vencedores y vencidos, buenos y malos, justos y pecadores. El régimen de Franco junto con la Iglesia era el engendro de la España no sólo victoriosa sino redentora concienciadora de la culpa colectiva del vencido mientras les recordaba a éstos, los vencidos, su condición, no sólo —y por tanto también— de perdedores de la guerra, sino de seres pecadores que representaban el Mal que había que expiar. El discurso heroico y victorioso del "Glorioso Alzamiento", el culto a la sangre derramada por los mártires de la "Cruzada"[10], inmortalizaba así, transmitiéndoselo de generación en generación, el espíritu del 18 de julio, de la guerra civil y de la división de las dos Españas, de la misma forma que la ceremonia expiatoria de los Avendaño mantenía viva en la conciencia de los campesinos la culpa de asesinos de aquella remota muerte, recordándoles también su categoría de vencidos.

> [...] cuando hubo terminado la parte teatral de la ceremonia, aquella especie de auto sacramental que el Avendaño primogénito había escenificado con todo detalle, tuvo lugar la habitual homilía religiosa, esa vez oficiada por un obispo coadjutor de Toledo, y luego el asimismo habitual discurso de José Manuel, dirigido a los campesinos para recordarles su miserable condición de asesinos, o de descendientes de asesinos, y enumerar de paso los principios esenciales del Glorioso Movimiento (p. 171).

Si los campesinos de Quismondo expiaban su culpa representando el asesinato de José María Avendaño, los vencidos de la guerra expiaban y pagaban su culpa mediante la violencia física y psíquica de la represión, siendo víctimas de las ejecuciones colectivas, de las condenas que sentenciaban los consejos de guerra que concluían o bien con la pena de muerte o con la cárcel[11], y donde los presos redimían sus penas —por "rojos" y por vencidos—. Y a la privación de la

---

Según Reig Tapia (1999) aquí se escenificaron unas imágenes en la que aparecen unos milicianos fusilando la estatua del Sagrado Corazón de Jesús y que tuvieron enorme repercusión propagandística como ejemplo de insania y brutalidad de los milicianos, una forma de justificar tanto la derrota como los fusilamientos a los vencidos. Un lugar entonces simbólico para hacerles pagar la culpa de su pecado.

[10] Un comentario más amplio sobre el discurso heroico y victorioso ha sido expuesto en la novela *La voz dormida* en este mismo trabajo. Para un desarrollo mayor del tema, véanse los trabajos de Julián Casanova (2001), Santos Juliá (2001 y 2006), Michael Richards (1999/1998), Paloma Aguilar Fernández (1996).

[11] Sobre la función de los consejos de guerra, la proliferación de las cárceles en la España franquista, y la función redentora de las cárceles véase en este trabajo el comentario a la novela *La voz dormida*.

libertad en las cárceles hay que añadir las torturas físicas y psíquicas de los interrogatorios, las condiciones inhumanas carcelarias, los trabajos en los campos de concentración, etc., todo ello formas de redimir penas y de expiación de culpas a la que estuvieron sometidos los vencidos.

El título de la novela *Veinte años y un día* hace, por lo tanto, no sólo alusión a la duración (veinte años) de esa forma metafórica de condena que los braceros trabajadores de la finca de los Avendaño tuvieron que cumplir representando cada 18 de julio el asesinato del 36 —cuando el profesor americano Michael Leidson decide asistir a esa ceremonia en 1956 se encuentra con que ese año sería la última vez que se iba a representar la función—, sino más concretamente a la duración de una de las penas de la represión franquista —veinte años y un día—[12] que muchos de los vencidos tuvieron que cumplir en las cárceles.

La historia de esta remota muerte se mantenía viva en la memoria de los campesinos, en la de la familia Avendaño y de las personas relacionadas con ella y la finca de La Maestranza, no sólo por la ritualización de esta ceremonia expiatoria, sino también por medio de la tradición oral. Era un relato contado oralmente, transmitido de forma oral de generación en generación, un relato que tomaba realidad por sí mismo, "un cuento mil veces contado, con el fastidio de lo repetitivo, lo codificado" (p. 55), piensa Mercedes, la viuda del muerto enfrentada una vez más a contarle al historiador americano la historia del asesinato.

La importancia de la transmisión oral se refleja también en la estructura de la novela. La historia de la muerte del joven Avendaño se va contando a lo largo de la novela casi tantas veces como testigos lo presenciaron u oyeron, desde su recuerdo, contándolo como lo vieron o como oyeron contarlo. Desde Domingo Dominguín[13] que cuenta la historia en presencia del historiador Leidson hasta los diferentes personajes, como Mercedes, la mujer del difunto, la sirvienta de ésta, Raquel, Benigno Perales, la vieja criada desde generaciones, la Satur, el joven Lorenzo, relatan la historia desde su punto de vista, unos con su propia voz, otros tras la voz del narrador que escribe en tercera persona y que se identifica a

[12] Las otras penas más comunes a los que sentenciaban los consejos de guerra eran: doce años y un día, treinta años y un día de cárcel o la pena de muerte.

[13] Domingo Dominguín, perteneciente a la conocida familia de toreros de los Dominguín —su padre, el conocido matador Domingo Dominguín y Luis Miguel Dominguín—, ha sido inmortalizado en varios de los libros de Semprún, especialmente en su relación con el autor durante su estancia clandestina en España y en relación a su muerte. En *Veinte años y un día*, es el responsable de haber contado la historia, germen de esta novela.

sí mismo como "el Narrador", transcriptor la mayoría de las veces, omnisciente otras, y que participa lúdicamente en la novela, conspirando a veces con el lector, identificándose y desdoblándose otras con su autor; voces todas ellas que parecen confluir en una única voz, en la voz del Narrador-autor. Incluso el historiador americano Leidson o el mismo Narrador cuentan cada uno su relación con la historia de aquella muerte. En esa variedad de puntos de vista, de diferentes perspectivas, más o menos parciales con respecto a la información que posee cada personaje, y subjetivas, donde además cada uno de ellos aporta elementos e información en relación consigo mismo, se produce a veces un cruce en las narraciones que hace que se repitan de forma casi idéntica partes del relato o de discursos, lo que refuerza el sentido de verosimilitud de los mismos; en otros casos, la información se amplía, se complementa, sin que por ello se altere el sentido de la historia.

La historia de aquella muerte acaba convergiendo no sólo en la historia de la saga de los Avendaño sino también en los sucesos históricos de los años cincuenta de la España franquista, en las revueltas estudiantiles de 1956, en la búsqueda y captura del comisario Sabuesa de un tal Federico Sánchez, dirigente clandestino del Partido Comunista Español. Elementos autobiográficos del Narrador-autor, personajes reales como Domingo Dominguín o topografía real como el pueblo de Quismondo y la finca de La Companza de la familia de los Dominguín, entre otros, se mezclan con elementos y personajes ficticios que se narran al ritmo de la historia de aquel asesinato, una historia de guerra marcada en sí misma por rasgos tan fictivos como reales. "—Ahora comprenderás —le dice a Leidson [el Narrador]— por qué me es tan difícil, a pesar de que me empeñe, escribir novelas que sean novelas de verdad: por qué a cada paso, a cada página, me topo con la realidad de mi propia vida, de mi experiencia personal, de mi memoria: ¿para qué inventar cuando has tenido una vida tan novelesca, en la cual hay materia narrativa infinita?" (p. 250).

Las narraciones orales de los personajes parecen transcurrir entre los días 17 y 18 de julio de 1956, cuando el historiador americano va a la finca de La Maestranza. Estos relatos fluyen entre el presente de ese momento y el recuerdo de aquella muerte del 36, lo que produce un efecto de contemporaneidad respecto a los sucesos que se van narrado y de verosimilitud respecto a la historia de aquella muerte. Sin embargo, al final de la novela, en el apartado sexto, en una conversación entre el personaje Leidson y el Narrador ocurrida en 1985, se nos aclara, no sólo el germen de la novela (real podemos pensar), y el acceso (ficticio) del Narrador a los relatos —grabados por el personaje Leidson— contados por la vieja criada Satur en 1956 y del relato de Mercedes, narrado éste meses más tarde, sino que el Narrador hace alusión al tiempo real en que fue escrita la novela: "Estos últimos tiempos —o sea, casi medio siglo después—, cuando ya estaba escribiendo este relato fidedigno, lo más completo posible —lo más complejo también, inevitablemente, sin duda por su completitud misma—, el Narrador [...]" (p. 238).

Como expone el mismo Narrador desdoblándose en su autor[14], la estructura forma parte de la veracidad y complejidad del relato. Además de una estructura circular y fragmentada de relatos y puntos de vista, nos encontramos en la novela con otros recursos literarios como son la metanarración o la intertextualidad en todas sus modalidades, donde se incorporan desde partes de textos o poemas procedentes de otros autores hasta formas de autotextualidad, pasando por la presencia de temas, discursos y personajes que aparecen en otros libros del autor[15]. A ello se le añade la importancia que adquiere en los relatos ese ir y venir de la memoria, que interrumpe en muchos casos la historia introduciendo reflexiones, —digresiones— que avanzan y retroceden en el tiempo. Como le dice el personaje Leidson en su encuentro con el Narrador al empezar a contarle la historia, él, a diferencia de como lo hace el Narrador, se lo va a contar "por orden cronológico": "—Como soy historiador —dice Leidson— te lo voy a contar no como cuentas tú, en desorden, por asociaciones de ideas, de imágenes o de momentos, hacia atrás, hacia adelante; te lo voy a contar por orden cronológico; [...]" (p. 244).

Una de las reflexiones que se plantean en la novela es dónde empieza verdaderamente una historia y concretamente dónde empieza la historia de esta muerte para cada uno de estos personajes, testigos o autores del relato.

Para el profesor Leidson, todo empezó en 1954, cuando escuchó contar el relato por primera vez a Domingo Dominguín estando en compañía de Ernest Hemingway en un almuerzo en El Callejón (pp. 232 y 244). El Narrador, presente también ese día en que Dominguín cuenta la historia en presencia de Leid-

---

[14] Se da en este capítulo una abierta identificación del autor con el Narrador de la novela. Sin embargo, no es la intención aquí exponer con máximo detenimiento la estructura de la novela, sino subrayar la importancia de su configuración en relación al contenido.

[15] En la novela no sólo aparecen párrafos de poemas de Pedro Salinas, Rafael Alberti o de Federico García Lorca o textos latinos de san Agustín, por poner algún ejemplo, sino también numerosas referencias a textos de otros de sus libros, como *Autobiografía de Federico Sánchez* o *Federico Sánchez se despide de ustedes*. En la novela es también frecuente la repetición de textos al principio y al final, a veces incluso idénticos; por poner un ejemplo, el comentario que hace Hemingway sobre la guerra civil, en las páginas 13 y 234.

son y Hemingway, siendo entonces Agustín Larrea[16], explica además que él ya le había oído contar a Domingo Dominguín la historia de aquella ceremonia expiatoria en La Companza a finales de los cincuenta, cuando la criada Satur contaba la historia de la finca, propiedad anteriormente de la familia de los Avendaño y donde realmente había ocurrido la historia, y añade que Dominguín vuelve a contar la historia por tercera vez años más tarde en presencia de Juan Benet[17]. Semprún, al presentarnos, ya avanzada la novela, esa confusión de lugar y tiempo de la historia, del tiempo real entre el relato de Domingo Dominguín y el que emplea el autor para su novela, nos está mostrando esa compleja mezcla entre ficción y realidad en la que se basa la novela, e indicando que lo más importante no es cuándo y dónde ocurrió exactamente esa historia, sino el hecho de que aquí y de ella surgiera la "posibilidad de un relato" (p. 243), de que esta historia fuera el germen de una novela.

Sin embargo, la novela de aquella antigua muerte empezó verdaderamente a formarse, a cristalizarse cuando el Narrador contempló en 1985 en el palacio de Villahermosa[18] el cuadro de *Judit y Holofernes* de Artemisia Gentileschi. Entonces, dice el Narrador, como le había ocurrido ya otra vez[19], "la nebulosa de historias, de deseos, de situaciones, de realidades y ficciones, de verdades y de inventos que rondaba su imaginación, desde hacía algún tiempo, en ese mismo instante todo ello cristalizó, adquirió una oscura coherencia. Una idea de novela tomaba cuerpo" (p. 231).

> Lo primero que llamaba la atención era la blancura nevosa de los hombros de Judit, sus pechos casi desnudos, cuya belleza subrayaba la sombra que en el lienzo aislaba, realzándola, su mutua redondez. Judit en aquel cuadro lucía un vestido azul muy escotado. [...] No era un azul que reluciera en el cuadro sobre el lienzo, triunfante, ilu-

---

[16] Agustín Larrea, Rafael Artigas o Federico Sánchez fueron seudónimos de Semprún en su estancia clandestina en España durante el franquismo.

[17] Benet declaró que "aquel asunto era digno de una narración novelesca" (p. 239). Esta anotación la confirma Semprún en la entrevista: "Jorge Semprún im Gespräch mit Rudolf von Bitter: Zwanzig Jahre und ein Tag", en *BR-alpha*, 24-26 de agosto, 2006. En este reportaje, Semprún declara también que, efectivamente, la historia parte de un hecho real que oyó contar a Domingo Dominguín y Juan Benet, que también se encontraba allí, dijo que esa historia era germen para una novela.

[18] El madrileño palacio de Villahermosa está ocupado, desde 1992, por el Museo Thyssen-Bornemisza.

[19] Se trata de la novela *La segunda muerte de Ramón Mercader*, publicada en 1969. Como explica en *Veinte años y un día*, ocurrió en Holanda ante el cuadro *La vista de Delft* de Vermeer (p. 231).

> minándolo, sino más bien lo impregnaba, lo empapaba, que se armonizaba con el sordo color rojo del vestido de la sirvienta de Judit, adecentado éste, sin escote ni hombros desnudos, ni senos sugeridos, mostrados más bien en el caso de su ama, contrariamente a la tradición pictórica —bastaría recordar un cuadro anterior del Caravaggio sobre el mismo tema de *Judit y Holofernes*—, la sirvienta, en el cuadro de Artemisia Gentileschi, era joven y hermosa, y sujetaba a Holofernes mientras su señora le degollaba limpiamente, o sea, de un tajo de su corta y ancha espada que podía calificarse de limpio por lo decidido, lo tajante, precisamente, aunque produjera borbotones de sangre que ensuciaban las sábanas del lecho instalado en la tienda de campaña del general enemigo de los judíos.
>
> Había contemplado, absorto, estremecido, el cuadro, que, a pesar de la sangrienta brutalidad de la escena representada, contenía una equívoca carga erótica, sin duda por la juventud y hermosura de las dos figuras femeninas, por sus manos entrecruzadas sobre el cuerpo del hombre, que igual podrían haber estado acariciándolo en vez de degollándolo; por esa sangre derramada que podría estar pagando el precio simbólico de la virginidad de Judit, sacrificada al general asirio para irrumpir en su intimidad, asesinarlo y salvar a su pueblo de la dominación invasora (pp. 230-231).

El Narrador[20] de la novela describe así la primera pintura que Artemisia Gentileschi pintó en 1612 sobre el tema bíblico de Judit y Holofernes[21]. Un tema no sólo común en la pintura de los siglos XVI y XVII, sino enormemente popular en la tradición artística, teológica y literaria[22]. Según Mary D. Garrard (1989: 310), lo que diferencia el cuadro de Artemisia del de sus antecesores es la

[20] Mantenemos el nombre determinado con letra mayúscula de "Narrador" —como en la novela—, por su clara identificación en este mismo capítulo con el autor, Jorge Semprún, al identificarse abiertamente con su seudónimo de Federico Sánchez.

[21] Se trata del cuadro *Judit y Holofernes* pintado entre 1612-1613, que se encuentra en el Museo de Capodimonte, en Nápoles. Las traducciones del título al español varían: en esta misma novela nos encontramos con la traducción tanto de *Judit y Holofernes* como *La degollación de Holofernes por Judit*; Ángeles Caso (2006/2005) habla de *Judith decapitando a Holofernes*.

En 1620 la autora vuelve a pintar el mismo motivo en el que varían además de los colores del traje de Judit y su sirvienta, la espada, que es aquí más larga, y sobre todo la focalización, que está tomada desde un punto más lejano. Este cuadro se encuentra en los Uffizi de Florencia. Artemisia pintó también sobre el tema de Judit *La huida de Judit y su sirvienta*, de 1613-1614, y *Judit y su sirvienta con la cabeza de Holofernes*, de 1625.

[22] El tratamiento del tema de Judit lo podemos encontrar en todas las formas y periodos artísticos, desde manuscritos medievales, frescos, esculturas y poemas antiguos ingleses, en los siglos XV, XVI y XVII, en el oratorio del XVIII, en la poesía del XIX y en la ficción romántica hasta obras teatrales y en la ópera del siglo XX (Garrard 1989).

fuerza de su composición, más concentrada tanto en lo formal como en lo dramático que la Judit de Caravaggio, Rubens o Elsheimer. Sin embargo, la originalidad del tratamiento del tema de Judit, indica esta autora, se hace evidente en la nueva configuración de la figura de Abra, la criada de Judit, como una mujer joven, fuerte y decidida, a diferencia de la pasividad convencional en las representaciones anteriores, una criada vieja[23] en acto de espera que contrasta, realzándola, con la activa Judit. Un cambio significativo en el tratamiento pictórico del tema de Judit nos lo encontramos en *Judit y Holofernes* (1599-1600) de Caravaggio, al introducir un énfasis narrativo con una nueva focalización concentrada en el conflicto humano entre las dos figuras protagonistas y la técnica del contrapunto[24]. La sirvienta de la pintura de Caravaggio, a diferencia de la de Artemisia, es extremadamente vieja, contrastando con la joven y bella Judit, a su lado; asimismo, la Judit de Caravaggio carece de toda fuerza emocional y erótica, dándonos la impresión incluso de sentirse incómoda en el acto de la degollación de Holofernes. Ésta parece expresar cierta repulsa y asombro en su rostro, que se intensifica al inclinar y alejar su cuerpo hacia atrás, al ejecutar el encargo enmendado, mientras su criada, en un acto voyerista, mira con ojos desorbitados detrás de su ama, cómo ésta decapita a Holofernes, mientras sujeta el manto en espera de guardar en él la cabeza del jefe asirio.

Lo que llama la atención y sobrecoge al narrador de la pintura de Artemisia, como lo expresa el texto, es esa "equívoca carga erótica" que desprenden la juventud y hermosura de las "dos figuras femeninas", esa blancura y redondez de los hombros y pechos casi desnudos de Judit, que contrastan con la brutalidad del degollamiento de Holofernes. También el narrador hace referencia al hecho innovador de que sean las dos mujeres, señora y criada, las actoras de la decapitación del general asirio. Las dos mujeres concentradas, pero relajadas en el momento mismo del degollamiento, desprenden no sólo belleza y erotismo, sino decisión y vigor en el acto cruel y brutal, pero cómplice, de la decapitación que llevan a cabo juntas. La fuerza de sus brazos desnudos y de sus manos, con las que sujetan al hombre que, sorprendido, intenta defenderse ante el instante mismo de la muerte, la boca entreabierta, los ojos entre la sorpresa y el terror, parecen estar más cerca de la muerte que de la vida o en una especie de trance hacia la muerte; la sangre brotando de su garganta chorrea y salpica por el blanco lecho.

[23] Según la misma autora (Garrard 1989: 298), desde el siglo XV se representaba tradicionalmente la figura de Abra como una mujer vieja o negra, la variante veneciana.

[24] Véase Garrard (1989: 290 y ss.).

Roland Barthes[25] ve la fuerza de la pintura en el cambio abrupto de los roles, en la reivindicación feminista de las dos mujeres en la escena y no sólo de una, como en la versión bíblica; las dos mujeres se unen para degollar a Holofernes como a un animal, pero que no empezarían de otra forma, dice, si pensaran violarlo. En la pintura, a diferencia de la literatura, —continúa— se presenta sólo un momento de la historia, es decir, no hay un *antes* y un *después* al momento presentado. Sin embargo, para Barthes, este cuadro de Artemisia contiene todas las características figurativas de una novela, su belleza consiste en una especie de energía *literaria*, explica. Y con ello piensa en el erotismo y la muerte en Judit y Holofernes que relaciona con las obras literarias sobre el tema[26].

El Narrador de la novela también insiste en la crueldad y el erotismo que desprenden la obra de Artemisia, Judit y su criada, en el acto de la decapitación,

[25] "Zwei Frauen", en Wachenfeld (1992).

[26] Se refiere Barthes a la tragedia de *Judith* de Hebbel, a la *Judith* de Henry Bernstein y a la *Judith* de Giraudoux de 1931. Las mismas referencias literarias nos las encontramos en la novela en las pp. 262 y ss.

"igual podrían haber estado acariciándolo en vez de degollándolo", —dice—, así, como la protesta feminista de hacer pagar simbólicamente a Holofernes con su muerte el sacrificio de su entrega.

Según la historia bíblica, Judit al decapitar a Holofernes, jefe del ejército de Nabucodonosor, rey de los asirios, se convierte en heroína y libertadora del pueblo de Israel al salvar a éste de la opresión y la tiranía del ejército invasor. El pueblo judío reconoce en ello, según Julia Kristeva[27], el derecho a la decapitación cuya justa causa permite y justifica a su vez toda violencia. El acto guerrero de Judit adquiere entonces para el pueblo de Israel un valor sagrado que le permite a Judit ser vista como heroína libertadora de su pueblo.

La decapitación que desarrolla Julia Kristeva[28] es para Freud un sustituto simbólico de la castración, como consecuencia de una venganza contra la desfloración. Según Kristeva, Artemisia Gentileschi ha sabido expresar mediante esta pintura de *Judit y Holofernes* la lucha contra el poder del hombre violador, no poniendo en escena su experiencia de violación, sino la decapitación de un hombre por la legendaria Judit. Esta interpretación de venganza aparece también en nuestra novela. La vida de Artemisia Gentileschi marcada por la violación cometida por uno de los amigos de su padre, Agostino Tassi, a la que siguió su relación y sus continuas promesas de matrimonio sin que Tassi llegara a cumplirlas, y finalmente el proceso ante los tribunales romanos[29] a la que fue sometida por su padre para reparar su deshonra, ha llevado a que las investigaciones más recientes sobre el cuadro de *Judit* de Artemisia se interpreten en relación a su trágica experiencia[30].

Según Mary D. Garrard (1989: 279 y ss.) la identificación de Judit con Artemisia tiene para la pintora diferentes significados personales, encontrando en sus caracteres femeninos, más allá de la expresión de venganza contra el hombre violador, un modelo de liberación psíquica, ejemplo de una acción imaginaria en el mundo. Es el carácter femenino el que hace algo, el que actúa, lo que le in-

---

[27] Julia Kristeva (1998: 83 y ss.).

[28] Julia Kristeva (1998: 85).

[29] Agostino Tassi era un pintor reconocido y amigo del también pintor Orazio Gentileschi, padre de Artemisia. Según Wachenfeld (1992) aunque hoy no se conoce el resultado del proceso contra Tassi en 1612, lo que sí parece quedar claro es que se inculpó al acusado sin que su profesión quedara perjudicada. En cambio, para Artemisia, todo el proceso debió suponer una gran humillación pública sin que se reparara su honra.

[30] La figura y la obra artística de Artemisia ha estado durante mucho tiempo a la sombra de su padre, Orazio Gentileschi, y de Caravaggio.

teresa a Artemisia, según Garrard, y no sólo disfrutar de una venganza, sino también justificar un instinto rebelde y antisocial mediante el acto *legítimo* de la decapitación que lleva a cabo el legendario personaje bíblico. En sus pinturas de Judit, Artemisia reproduce una confrontación de géneros desde un punto de vista femenino y proporciona —y aquí se diferencia también de otras representaciones, según la crítica arriba citada— un carácter femenino completamente antipatriarcal.

El Narrador, que conoce la biografía de Artemisia[31], interpreta la figura de Judit como un autorretrato[32] de la pintora, la mujer violada que se venga en un acto simbólico de castración y la mujer que se rebela contra su opresor, que representa el poder y dominio brutal del hombre sobre la mujer.

> Artemisia, que sin duda pintaba un autorretrato al pintar la figura de Judit, en el lienzo tantas veces mencionado, un autorretrato de mujer ejerciendo su violento derecho a la revuelta, a la venganza, contra Holofernes, encarnación de la fuerza bruta, bestial, de un machismo arrogante (p. 241).

La relación entonces entre la pintura de *Judit y Holofernes* de Artemisa Gentileschi y el asesinato del 36 es el acto mismo de matar a un opresor y el cambio de los roles entre opresores y oprimidos. Artemisia, mediante la pintura del tema de Judit, al representar a ésta en el momento que decapita a Holofernes, expresa simbólicamente el acto —con valor legítimo o sagrado— de poder dar muerte a un opresor como forma de liberación —sea éste como venganza castradora contra su violador o instinto de rebelión contra la tiranía patriarcal—. Al estallar la guerra civil, los braceros del pueblo de Quismondo llevados por un afán revolucionario de acabar con tantos años de opresión y explotación de los señores terratenientes dueños de las fincas, debieron sentir también ese deseo de liberarse y li-

[31] El Narrador que confiesa no conocer en 1985 nada de Artemisia en su fascinación por el cuadro empieza una búsqueda de libros y documentos sobre la pintora hasta llegar a la obra de Mary D. Garrard, *Artemisia Gentileschi, The Image of the Female Hero in Italian Baroque Art*, de 1989, de la que escribe: "libro definitivo, apasionante narración de la vida de Artemisia, pertinente análisis de su obra pictórica, de las relaciones oscuras, trágicas —son las más productivas de significaciones polisémicas—, entre vida y obra" (p. 241).

[32] Según Garrard, la proyección de Artemisia no sólo se da en Judit, sino también en la criada, Abra. Aunque es cuestionable la figura de Judit como autorretrato real, sin embargo para esta autora es Abra la que muestra más parecido con el autorretrato *La alegoría de la pintura* que pintara la autora en 1630 y que se encuentra en Kesington Palace, en Londres (Garrard, 1989).

bertar al pueblo de la tiranía matando a los dueños de las fincas —aunque en la finca de los Avendaño contradictoriamente mataran en ese arrebato espontáneo al más liberal de la familia—. La guerra les posibilitaba por tanto cumplir un deseo que en otras circunstancias les hubiera sido prohibido, permitiendo matar por un fin común y justo. Deseo y muerte es lo que desprende la pintura de Artemisia; sangre alborotada, desesperada, de deseo erótico, era lo que sentían Mercedes, Raquel y José María aquel 18 de julio de 1956 en La Maestranza cuando les sorprendieron los jornaleros que llegaban a tropel por el camino de Quismondo, con sangre también alborotada y desesperada, pero de venganza y muerte pidiendo libertad y justicia.

Una tarjeta postal[33] de la pintura comentada va a ser la que le haga rememorar a Mercedes veinte años después la contemplación del cuadro de *Judit y Holofernes* en el Museo de Capodimonte en Nápoles cuando se encontraba de viaje de novios con José María. A Mercedes como al Narrador, en una descripción similar[34], prácticamente idéntica a la que hace el Narrador de la pintura arriba comentada, lo que le impresiona y fascina es la crueldad y erotismo que desprende la degollación de Holofernes por Judit y su criada. Mercedes se queda ante la pintura "absorta", "inmóvil", como "fulminada" ante esa contradicción que desata el lienzo de ardor y placer, sintiendo que su alma era "un desierto de sal y de deseo..." (p. 58). Y es que Mercedes, siendo como era, una joven recatada, "tan señorita de provincias a primera vista, casi ñoña" (p. 265), educada religiosamente en su largo noviazgo con José María por su padre confesor según los tratados matrimoniales agustinianos del santo obispo de Hipona, la contemplación de este cuadro va a llevar a Mercedes a cambiar no sólo su rol en el comportamiento sexual sino que va a despertar en ella un instinto de rebelión.

El matrimonio, según le instruía su confesor, debía ser entendido y practicado, interpretando a san Agustín, como función exclusivamente procreadora y no como "uso bestial" opuesto a la "voluntad de procreación" (p. 66) como era la concupiscencia. Lo que suponía, no sólo llegar virgen al matrimonio, sino renunciar a todo deseo corporal antes y después de él. Algo que el liberal novio, José María, no estaba dispuesto a aguantar y para ello tenía que hacer entender —y acceder— a Mercedes, siguiendo también los mismos textos de san Agustín, lo importante que era precisamente satisfacer esa concupiscencia.

[33] Posiblemente para facilitar al lector la descripción de la pintura de Artemisia, la novela editada por Tusquets contiene una tarjeta postal de *Judit y Holofernes* de Artemisia de 1612.

[34] Compárense las páginas 49-50 y 230-231.

Nada más lejos la educación sexual de Mercedes de la realidad existente en la España de Franco. La mujer ideal franquista era la creada por la Sección Femenina de Falange, una mujer sumisa destinada al servicio del hombre y al de la procreación. Una mujer cuyo valor radicaba en su virginidad, es decir, retrocedemos, si no a los ancestros medievales, a los valores de la mujer en el siglo XVII, cuya virginidad, que debía ser guardada y preservada como tesoro más valioso para el matrimonio, determinaba su destino y su tragedia. De ahí que podamos entender el deseo de Artemisia en querer restablecer su "valor" cansándose con su violador y el de su padre sometiéndola a un proceso para querer restablecer su honra.

El hombre, al contrario de lo que se le exigía a la mujer en el franquismo, —ser ante todo una mujer "sacrificada" y "decente" en cuestión moral y matrimonial—, cuanto más experimentado, "corrido" o "vivido" fuera, mejor, como nos lo explica Carmen Martín Gaite (2000/1987: 101) en su estudio sobre los usos amorosos de la posguerra:

> A pesar de que la censura de la época silenciaba cualquier referencia abierta a la sexualidad, había todo un código de sobreentendidos, mediante el cual se daba por supuesto que las necesidades de los hombres eran más urgentes en este terreno, e incluso se aconsejaba a las muchachas que no se inclinaran, en su elección de novio, por un jovencito inexperto sino por un hombre "corrido" o "vivido", como también se decía.

Esta represión sexual fomentó por otro lado la proliferación de prostíbulos convertidos en parte en una especie de "escuela sexual" por los que pasaban con natural regularidad y consentimiento social los jóvenes de la España casta y pura, eso sí, los prostíbulos debían ser legales, porque la prostitución clandestina o callejera[35], a la que se veían obligadas las mujeres huérfanas, viudas y pobres de la España vencida, era temerosamente perseguida por la policía y castigada por inmoral; eran mujeres tildadas de "caídas" a las que el régimen "redentor" destinaba a regenerarse y redimirse en las cárceles franquistas. Así, sobre estos andamios católicos y redentores de la dictadura franquista se edificaba la doble moral de los españoles.

Mercedes, al disponerse a ejercer las obligaciones matrimoniales —y procreadoras— en la habitación del hotel napolitano, al ver en la habitación a la joven sirvienta del hotel se acuerda del cuadro de Artemisia, de la sangre de Holofernes chorreando por el lecho, de Judit y su joven y bella sirvienta, así como de ese "turbio bienestar sensual que le había provocado, insensatamente, aquella vio-

[35] Véase Martín Gaite (2000/1987: 102); Mirta Núñez-Balart (2003).

lenta escena de simbólica castración" (p. 130) arrebatándole una idea, un impulso, "oscuro, excitante, irresistible" (p. 130) que aprovecha para imitar en vivo, en la realidad, reproduciendo la escena de *Judit y Holofernes*. La joven sirvienta del hotel se convierte primero en voyerista de la desfloración de Mercedes y después en colaboradora en el lecho matrimonial. Escena que siguieron repitiendo su marido y ella en su recorrido por Italia e incluso, con un cambio de género, ante un joven fotógrafo inglés que la fotografió en poses eróticas antes del trágico suceso del 18 de julio.

Pero lo que en realidad imita Mercedes en ese momento de su desfloración es ese deseo primitivo, inconsciente, de decapitar —simbólicamente de castrar— a su agresor, ante la mirada cómplice —simbólicamente colaboradora y actora también— de la sirvienta. Después va a ser su sirvienta Raquel la que tome ese rol de acompañante inseparable y aliada de por vida: "Difícil definir, intuir incluso, las relaciones entre ambas. Parecen viudas las dos del mismo hombre" (p. 33), escribe en su dietario el historiador americano.

Ese sentimiento de deseo erótico, de "ardor sensual" (p. 64), que provoca en Mercedes la escena violenta y erótica del degollamiento de Holofernes por Judit y su sirvienta del cuadro de Artemisia y que se transforma en ella en un impulso, "oscuro, excitante, irresistible" de ser desvirgada ante los ojos voyeristas de una doncella del hotel, es, siguiendo a Bataille[36], un deseo de transgredir lo prohibido. Judit al decapitar a Holofernes transgrede una prohibición (aunque —y por tanto— en el caso de Judit le sea permitida, y por ello convertida en sagrada), como Mercedes en su deseo y acto erótico transgrede un complejo de prohibiciones en las relaciones sexuales que no le eran permitidas.

Tal vez no sólo sea una metáfora de la España franquista y machista, en la que la mujer era una posesión del hombre dominador y cuyo valor lo determinaba su virginidad sino también una metáfora de toda una España censuradora y prohibidora de la libertad —y no sólo sexual— que lograba el efecto contrario: conducir a un deseo mayor de infringir lo prohibido, el deseo de transgredir los límites a tantas prohibiciones.

Lo que despierta en Mercedes el cuadro de Artemisia al imitar la escena es ese deseo de rebelarse contra la opresión masculina transgrediendo los límites sexuales de una educación cristiana, prohibidora y machista. Años más tarde,

[36] Según Georges Bataille (2005/1957: 84), "La crueldad y el erotismo se ordenan en el *espíritu* poseído por la resolución de ir más allá de los límites de lo prohibido [...]; se trata de territorios vecinos, fundados ambos en la ebriedad de escapar resueltamente al poder de la prohibición".

cuando Mercedes instruye a su hija en los mismos tratados agustinianos que ella aprendió, se da cuenta de que era el tabú de la virginidad y el de la desfloración el que le había guiado en su viaje de novios y de que ese "flujo de sangre femenina" [37] (p. 201), que se daba tanto en la *Degollación de Holofernes por Judit* como en *La casa de Bernarda Alba* con la muerte de Adela, de Federico García Lorca[38], era el que determinaba el "infausto signo del destino" (p. 201) de la mujer.

Este mismo significado del flujo de sangre femenina era el único valor que se seguía dando en el franquismo a las mujeres "seña de identidad, de esencial diferencia, [...]; sangre, por tanto, de la fecundidad; sangre de la virginidad, [...]" (p. 198), le explica su madre Mercedes a Isabel. Y es que Isabel siente que es precisamente ese "flujo de sangre femenina" la que la separa y diferencia de su hermano gemelo Lorenzo y la que sobre todo le prohíbe disfrutar de su libertad: "Lo que quiero es dejar de ser virgen, [...]. Lo que quiero es disponer libremente de mi cuerpo, sin temor a ese tabú que me aparta de vosotros, que me hace diferente", (p. 209), le dice Isabel a uno de su pretendientes. Asunto nada fácil que sus pretendientes uno a uno iban rechazando, porque, ¿cómo iban a casarse luego con una mujer desvirgada, deshonrada, desvalorizada en la sociedad?

Mientras Isabel se enfrenta al mismo problema que se había enfrentado su madre hacía veinte años, el tabú de la virginidad y la lucha por conseguir su libertad sexual en primer lugar, como primer paso de la liberación de la mujer, la lucha por tener la misma igualdad y libertad que el hombre, su hermano gemelo Lorenzo no sólo carecía de todos estos problemas referentes a la virginidad, sino hacía tiempo ya, que había empezado a "espabilarse" (p. 207) primero con Raquel, la criada de Mercedes, y luego con las mujeres casadas amigas de su madre. Por eso Isabel pide a su hermano gemelo que la desvirgue. Y es que Lorenzo a los dieciséis años tras representar por primera vez a su padre muerto en aquella ce-

---

[37] Según Bataille (2005/1957: 58) la sangre menstrual y el parto son prohibiciones asociadas a la sexualidad y son considerados como manifestaciones de violencia interna. Un efecto similar al dado por Bataille tiene para Isabel la sangre menstrual, que le avergüenza y le reprime: "Isabel odió la radical diferencia que estableció entre ella y Lorenzo el fluir de la sangre femenina: tardó en aceptarla, en asumirla. Durante los primeros tiempos hizo lo imposible para ocultarla y ocultársela. Luego se acostumbró a desaparecer de la vida de Lorenzo durante los días de menstruación, como si tuviera vergüenza de ser diferente [...]" (p. 198).

[38] La hija menor de Bernarda Alba, Adela, desflorada por Pepe Romano tiene un trágico fin. Cuando la descubren ahorcada su madre insensible apela a la virginidad de su hija: "¡Descolgarla! ¡Mi hija ha muerto virgen! [...]. ¡Nadie diga nada! Ella ha muerto virgen" (p. 201).

remonia expiatoria y descubrir a su madre con su tío José Manuel ejerciendo el *derecho de pernada* que éste había estipulado como primogénito de los hermanos Avendaño y que ejercía cada 18 de julio tras la ceremonia con Mercedes y con su criada Raquel, Lorenzo, en su deseo hacia su madre, acaba en los brazos de Raquel sorprendido y defraudado por las relaciones sexuales de la madre, pero también compungido al no poder ser consolado por ella.

En definitiva, los Avendaño, una familia de bien española de los años cincuenta del bando de los vencedores, que durante veinte años obliga a los campesinos trabajadores de la finca a representar una ceremonia expiatoria en recuerdo —y castigo— del joven Avendaño asesinado al estallar la guerra civil, se sostiene en esa doble moral que regía en el franquismo, pero que al mismo tiempo rompe los límites o transgrede todo un complejo de prohibiciones sexuales que van desde la invención del *derecho de pernada* hasta el complejo de Edipo, pasando por el incesto y el adulterio. El *derecho de pernada*, un derecho medieval que ejerce sobre Mercedes el primogénito de los Avendaño, simboliza el carácter medieval de posesión en las relaciones no sólo sexuales hombre-mujer sino en la relación señor-súbdito, amo-criado[39], pero también es el título que da José Manuel, el más carca, el más tirano de los Avendaño, que le permite dominar y poseer a su cuñada sexualmente, que de otra forma le estaría prohibido en la España católica franquista. Según Bataille el derecho de pernada es un poder de transgredir una prohibición[40]. Lorenzo por su parte no sólo padece un deseo erótico hacia la madre o complejo de Edipo que satisface con la criada Raquel[41], sino que ejerce, según la terminología cristiana, relaciones adúlteras con las mujeres casadas de bien de la entonces sociedad española; y por último la transgresión de una de las prohibiciones sexuales de carácter universal[42], el incesto, que acaban realizando Isabel y su hermano gemelo; prohibición que Isa-

---

[39] Amo-criado eran los términos más usuales en la España rural del franquismo para determinar la relación entre el empresario y el trabajador.

[40] Los transgresores, explica Bataille (2005/1957: 116) en relación al *derecho de pernada*, debían tener un carácter soberano que les pudiera dejar fuera de la prohibición. En principio era su carácter sacerdotal el que les permitía poseer por primera vez a la novia, algo impensable en el mundo cristiano que estableció la costumbre de pedir al señor feudal la desfloración.

[41] "—Pues yo si que me casaría contigo— dijo [Lorenzo a Raquel].

Raquel se encogió de hombros, sonriente.

—Pues por eso, Raquel... Como no puedo casarme con la mía, porque está prohibido, primero, y porque es propiedad del tío José Manuel, también..." (p. 183).

[42] Véase Bataille (2005/1957).

bel cuestiona como avance de la civilización: "—No me vengas con el cuento de siempre [le dice Isabel a Lorenzo]: la prohibición del incesto como un paso adelante en el proceso de civilización" (p. 211), pero que contrariamente les lleva a otro tipo más de prohibición en el catolicismo, el suicidio por amor, uniendo deseo erótico y muerte.

El despertar de una nueva generación: las revueltas estudiantiles de 1956

Aquel 18 de julio de 1956, cuando llega el historiador americano Leidson, ocurren en la finca de La Maestranza dos sucesos excepcionales o extraordinarios: el plante de los braceros, que se niegan a seguir representando la ceremonia expiatoria y la decisión de los Avendaño de enterrar en la misma cripta los restos de José María Avendaño y al recién muerto Chema el Refilón, un jefe de guerrilla de los montes de Toledo que, capturado en el 49, había muerto recientemente en la cárcel de Burgos.

Este año no sólo los braceros se niegan a hacer la función —"Dicen que basta ya, que ellos no estuvieron aquí cuando la muerte, ni saben de todo aquello... Y que ha llegado la hora del olvido..." (p. 164)—, sino que Mercedes, la mujer del asesinado y su hijo Lorenzo están de acuerdo en que termine esa "bárbara ceremonia" (p. 164) como dice Lorenzo u "horrible simulacro" como la llama su madre, e incluso al cura José Ignacio ya no le interesaba el tema de la expiación ni a José Manuel, más interesado en la liberalización del sistema económico (p. 37), del desarrollo del capitalismo que empieza en España con la llegada al poder del Opus Dei[43], que en el tema de la ceremonia. Y es que algo estaba empezando a cambiar aquel año del 56, tanto en los jornaleros de la finca

[43] El Opus Dei, fundado por monseñor Escrivá de Balaguer, y su obra el Camino, adquiere especialmente importancia a finales de los cincuenta, en la que sus tecnócratas pusieron en marcha, con el Plan de Estabilización de 1959, una liberación capitalista de la economía, modificando la relación de la elite católica con el capitalismo, contrariamente a los ideales dominantes hasta entonces. A pesar del enorme poder que el Opus Dei pasó a ejercer tanto en la economía como en la política, se mantiene aún reducido a una élite rica y extremadamente católica, que si bien ciertamente rechazada por una gran parte de la sociedad española, volvieron a subir al poder con el PP en el Gobierno de José María Aznar de 1996 a 2003. A la importancia elitista del dinero se une al Opus Dei un extremo catolicismo semejante al de una secta, con votos especiales de pobreza y castidad. Jorge Semprún apunta en *Federico Sánchez se despide de ustedes* (1993: 293) la corrupción capitalista que se escondía tras esa "austeridad hipócrita y gratificante" y que culmina en la década de los sesenta y

como en la familia Avendaño. Ambos, opresores y oprimidos, eran conscientes de que veinte años después de aquella muerte no se podía seguir pidiendo a una generación de jornaleros que no había estado presente en el asesinato del 36 que pagara por una culpa que no había cometido.

El comisario Sabuesa, por el contrario, un antiguo represor policial de posguerra perteneciente a la Dirección General de Seguridad que abogaba por la necesidad de ejemplares ceremonias expiatorias, al oír hablar aquel año de esa forma de la ceremonia expiatoria a la familia Avendaño, empieza a tener la impresión de que, "los suyos, los bien llamados nacionales, estaban empezando a perder la guerra", que "en España se marchitaban los ideales de la Cruzada, que la patria se enfangaba en un materialismo escéptico y egoísta" (p. 37). Y en efecto, el policía Sabuesa de la DGS franquista estaba empezando a oler[44] algo de lo que ocurría en España.

En los años cincuenta, cuando España disfrutaba de mayor estabilidad política, dentro del país había sido eliminada la única oposición armada contra el régimen, la guerrilla; en el exterior, Estados Unidos[45] reanudaba relaciones diplomáticas en el marco de la guerra fría y las Naciones Unidas votaron en 1955 a favor de su ingreso; en definitiva, cuando los países más democráticos empezaron a reconocer al régimen totalitario y represivo de Franco surgido de una guerra civil mediante un golpe de estado a un gobierno democrático y sustentado por una ideología fascista, empieza en España el despertar de una disidencia.

Una nueva generación de jóvenes universitarios, la mayoría hijos de los vencedores, de falangistas que habían hecho la guerra, educados y adoctrinados en la retórica falanjo-católica de la Cruzada, en el espíritu del 18 de julio, en el mito de José Antonio siempre presente y en el culto al Caudillo, se da de bruces

---

setenta: "Malversaciones, tráfico de influencias, abuso de bienes sociales, fabulosos enriquecimientos a la sombra del poder dictatorial: [...], la España de los años sesenta y setenta habrá estado corrompida hasta la médula del alma. Al menos en sus capas sociales más privilegiadas".

[44] "Sabuesa", en masculino sabueso —en el caso del comisario—, hace alusión no a la interpretación positiva de ser un perro de olfato muy fino, o una persona hábil para indagar o averiguar, sino que es la forma despectiva e irónica de referirse a un policía o detective mediocre, poco inteligente, vengativo, que —en su caso y representando a la policía franquista— sólo entiende la misión policial en el sentido de la Cruzada y de la represión franquista como veremos más adelante.

[45] Santos Juliá (1999: 172) escribe: "Eran los inicios de una gran amistad, que nunca habría de flaquear; quizá el aliado más fiel que haya tenido no ya gobierno sino régimen alguno en la historia política de España, y que abrió la puerta para su ingreso en la FAO, la Unión Postal, la Organización Mundial de la Salud y la UNESCO".

contra una realidad[46] que distaba enormemente de los ideales en los que había crecido. Estos hijos del régimen que no habían vivido ni hecho la guerra, pero que debían continuar con la misión redentora que habían empezado sus antecesores y llevar a cabo los objetivos sociales joseantonianos que les habían inculcado, la revolución pendiente, se encuentran ante un gran vacío y decepción cuando despiertan a la realidad política y social española, la realidad de la pobreza en los suburbios[47], de la explotación del trabajador, de la miseria económica del país, del fraude ideológico de un régimen hermético, censurador, autoritario que les aislaba y asfixiaba física y culturalmente[48]. La confusión, el fraude y la decepción que sienten estos estudiantes universitarios al darse cuenta del engaño en el que vivían se transforma en rebelión contra el régimen franquista que culmina en las revueltas y manifestaciones estudiantiles de febrero de 1956. La Universidad, controlada por el único sindicato posible y de afiliación obligatoria, el SEU (Sindicato Español Universitario), encarnador de los principios de la Falange[49] y sumida en una mediocridad intelectual y cultural germen de la lim-

[46] "De bruces contra la realidad" titula Santos Juliá (2004: 420) al choque de esta generación de jóvenes al enfrentarse a la realidad de una España de suburbios y explotación de los obreros. Precisamente fue el hecho de poner en práctica el programa social de Falange, salir a los suburbios y compartir trabajo con los obreros los que les llevó a hundirse en la realidad. "Ir al suburbio en domingo entraba, en efecto, dentro del programa del Servicio Universitario de Trabajo, una iniciativa impulsada por (el párroco) José María de Llanos, que llevó a cientos de voluntarios a los suburbios y a campos de trabajo, de los que regresaban transformados después de entrar en chabolas o compartir la experiencia de trabajo junto a obreros explotados con salarios de hambre", escribe Santos Juliá (2004: 420)

[47] En la novela *Tiempo de silencio* de Luis Martín-Santos de 1962 queda claramente reflejada la realidad de la pobreza en los suburbios en contraste con la clase alta de la sociedad, y en conjunto refleja la sociedad subdesarrollada y opresiva del franquismo.

[48] Véanse Juliá (2004), Gracia; Ruiz Carnicer (2004), Ruiz Carnicer (1996), Lizcano (1981).

[49] "La Universidad española, en armonía con los ideales del Estado nacionalsindicalista, ajustará sus enseñanzas y sus tareas educativas a los puntos programáticos del Sindicato" (Mesa 1982:10). A pesar de ello, se van a dar dentro del SEU pasos aperturistas que empezaron con la llegada del ministro de Educación Joaquín Ruiz Giménez y del rector de la Complutense de Madrid Pedro Laín Entralgo como intento de acoplar la universidad a las inquietudes de esta nueva generación. Un papel importante adquirieron también revistas como *La Hora*, donde esta generación plasmaba su descontento, o la ausencia de censura al montar obras de teatro o cine en los cineclubs de las universidades (Ruiz Carnicer 1996). Tras las revueltas estudiantiles del 56 comienza para el SEU el principio del fin, que acaba por su desaparición, para dejar paso al poder del Opus Dei en la Universidad, ya de enorme influencia en el CSIC (Consejo Superior de Investigaciones Científicas). Un ejemplo todavía del poder y control de las universidades por los tecnócratas del Opus Dei es la Universidad de Pamplona.

pieza de profesorado[50], del aislamiento cultural e intelectual y de la censura llevada a cabo por el régimen desde la guerra y la posguerra, se encuentra con una nueva generación de estudiantes dispuesta a no seguir viviendo en aquella situación de inercia y de engaño en la que se encontraba.

El personaje de Lorenzo en la novela es el que encarna la imagen de esa nueva generación de estudiantes que acaba despertando a la decepción de una realidad muy distinta a la adoctrinada. Lorenzo, encargado de perpetuar el recuerdo de la muerte de su padre mediante la ceremonia expiatoria, había sido instruido —como esta nueva generación— no sólo en las enseñanzas de aquella muerte, que había oído relatar durante su infancia interminables veces, sino también en la de la reciente historia de la España católica, especialmente la de la gloriosa Cruzada, surgida del 18 de julio (p. 170).

Cuando Lorenzo, al representar la primera vez en 1952 la muerte de su padre en la ceremonia, pensando que en ese momento sublime encarnaba, sintiéndose heredero de la estirpe de los Avendaño, la figura de su padre, en un deseo urgente de buscar cobijo en su madre y compartir con ella su vivencia, se encuentra de pronto con la abrupta realidad que se convierte en desesperada decepción al encontrar a su madre ejerciendo —como le explicaría Raquel— el *derecho de pernada* con su tío José Manuel.

> Lorenzo cerró los ojos con la desesperada ilusión de suprimir la realidad de aquella escena primitiva —en todos los sentidos de la palabra— mientras gritaba desconsoladamente (p. 176).

La realidad de la familia Avendaño con la que se topa el joven Lorenzo es una realidad muy lejana a las adoctrinadas por su tío José Manuel, pero también muy lejana a la moral religiosa de la España que representaban su tío y su madre y en la que él había crecido. Por eso la palabra que se le ocurrió a Lorenzo al ver la escena fue la de "fornicar"[51], es decir, la de estar pecando contra el sexto man-

---

[50] La depuración en la enseñanza en la guerra y posguerra no sólo afectó masivamente a los maestros, sino también a los catedráticos y al profesorado docente universitario que acabó en gran parte en el exilio. Esto dio lugar a que el acceso a las cátedras no exigiera más requisito que ser seguidor acérrimo del régimen, lo que supuso un empobrecimiento de la intelectualidad universitaria. "Mediante este demoledor sistema de "renovación" docente —escribe Sartorius (1999: 48)— la Asociación Católica Nacional de Propagandistas y el Opus Dei accedieron al control de la mayoría de las cátedras y, a través de ellas, al del conjunto de la Universidad".

[51] "Lorenzo la apartó [se refiere a Raquel, la criada] de un empujón y entró a la fuerza en el saloncito contiguo al dormitorio de su madre. No estaba ésta durmiendo, estaba fornicando. Tal fue

damiento de la Ley de Dios. Lo que experimenta Lorenzo con este choque de la realidad es una confusión surgida de la enorme decepción ideológica y religiosa entre la teoría y la práctica en la que se alimentaba como él esta joven generación de universitarios heredera del más ferviente catolicismo vigente.

Va a ser la frase *Gott mit uns*[52], que Lorenzo lee en el cinturón del chico de la gasolinera aquel mismo día 18 de julio de 1956, día de la representación familiar —y fiesta nacional—, la que le hace entender que lo que mantenían vivo ese 18 de julio y todos los demás días del año eran los ideales de un dios que les llevó a una guerra fratricida, una guerra que había empezado "bajo la invocación del dios de los ejércitos", "bajo la invocación de un dios forastero, tal vez bárbaro, godo o gótico: *Gott*, en todo caso" (p. 158); y que ese dios del 18 de julio de 1936 no era más que el dios "de las batallas, de las guerras civiles, de las sangrientas cruzadas". Este día Lorenzo se da cuenta del fraude de la Cruzada y de todas las doctrinas y enseñanzas aprendidas e inculcadas desde su infancia. Lorenzo se da cuenta de que lo que le imponían continuar era un legado de violencia, de muertes y asesinatos en nombre de Dios.

Y ese dios de la guerra y no otro, que había dividido a los españoles, era el que se recordaba y se hacía recordar día a día a los jóvenes herederos de la Cruzada en los discursos del régimen, de la Iglesia y de la Falange. Pero precisamente ese espíritu belicoso del 18 de julio que seguía dividiendo al país entre vencedores y vencidos era lo que no estaban dispuestos a seguir manteniendo vivo estos jóvenes universitarios, hijos de los vencedores, como tampoco lo estaban Lorenzo y los braceros que se negaron a seguir representando la ceremonia. Unos y otros, ajenos todos ellos a la guerra, querían por fin acabar con el mito sangriento que les separaba: el de la guerra civil.

> «DILIGENCIA:
>
> »Para hacer constar, que sin poder profundizar por tratarse de asunto tan delicado como todo lo que se relaciona con la Universidad, desde hace bastante tiempo era seguida y venía preocupando a esta Primera Brigada Regional la evolución política seguida por un grupo de universitarios, principalmente de la Facultad de Filosofía y

---

la palabra, de catecismo o de clase de religión, que a Lorenzo se le ocurrió, "fornicación", para calificar la escena que se ofrecía a su mirada" (p. 176), explica el narrador para subrayar la influencia de la educación religiosa "de catecismo o clase de religión" en esta generación de posguerra.

[52] "Dios con nosotros", o sea, "que nos cogiera confesado", se nos aclara más adelante en la novela (p. 161).

Letras, evolución en la que se veía un orientación fija, tendente a un "liberalismo" que tenía como base el desbordamiento del S.E.U. Exponente de esta actividad es el Congreso de Escritores Jóvenes, al que siguen charlas y disertaciones en la mencionada facultad, haciendo uso de la "Tribuna del Estudiante" en la que se diserta sobre poetas y escritores comunistas.

»El fallecimiento del filósofo ORTEGA Y GASSET da paso a que con pretexto del mismo, en diversos actos, este grupo de estudiantes demuestre una mayor actividad y un menor recato en sus manifestaciones, tales como: la confección de una esquela carente de cruz y la manifestación portadora de una corona con la dedicatoria "La juventud a su maestro". El que al indicar alguien en el cementerio que se rezase un padrenuestro, se oponga de forma terminante ENRIQUE MÚGICA dando el acto por terminado con la lectura de una elegía al Maestro por JESÚS LÓPEZ PACHECO.

»Lo anteriormente expuesto motiva que las gestiones de información y vigilancia se centren sobre estos dos personajes aludidos, que permiten determinar que el tal MÚGICA es uno de los principales promotores del congreso de escritores aludido y al que secundan de forma activísima JULIO DIAMANTE STIHL, LÓPEZ PACHECO y JULIÁN MARCOS. Se determina que son ellos los que pretendieron organizar un acto en el aula magna de la Facultad de Filosofía con lectura de obras de RAFAEL ALBERTI y de PABLO NERUDA, ambos conocidos comunistas. Se tiene igualmente conocimiento por esta Primera Brigada de que a dichos medios universitarios había llegado propaganda del partido comunista consistente en Mundo Obrero, Cuadernos de Cultura, propaganda específica del partido comunista; como lo indicaba el hecho de que a algunos universitarios se les viera leyendo la citada propaganda.

»Todo ello demostraba que existía una cabeza dirigente que encauzaba las actividades de dicho grupo estudiantil hacia sus fines propios...» (pp. 73-74).

Este texto que está leyendo el comisario Don Roberto Sabuesa corresponde efectivamente a un documento oficial[53] de la policía en el que se informa de las investigaciones relacionadas con la Universidad, haciendo constar la tendencia política de carácter "liberal" y "laica" de un grupo de universitarios de la Facultad de Filosofía y Letras en relación a la organización de un Congreso de Escritores Jóvenes, al homenaje laico dedicado al fallecido filósofo Ortega y Gasset, a actos de lectura en la Facultad de Filosofía de obras de escritores comunistas como Alberti o Neruda de importante significado en la guerra civil, así como a la infiltración de propaganda del Partido Comunista en el entorno universitario

[53] El mismo texto ha sido publicado por Roberto Mesa (1982: 216-217) en la recopilación de documentos sobre los sucesos de febrero de 1956 que se encuentran en los Archivos de la Universidad Complutense de Madrid bajo el título *Jaraneros y alborotadores*.

y a la existencia de un dirigente dentro del grupo, todo ello con el objetivo de obstaculizar la labor del único sindicato universitario y obligatorio, el SEU.

A pesar de tratarse de una denuncia pública a este grupo de estudiantes por sus actividades en la Universidad, lejanas y contra los principios del SEU, la policía trata el tema con un cierto distanciamiento y una cierta precaución, "sin poder profundizar" y por ser "asunto delicado" al estar relacionado con la Universidad —explica— y ve sólo en este grupo de estudiantes unas inclinaciones políticas tendentes a un "liberalismo", para acabar acusando y responsabilizando de tales actividades a las influencias de lecturas de obras de poetas comunistas o provenientes del Partido Comunista y a la existencia de una cabeza dirigente que además actuaba con intereses propios.

Demasiado vagas y ligeras parecen las declaraciones y las investigaciones de la policía franquista respecto a las actividades e intenciones de estos jóvenes universitarios, atribuyendo al comunismo las consecuencias de todos los males que padecía la Universidad, lo que muestra, además del poder y la seguridad afín al régimen que existía en la Universidad franquista, el respeto de la policía hacia estos universitarios, hijos la mayoría de personalidades influyentes del régimen, así como la incapacidad de querer y poder reconocer los motivos que movían a estos estudiantes a llevar a cabo tales actividades y llegar a manifestar sus inquietudes culturales. Reconocer por otro lado las causas hubiera sido para el régimen lo mismo que reconocer su fracaso de socialización política respecto a esta nueva generación de estudiantes.

Lo que sí parecía ignorar la brigada policial era el núcleo comunista existente en Madrid, que empezaba a consolidarse a mediados de los cincuenta y al que se integraban cada vez más jóvenes universitarios. Aunque partió de este grupo de estudiantes comunistas la idea de un Congreso de Escritores Jóvenes[54] surgió sin embargo bajo el respaldo del mismo SEU y el protagonismo de Múgica[55]. Este mismo estudiante había acudido antes a Laín con el proyecto de crear unos "Encuentros

[54] El Congreso de Escritores Jóvenes consiguió en 1955 sacar tres boletines con diferentes temas poéticos, teatrales, cinematográficos, etc. Aparecieron así, entre otros, ensayos, artículos sobre Machado, Ortega y Pío Baroja (Lizcano 1981).

[55] Según Lizcano (1981: 115) se contaba con el apoyo de Laín Entralgo, rector de la Universidad de Madrid, y aunque pudo surgir de Julián Marcos y de Jesús López Pacheco fue Múgica quien inició los contactos para llevarla a cabo. Más adelante (1981: 124) subraya la aprobación de Semprún para la convocatoria del Congreso.

En *Autobiografía de Federico Sánchez* (1977: 37; 59), Jorge Semprún recuerda cómo preparaban el Congreso de Escritores Jóvenes a comienzos de verano de 1955 y hace alusión, como decisiva, a la

entre la Poesía y la Universidad" con el fin de llevar la lectura a las aulas de la Universidad de diferentes poetas de "marcado carácter social" (Lizcano 1981: 113).

En octubre de 1955[56], con motivo del fallecimiento de Ortega y Gasset, este grupo de estudiantes había dado ya prueba de su ruptura con el régimen al pretender dar al homenaje del filósofo un sentido laico y liberal; en el texto podemos observar que los reproches que otorgan a estos estudiantes por el hecho de mostrar una identificación de carácter liberal con su maestro Ortega y Gasset y por el hecho de eliminar los elementos católicos de la esquela y concluir el acto con la lectura de una elegía en vez de un padrenuestro son más de carácter profano que de delito.

Sin embargo, el desencadenante definitivo que provocaría las mayores manifestaciones y revueltas estudiantiles fue, tras la prohibición del Congreso de Escritores Jóvenes, la redacción y distribución en la Universidad de Madrid de un *Manifiesto* de fecha de primero de febrero de 1956 dirigido "Al Gobierno de la Nación, a los Ministros de Educación Nacional y Secretario Nacional del Movimiento"[57], en el que se denunciaba la penosa y mediocre situación de la Universidad y en el que se pedía, incitando a todos los estudiantes a su participación, convocar un Congreso Nacional de Estudiantes que permitiera crear una organización estudiantil representativa y democrática. Los sucesos de febrero acabarían con brutales enfrentamientos[58] entre estos estudiantes promotores de un

---

aportación de Enrique Múgica en las actividades del partido en la Universidad tanto en los Encuentros de Poesía con la Universidad como el Congreso de Escritores Jóvenes o el *Manifiesto* universitario de febrero del 56.

[56] Los primeros enfrentamientos entre la policía y los estudiantes, de gran repercusión en la Universidad, surgieron a raíz de la visita de la reina de Inglaterra a Gibraltar en 1954. El SEU promovió una manifestación oficial entre los estudiantes contra esta visita, pero cuando estaban manifestándose la policía arremetió contra estos estudiantes, lo que provocó violentos combates entre ambos y una gran irritación entre los universitarios al sentirse manipulados y traicionados por el mismo sindicato oficial que les había convocado. Aquí empezaron las primeras protestas contra el SEU. Lizcano (1981: 97) describe así las consecuencias: "Al día siguiente, todo eran corros de protesta y gritos contra el SEU en el abarrotado caserón de la Universidad de San Bernardo. Un verdadero gentío se arremolinaba en aulas y pasillos en actitud levantisca. Para mayor escarnio, la prensa de la mañana, especialmente el *Arriba*, había publicado una versión de los sucesos absolutamente desvirtuada".

[57] El *Manifiesto* aparece recogido en la recopilación de documentos de Roberto Mesa (1982: 64-67).

[58] Según Lizcano (1981: 136), la Centuria 20 que irrumpió en la facultad armada de porras y otras armas fue contestada por los estudiantes "organizándose una verdadera batalla campal" extendiéndose por pasillos y escaleras.

cambio y una apertura y los falangistas más radicales, así como la Centuria 20 de la Guardia de Franco, al irrumpir violentamente en la Facultad de Derecho de la Universidad Complutense cuando los estudiantes se disponían a celebrar las elecciones de representantes. A ello le siguieron manifestaciones de protesta de los universitarios por Madrid que culminaron de nuevo con choques violentos entre éstos y grupos falangistas[59]. El resultado fue la detención ese mismo día de los estudiantes universitarios Miguel Sánchez Mazas, Ramón Tamames, Enrique Múgica, Javier Pradera, Ruiz Gallardón y Gabriel Elorriaga, el cierre de la Universidad Complutense de Madrid y el cese de profesores y ministros con cargos importantes en relación con la Universidad[60].

Miguel Sánchez Mazas[61] escribe en 1976 que el *Manifiesto universitario de 1956* fue incuestionablemente "un jalón como primer desafío al régimen franquista surgido de la juventud por él 'amorosamente formada' en sus aberrantes consignas" y subraya que el contenido y el espíritu de dicho *Manifiesto* fueron "fruto de la convergencia y la síntesis de las inquietudes y aspiraciones, profundamente sentidas y largamente mantenidas en estado larvado hasta el estallido de 1956, de todos los grupos e individuos que en el campo universitario coincidían en tres exigencias vitales: libertad, verdad y justicia"[62].

---

[59] El día 9 de febrero, en el que se conmemoraba el día del Estudiante Caído, confluyeron en la calle los falangistas que conmemoraban una efeméride y los universitarios que se manifestaban en protesta de los sucesos ocurridos en la Universidad el día anterior. Como resultado de la pelea, un falangista fue gravemente herido de un disparo. La versión oficial fue —explica Miguel Sánchez Mazas— "que lo habíamos matado nosotros, los demócratas, que estábamos, como siempre, desarmados". En Miguel Sánchez Mazas (1976: 45). Véanse también Ruiz Carnicer (1996); Lizcano (1981).

[60] También fue detenido Dionisio Ridruejo, antiguo falangista que había hecho la guerra, pero que apoyaba y participaba en estas manifestaciones. Dos días más tarde, según Roberto Mesa (1982: 18), le tocaría el turno a Julián Marcos, López Pacheco, Sánchez Dragó, María del Carmen Diago, Jaime Maestro y José Luis Abellán. Días más tarde a Julio Diamante. Fue cesado el decano de la Facultad de Derecho y, entre otros, el ministro de Educación, Ruiz Giménez, que desde hacía un par de años destacaba por una postura aperturista de la Universidad. Laín Entralgo, que había apoyado la organización del Congreso Nacional de Estudiantes, dimitió de su puesto de rector de la Universidad de Madrid. Además se suspendieron por primera vez desde su promulgación dos artículos del Fuero de los Españoles referentes a la fijación libre de residencia y a la garantía de 62 horas de los detenidos. (Pablo Lizcano 1981); (Roberto Mesa 1982); (Ruiz Carnicer 1996).

[61] Miguel Sánchez Mazas, hijo del conocido falangista y escritor Rafael Sánchez Mazas, es uno de los universitarios que se rebeló contra el régimen y que participó en la redacción del *Manifiesto* del 1 de febrero de 1956.

[62] En Miguel Sánchez Mazas (1976).

A pesar de que las manifestaciones y revueltas estudiantiles no derrocaron ni a Franco ni a su régimen[63], lo relevante de los sucesos de febrero de 1956 fue el despertar de una generación de jóvenes a una conciencia crítica y democrática[64], a los que les unía —a pesar de provenir de diferentes tendencias ideológicas[65]— el deseo de libertad y democracia y el de acabar con la memoria sangrienta que dividía a los españoles; un deseo y una lucha que no cesaría hasta conseguir instaurar la democracia tras la muerte de Franco[66]. "La Universidad —escribe Sartorius (1999: 66)— pasó a convertirse en un hervidero de conspiración permanente contra la dictadura, una situación que se volvía crónica a partir de 1962. Sucesivas generaciones de universitarios tomaron conciencia democrática, y aunque no todos los que salían de la Universidad seguían enfrentándose al régimen, su mentalidad era muy diferente a la de sus padres".

Pero las revueltas estudiantiles no fueron las únicas que se dieron en España en los años cincuenta, sino que también comenzaron a resurgir manifestaciones obreras con huelgas aisladas como las de 1951, 1953 o 1956 para crecer en una lucha obrera organizada a partir de 1962 (Maravall 1978).

Aunque el personaje de Lorenzo Avendaño en la novela no deje de ser un estudiante universitario más entre muchos otros que habían participado en la revuelta y movimientos estudiantiles de febrero de 1956, es, sin embargo, de extrema importancia para el comisario Sabuesa por sus relaciones con los protagonistas de la revuelta, Enrique Múgica Herzog y Javier Pradera, pero sobre todo porque según el comisario el joven Avendaño estaba muy relacionado y podría conducirle hasta "el Gran Manipulador, el Traidor Máximo", en definitiva, la verdadera cabeza dirigente de la subversión (p. 84) que se escondía tras el seudónimo de FS. Federico Sánchez era el nuevo nombre que había empezado a

---

[63] La represión franquista continuó hasta su muerte. Sólo recordar la detención y muerte del comunista Julián Grimau en 1963 o el fusilamiento de cinco miembros de ETA y del FRAP poco antes de su muerte en 1975.

[64] Santos Juliá (2004: 407) atribuye la aparición de una cultura política democrática no al crecimiento o desarrollo de una tradición liberal, sino al fracaso de la política falangista.

[65] Las tendencias políticas de los protagonistas de las revueltas estudiantiles en oposición al régimen logró unir tanto a comunistas y socialistas con otras tendencias de procedencia monárquica o falangista.

[66] Esta generación de universitarios tuvo después el poder en la democracia. Enrique Múgica, por ejemplo, fue ministro de Justicia en la etapa socialista; Javier Pradera fue director literario de Alianza Editorial y miembro de la redacción desde su fundación de *El País*. El mismo Jorge Semprún fue ministro de cultura entre 1988 y 1991.

aparecer en artículos de periódicos y revistas comunistas como *Mundo Obrero*, *Nuestra Bandera* o *Cuadernos de Cultura*, en este último, un número dedicado a la reunión del V Congreso del Partido Comunista, y del que se sospechaba fuera el instigador de la juventud universitaria, pero del que vagamente sabían sobre él y su función dentro del partido. Si a diferencia de Enrique Múgica, la brigada policial consideraba que se le podía controlar fácilmente por ser uno de los principales promotores o la "cabeza visible" de las algarabías estudiantiles madrileñas, siendo además Múgica de procedencia judía y madre extranjera, el tal Federico Sánchez se les presentaba como un incógnito difícil de controlar, una especie de fantasma, de ser "inexistente, no identificable, no fácil de identificar" (p. 78) que se escapaba a los cánones de los viejos comunistas de guerra.

> Debe ser éste un hombre de otra generación, que probablemente no haya participado en la guerra civil. Además, por ciertos detalles sobre la vida madrileña que Sánchez daba en su informe, puede deducirse que no es un hombre del exilio. Que conoce la España actual, donde tal vez resida. O donde al menos pase temporadas más o menos largas. En suma, que se trata de un dirigente de corte nuevo, de una generación de cuadros comunistas sin duda diferentes de los viejos capitostes formados en la época de la Cruzada, y dicha novedad extremaba el peligro que representaba (p. 88).

El comisario Roberto Sabuesa era no sólo conocido entre los detenidos[67] de la represión franquista, por sus métodos represivos de tortura, sino que se había hecho famoso por la caída y fusilamiento en 1939 de las míticas Trece Rosas[68]. El comisario descrito en la novela con ardores o acidez de estómago, siempre con el vaso de agua con bicarbonato y "de mirada gris y sórdidamente odiosa. O sea: cuajada de odio" (p. 95), corresponde, según declaraba el mismo Jorge Sem-

[67] En la novela, el comunista Benigno Perales es el que representa a los torturados de la represión franquista: "Cuando entró en aquel despacho de la Puerta del Sol, diez años antes, a Benigno Perales ya le habían apaleado lindamente en los locales de la Brigada Social. Día y noche, durante días y noches. Su cuerpo enflaquecido ya sólo era una bolsa de dolor, un saco de angustias viscerales. Pero no consiguieron sacarle ni un dato, ni un nombre, ni siquiera la confirmación de datos o de nombres que ya conocían" (p. 95)

[68] "Y es que el comisario Sabuesa, desde que había organizado la caída y fusilamiento en 1939 de un grupo de chicas de las Juventudes Comunistas de Madrid, las «trece rosas», en la memoria mítica de la resistencia-, era famoso, triste, abominablemente famoso, entre los militantes. Todos, más o menos, hasta que hacia 1949 fueran barridas las últimas organizaciones clandestinas, tendrían algo que ver con Sabuesa" (pp. 95-96).

prún en una entrevista en la televisión alemana[69], a la figura real del comisario Roberto Conesa. En *Autobiografía de Federico Sánchez*, Semprún, al pensar en la tortura, en el caso de que le detuvieran, recuerda al comisario Conesa, del que había oído hablar a tantos con tanto detalle, surgiendo ante él —mejor dicho, ante Federico Sánchez— como el porvenir, que tenía "el nombre, la imagen genérica de un pasado de violencia y de sangre" (1977: 64). También García Blanco-Cicerón (1985: 12), en su artículo sobre las detenciones y fusilamientos de las Trece Rosas, expone que, según varios testimonios, uno de los principales responsables de las detenciones fue Roberto Conesa, infiltrado entonces en la organización juvenil.

No es extraño entonces que al comisario Sabuesa de la novela, siempre al acecho de nuevas pistas, le pareciera la acción policial respecto a la revuelta y manifestaciones universitaria de febrero del 56 dudosa. La represión universitaria carecía para el comisario de ejemplaridad, porque según su experiencia, sin sangre y sin miedo, sin presión física, no se conseguía nada.

> Y es que los interrogatorios habían sido más bien de guante blanco [reflexiona el comisario]. No se había presionado bastante a los detenidos. Probablemente a los inspectores les había impresionado que fueran en su mayoría de buena familia: no se atrevieron ni a tocarles ni un pelo de la ropa (p. 85).

Y es que a los encarcelados y procesados de las manifestaciones de febrero no sólo se les puso muy pronto en libertad[70], sino que se les trató en la cárcel con respeto, incluso se les llamaba de don[71], y por lo general, ni llegaron a coincidir en la cárcel de Carabanchel[72] con los viejos republicanos y antifranquistas marcados por la represión.

¿Cómo iba la policía franquista a torturar a los hijos del régimen?, ¿a nombres como Miguel Sánchez Mazas, hijo del ideólogo de la Falange Rafael Sánchez Mazas, o a Dionisio Ridruejo, antiguo falangista que había hecho la guerra con los sublevados?

---

[69] "Jorge Semprún im Gespräch mit Rudolf von Bitter: Zwanzig Jahre und ein Tag", en BR-alpha, 24 y 26 de agosto de 2006.

[70] Algunos de ellos, por ejemplo Múgica, Pradera o Sánchez Dragó pasaron por la prisión —y con estancias variadas— varias veces a lo largo de la dictadura franquista. Véase en Rodolfo Serrano y Daniel Serrano (2002).

[71] Según la testimonio de Múgica, en Rodolfo Serrano y Daniel Serrano (2002: 108).

[72] Según testimonios de Sánchez Dragó, en Rodolfo Serrano y Daniel Serrano (2002: 113).

Lo mismo sucedía con Javier Pradera, hijo de una familia víctima de los rojos —su padre y su abuelo fueron fusilados— era además sobrino del nombrado por el Generalísimo "embajador de España en Damasco" (p. 75). Por eso, aunque al comisario y a la brigada policial no les cabía duda de que Javier Pradera fuera uno de los máximos dirigentes de la revuelta, por su "apellido y la situación política en el Régimen, por el hecho de acabar de ingresar en el cuerpo jurídico del Ejército del Aire, la investigación policíaca a su respecto había tenido que desarrollarse con cautela" (p. 76).

Lo que sucedía es que tanto la policía como el comisario Roberto Sabuesa, perteneciente como era a la DGS y acostumbrado a utilizar la violencia física y psíquica en la represión franquista —como a los personajes en la novela de Benigno Perales y Juan José Castillo—, a imponer el terror mediante palizas, vejaciones y fusilamientos se encontraban desbordados ante esta nueva generación de universitarios y sobre todo ante este nuevo fantasma clandestino que se escondía tras Federico Sánchez[73].

Efectivamente Federico Sánchez era el seudónimo, hoy el más conocido[74] de los numerosos que Jorge Semprún utilizó en la clandestinidad franquista desde que llegó a España en 1953. Y como sospechaba el comisario, se trataba de un nuevo dirigente comunista —acababa de ser nombrado dirigente del Comité Central del Partido Comunista— perteneciente a una generación diferente a los viejos comunistas de la guerra civil. Amigo del grupo de los estudiantes univer-

---

[73] En *Autobiografía de Federico Sánchez*, Semprún explica, que el hecho de que alguien como él, que después de haber trabajado diez años en la clandestinidad en Madrid no hubiera caído nunca en manos de la policía de Conesa, se debía a que ésta era incapaz de emplear otros métodos que no fueran a base de confidentes y palizas, y por ello, alguien como Semprún, sin antecedentes penales y no identificable siquiera "por los viejos cuadros del partido" podía moverse "como pez en el agua". "Del superagente Conesa —explica— me he reído yo todo lo que me ha dado la gana" (1977: 73).

[74] El nombre de Federico Sánchez empezó a tener gran resonancia en España a partir de la publicación de la novela de Jorge Semprún, *Autobiografía de Federico Sánchez*, publicada en 1977 y ganadora del Premio Planeta, en la que además de evocar sus experiencias clandestinas en España ejerce una fuerte crítica hacia los dirigentes del Partido Comunista durante el periodo de su afiliación, en la etapa estalinista, hasta su expulsión en 1964. En 1993 escribe *Federico Sánchez se despide de ustedes*, centrada principalmente en su etapa como ministro de Cultura durante el Gobierno socialista. Otros seudónimos que Semprún utilizó durante su clandestinidad fueron los apellidos Artigas, que retoma como personaje principal en *La algarabía*, o Larrea, personaje de la *Montaña blanca*.

sitarios promotores de las revueltas, Javier Pradera y Enrique Múgica entre otros, o del conocido torero Domingo Dominguín, era de crucial importancia en la organización clandestina de esta nueva generación de comunistas. Santos Juliá (2004: 450-451) subraya la presencia de Semprún como decisiva al poder ofrecer a los jóvenes universitarios una respuesta al desmoronamiento dogmático y moral en los años cuarenta[75]. Incluso es el mismo Jorge Semprún, o el entonces *fantasma* Federico Sánchez[76], el que hace la redacción final[77] del nuevo llamamiento a los compañeros de toda España y a la opinión pública del 1 de abril de 1956, el mismo día del aniversario de la victoria militar, invocando la inutilidad de la guerra fratricida y la incapacidad de integración y reconciliación del régimen, desde la voz, por primera vez, de los hijos de los vencedores y vencidos (Semprún, 1977: 44). Y como añade Semprún en *Autobiografía de Federico Sánchez* este llamamiento fue "el primer documento clandestino en que apunta la idea de la reconciliación: luego tan manoseada"[78].

La idea de una necesidad de reconciliación de los españoles la lanza también el Partido Comunista de España en la declaración del Comité Central de junio de 1956[79]. El discurso de reconciliación, el deseo de acabar con el relato de una

---

[75] También Santos Juliá apunta como decisiva la presencia de Sacristán, ambos —Semprún y Sacristán— aunque partían de biografías y personalidades bien diferentes, estaban dotados de una notable capacidad teórica y política y añade que "el marxismo [...] a diferencia del catolicismo, poseía las claves para realizar con resultados convincentes un análisis de la situación política, de las causas de la dominación de clase y de la condición obrera y anunciar un futuro libre de miseria y explotación. Más aún, el marxismo, interpretado por el Partido Comunista, ofrecía la prueba tangible de la eficacia de la acción política organizada frente a la huera llamada moralizante de los predicadores sociales católicos o la rutinaria evocación de la revolución pendiente de los falangistas" (2004: 451).

[76] La idea de sentirse tras el seudónimo de Federico Sánchez como un fantasma durante esos años de clandestinidad franquista hasta su expulsión del partido y que tanto insiste en *Veinte años y un día*, la expresa ya Semprún como sigue en *Federico Sánchez se despide de ustedes* (1993: 28): "Me había convertido en Federico Sánchez en la clandestinidad antifranquista, a mediados de los cincuenta. Diez años más tarde, me había visto obligado a desprenderme brutalmente de aquel fantasma que había invadido mi personalidad, que prácticamente me había devorado en cuerpo y alma, para poder seguir existiendo".

[77] Aprobada por la Agrupación Socialista Universitaria y previa consulta con los camaradas universitarios, especialmente Javier Pradera y Francisco Bustelo (Semprún, 1977: 43-44).

[78] Véase también en Santos Juliá (2004: 441, 446).

[79] En www.filosofía.org. Santos Juliá (2004: 447) explica que la propuesta de una reconciliación, en el sentido de reconocer la guerra como inútil matanza fratricida, no era nueva. Tanto Américo Castro en

España divisoria, unió a una nueva generación antes de la democracia que expresaba y reivindicaba derechos y libertades democráticos[80].

En la novela *Veinte años y un día* la reconciliación de estas dos Españas divididas por la guerra civil está presentada simbólicamente en el hecho de enterrar a los dos muertos en la misma cripta de La Maestranza: a José María Avendaño, asesinado en el levantamiento de los campesinos, y a Chema el Refilón, uno de los agresores que se encontraba entre aquel tropel de jornaleros el 18 de julio de 1936, y que acabó de guerrillero en la lucha antifranquista y fue víctima de la represión del régimen; ambos habían representado simbólicamente durante veinte años a esos dos bandos —vencedores y vencidos— que confrontaba a los españoles. La novela de Semprún, partiendo de aquel primer paso de reconciliación en 1956, invoca simbólicamente que la reconciliación ha de pasar primero por enterrar a los muertos de la guerra, a tantos muertos todavía hoy casi olvidados y amontonados en fosas comunes por cunetas y descampados de la geografía española y devolverles así su dignidad para que todos puedan descansar en paz.

La muerte, siempre presente y tan importante en la obra de Semprún, desempeña un papel crucial en esta novela. Hemingway, casi veinte años después de la guerra, aquel día en que Dominguín contó por primera vez la historia de aquella muerte, hace referencia a dos puntos que unían a los españoles tras el conflicto: el sentimiento de que la guerra civil les pertenecía y el de la muerte.

> —Nuestra guerra —murmuraba [Hemingway]—. Todos decís lo mismo. Como si fuese lo único, lo más importante al menos, que podéis compartir. El pan nuestro de cada día. La muerte eso es lo que os une, la antigua muerte de la guerra civil (pp. 13-14)[81].

La muerte es la que separó entonces a estas dos víctimas, compañeros de juegos en la infancia, y la muerte es la que les vuelve a unir veinte años después, ese 18 de julio de 1956, cuando la familia Avendaño accede a enterrarlos juntos en su finca de La Maestranza, "ya es hora de enterrar a los muertos, que descansen en paz..." (p. 20), dice Mercedes. Ambos bandos representados que acompañan a sus respectivos muertos, uno por la familia Avendaño y otro por los jornaleros, al enterrar a los dos muertos juntos están pretendiendo enterrar con ellos los odios y los rencores de la guerra que habían mantenido viva la división de esas

---

1943 como Indalecio Prieto desde 1942, hablaban ya en un sentido muy similar al del Partido Comunista en 1956.

[80] Véase Santos Juliá (2004).

[81] Véase el mismo comentario en la p. 234.

dos Españas. El hecho de que sea la familia Avendaño la que acceda a enterrar juntos a los dos bandos confrontados y sea Mercedes, la mujer del asesinado, la que desee y reconozca que ya es hora de que todos los muertos deban descansar en paz, expresa que han de ser los vencedores de la guerra los que accedan a que los muertos de los vencidos tengan la misma sepultura digna que los vencedores; en definitiva, lo que se está pidiendo es que sean los vencedores de la guerra los que accedan a la reconciliación de los españoles.

La reconciliación aparece también representada por la Iglesia. Una Iglesia —representada ahora por un cura joven— , que se expresa por primera vez en la homilía del entierro para todos, pronunciando un discurso de reconciliación con las mismas palabras de "paz, piedad y perdón" con las que se expresó en uno de sus últimos discursos Manuel Azaña; palabras que veinte años después recogían y reflejaban sobre todo "el sentir de los campesinos" (p. 270).

> Pero es una obligación moral, sobre todo de los que padecen la guerra, cuando se acabe como nosotros queremos que se acabe, sacar la lección y de la musa del escarmiento el mayor bien posible, y cuando la antorcha pase a otras manos, a otros hombres, a otras generaciones, que se acordarán, si alguna vez sienten que les hierve la sangre iracunda y otra vez el genio español vuelve a enfurecerse con la intolerancia y con el odio y con el apetito de destrucción, que piensen en los muertos y que escuchen su lección: la de esos hombres, que han caído embravecidos en la batalla luchando magnánimamente por un ideal grandioso y que ahora, abrigados en la tierra materna, ya no tienen odio, ya no tienen rencor, y nos envían, con los destellos de su luz, tranquila y remota como la de una estrella, el mensaje de la patria eterna que dice a todos sus hijos: Paz, Piedad y Perdón[82].

Con estas palabras de "Paz, Piedad, Perdón" termina el discurso que pronunció el último presidente de la República, Manuel Azaña, el 18 de julio de 1938, en el que, todavía sin haber terminado la guerra, invocaba en sus últimas palabras a la *obligación moral* de los que padecen la guerra de aprender de ella y transmitirla a las generaciones futuras, para que éstas no caigan en los mismos errores de intolerancia, odio y destrucción de la guerra civil. Azaña, al final de su discurso, apela a la memoria de los muertos, para que las jóvenes o futuras generaciones los recuerden y aprendan su lección; la lección de los que, una vez liberados del odio y del rencor, claman deseos de reconciliación.

---

[82] Discurso pronunciado por Azaña el 18/07/1938 en *The View from the Left*, I y II, 1975.

Bibliografía

AA.VV. (1995): *Del franquismo a la posmodernidad. Cultura española 1975-1990*, Madrid, Akal.

AA.VV. (12/01/2003): "Exilio. La historia olvidada", en *El País Semanal*, nº. 1.372.

AA.VV. (1986): *El teatro durante la guerra civil española*, Cuadernos El Público, Madrid, Centro de Documentación Teatral.

AA.VV. (1989): *Las mujeres en la guerra civil*, Madrid, Ministerio de Cultura.

ABELLA, Rafael (1975): *La vida cotidiana durante la guerra civil. La España republicana*, Barcelona, Planeta.

ABELLA, Rafael (1978): *La vida cotidiana durante la guerra civil. La España nacional*, Barcelona, Planeta.

ABELLÁN, José Luis (dir.) (1976): *El exilio español*, 6 tomos, Madrid, Taurus.

ABELLÁN, José Luis (1988): *El exilio literario español de 1939*, 2 tomos, Actas del Primer Congreso Internacional en Bellaterra del 27 de noviembre al 1 de diciembre de 1995, Barcelona, Gexel.

ACOSTA BONO, G.; GUTIÉRREZ MOLINA, J. L.; MARTÍNEZ MACÍAS, L.; RÍO SÁNCHEZ, A. del (2004): *El canal de los presos (1940-1962). Trabajos forzados: de la represión política y la explotación económica*, Barcelona, Crítica.

AGUILAR FERNÁNDEZ, Paloma (1996): *Memoria y olvido de la guerra civil española*, Madrid, Alianza.

AGUILAR FERNÁNDEZ, Paloma (2001): *Justicia, política y memoria: los legados del franquismo en la transición española*, Estudio/Working Paper 163, Madrid, Instituto Juan March de Estudios e Investigaciones.

ALBERT, Mechthild (2004): "Zur Bedeutung der weiblichen Memoria im aktuellen spanischen Roman", en *Hispanorama* n° 104, Nürnberg, Deutscher Spanischlehrerverband, pp. 12-21.

ALBERTI, Rafael (1988): *Obras Completas*, Madrid, Aguilar.

ALBERTI, Rafael (2003/1975/1959): *La arboleda perdida*, Primera Parte, Barcelona, Galaxia Gutenberg.

ALBERTI, Rafael (2003/1978): *La arboleda perdida*, Segunda Parte, Barcelona, Galaxia Gutenberg.

ÁLVAREZ, Santiago (1996): *Historia política y militar de las Brigadas Internacionales*, Madrid, Compañía Literaria.

ALCALDE, Carmen (1976): *La mujer en la guerra civil española*, Madrid, Cambio 16.

ALDECOA, Josefina (1984/1983): *Los niños de la guerra*, Madrid, Anaya.

ALFAYA, Javier (2003): *Crónica de los años perdidos*, Madrid, Temas de Hoy.

ARCE, Juan Carlos (2002): *Los colores de la guerra*, Barcelona, Planeta.

ARELLANO, Ignacio; DUARTE, J. Enrique (2003): *El auto sacramental*, Madrid, Ediciones del Laberinto.

AREND, Hannah (2005/1964/1963): *Eichmann en Jerusalén*, Barcelona, Debolsillo.

ARÓSTEGUI, Julio (1988): *Historia y memoria de la guerra civil*, Tomos I, II y III, Valladolid, Junta de Castilla y León.

ASSMANN, Jan (1988): "Kollektives Gedächtnis und Kulturelle Identität", en Assmann, Jan; Hölscher, Tonio (eds.), *Kultur und Gedächtnis*, Frankfurt am Main, Suhrkamp, pp. 9-19.

ASSMANN, Jan (1992): *Das kulturelle Gedächtnis*, München, C. H. Beck.

AUERBACH, Erich (1967): *Gesammelte Aufsätze zur romanischen Philologie*, Bern, A. Francke AG.

AZAÑA, Manuel (18/07/1938): "Discurso pronunciado por S. E. el Presidente de la República", en *The View from the Left*, I y II, 1975, Nendeln, Klaus Reprint.

BACHTIN, Michael (1996/1990/1969): *Literatur und Karneval. Zur Romantheorie und Lachkultur*, Franfurt am Main, Fischer Taschenbuch Verlag.

BAHAMONDE MAGRO, Ángel; CERVERA GIL, Javier (2000): *Así terminó la guerra de España*, 2ª ed., Madrid, Marcial Pons.

BANNASCH, Betinna; HOLM, Chistiane (eds.) (2005): *Erinnern und Erzählen. Der Spanische Bürgerkrieg in der deutschen und spanischen Literatur und in den Bildmedien*, Tübingen, Gunter Narr.

BARTHES, Roland (1989/1980): *La cámara lúcida*, Barcelona, Paidós Ibérica.

BATAILLE, Georges (2005/1957): *El erotismo*, Barcelona, Tusquets.

BATAILLON, Marcel (1964): *Varia lección de clásicos españoles*, Madrid, Gredos.

BELTRÁN ALMERÍA, Luis (2000): "Las estéticas de Juan Eduardo Zúñiga", en *Anales de la literatura española contemporánea*, 25: 2, pp. 357-387.

BENET, Juan (1999): *La sombra de la guerra*, Madrid, Santillana.

BENJAMIN, Walter (1974): *Gesammelte Schriften*, ed. de R. Tiedelmann y H. Schweppenhäuser, Frankfurt am Main, Suhrkamp.

BENJAMIN, Walter (1996): *La dialéctica en suspenso. Fragmentos sobre la historia*, Trad. y presentación P. Oyarzún Robles, Santiago de Chile, Lom/Arcis.

BERNECKER, Walther L. (1987/1982): *Colectividades y revolución social. El anarquismo en la guerra civil española, 1936-1939*, Barcelona, Crítica.

BERNECKER, Walther L. (1986): *Der Spanische Bürgerkrieg. Materialen und Quellen.* Frankfurt am Main, Vervuert.

BERNECKER, Walther L. (2005): "Recuperando la memoria histórica: fosas comunes en España. Entrevista con Emilio Silva", en *Iberoamericana* nº 19, pp. 179-188.

BERNECKER, Walther L.; BRINKMANN, Sören (2006): *Kampf der Erinnerungen. Der Spanische Bürgerkrieg in Politik und Gesellschaft (1926-2006)*, Nettersheim, Graswurzelrevolution.

BERTRAND DE MUÑOZ, Maryse (1972/1971): *La guerre civile espagnole et la littérature française*, Montréal, Didier.

BERTRAND DE MUÑOZ, Maryse (1982): *La guerra civil española en la novela. Bibliografía comentada.* 3 Tomos, Madrid, José Porrúa Turanzas.

BERTRAND DE MUÑOZ, Maryse (1993): "Literatura sobre la guerra", en *Suplementos* nº 39, Barcelona, Anthropos.

BERTRAND DE MUÑOZ, Maryse (2001): *Guerra y novela. La guerra española de 1936-1939*, Sevilla, Alfar.

BINNS, Niall (2004): *La llamada de España. Escritores extranjeros en la Guerra Civil*, Madrid, Montesinos.

BLANCO AGUINAGA, Carlos; RODRÍGUEZ PUÉRTOLAS, Julio; ZAVALA, Iris M. (1979): *Historia social de la Literatura española III*, Madrid, Editorial Castalia.

BORGES, Jorge Luis (1995/1979): *Obras completas en colaboración*, Barcelona, Emecé.

BRENAN, Gerald (1962): *El laberinto español*, Paris, Ruedo Ibérico.

BUCKEY, Ramón (1996): *La doble transición. Política y literatura en la España de los años setenta*, Madrid, Siglo XXI.

CALVO SERRALLER, Francisco (1994): *El Greco. El entierro del Conde de Orgaz*, Madrid, Electra.

CARBAJOSA, Mónica; CARBAJOSA, Pablo (2003): *La corte literaria de José Antonio*, Barcelona, Crítica.

CARR, Raymond (1983): *España: de la Restauración a la democracia, 1985-1980*, Barcelona, Ariel.

CASANOVA, Julián (2001): *La Iglesia de Franco*, Madrid, Temas de Hoy.

CASANOVA, Julián (coord.) (2002): *Morir, matar, sobrevivir. La violencia en al dictadura de Franco*, Barcelona, Crítica.

CASO, Ángeles (2001/2000): *Un largo silencio*, Barcelona, Planeta.

CAYUELA, Ricardo (2003): "Entrevista con Jorge Semprún. La memoria como escritura", *Letras Libres*, 5, nº 60, pp. 37-42.

CELA, Camilo José (2001/1951): *La colmena*, Madrid, Espasa-Calpe.

CENARRO, Ángela (2009): *Los niños del Auxilio Social*, Madrid, Espasa-Calpe.

CERCAS, Javier (2002/2001): *Soldados de Salamina*, Barcelona, Tusquets.

CERCAS, Javier; TRUEBA, David (2003): *Diálogos de Salamina. Un paseo por el cine y la literatura*, Barcelona, Tusquets.

CERNUDA, Luis (1977/1973): *Poesía completa*, Barcelona, Barral Editores.

CERVERA, Javier (1998): *Madrid en guerra. La ciudad clandestina, 1936-1939*, Madrid, Alianza.

CHACÓN, Dulce (2002): "Las mujeres que perdieron la guerra", en *El País Semanal* nº 1.353, 1/9/2002, pp. 46-53.

CHACÓN, Dulce (2002): *La voz dormida*, Madrid, Alfaguara.

CHACÓN, Dulce (2003/2000): *Cielos de barro*, Barcelona, Planeta.

CONTINI, R.; PAPI, G. (dir.) (1991): *Artemisia*, Catálogo exposición 18 giugno-4 novembre 1991, Firenza/Roma, Casa Buonarroti/Leonardo De Luca.

CRESPO, Mariano (2003): "Entrevista a Dulce Chacón", en *Revista Tribuna de la Administración Pública*, en <http://www.mujeractual.com/entrevistas/chacon/index3.html>.

CUEVAS, Tomasa (1985): *Cárcel de mujeres (1939-1945)*. Tomos I y II, Barcelona, Sirocco.

CUEVAS, Tomasa (1986): *Mujeres de la resistencia*, Barcelona, Sirocco.

DEVILLARD, Marie José; PAZOS, Álvaro; CASTILLO, Susana; MEDINA, Nuria (2001): *Los niños españoles en la URSS (1937-1977): narración y memoria*, Barcelona, Ariel.

DOMÍNGUEZ, José Antonio (18/03/2003): "Entrevista con Dulce Chacón", en <http://www.izquierda-unida.es/iualdia/2003/marzo/18/dulcechacon.htm> (14/11/2005).

DOÑA, Juana (1978): *La noche y la niebla*, Madrid, De la Torre.

ELORDI, Carlos (ed.) (2003/2002): *Los años difíciles*, Madrid, Santillana.

ESCUDERO ANDÚJAR, Fuensanta (2002/2000): *Lo cuentan como lo han vivido*, Murcia, Universidad de Murcia.

ESTEBAN, José; LLUSIA, Manuel (coords.) (1999): *Literatura en la guerra civil. Madrid, 1936-1939*, Madrid, Talasa.

FALCÓN, Lidia (1979): *Los hijos de los vencidos (1939-1949)*, Barcelona, Pomaire.

FALOMIR, Miguel (ed.) (2003): *Tiziano*, Catálogo de la exposición, 10 de junio-7 de setiembre, Madrid, Museo Nacional del Prado.

FAULKNER, William (2000/1936): *¡Absalón, Absalón!*, Cátedra, Madrid.

FERNÁNDEZ FERREIRO, Xosé (2001/1991): *Agosto del 36*, Madrid, Alianza.

FERRERO, Jesús (2003): *Las trece rosas*, Madrid, Siruela.

FONSECA, Carlos (2004): *Trece rosas rojas*, Madrid, Temas de Hoy.

FONT I AGULLÓ, J. (2004): "¿Está de nuevo la historia en pañales? Consideraciones a propósito de una lectura crítica a la novela de Salamina", en *Historia del Presente*, nº 3, pp. 169-183.

FOUCAULT, Michel (2005/1975): *Vigilar y castigar. Nacimiento de la prisión*, Madrid, Siglo XXI.

FRASER, Ronald (1979): *Recuérdalo tú y recuérdalo a otros. Historia oral de la guerra civil española, I y II*. Barcelona, Crítica.

FRIEDRICH, Ernst (2004/1924): *Krieg dem Krieg*, München, Deutsche Verlags-Anstalt.

FUERTES, Gloria (2002): *Garra de la guerra*, Valencia, Media Vaca.

FUSI, Juan Pablo (1999): *Un siglo de España. La cultura*, Madrid, Marcial Pons.

García Blanco-Cicerón (1985): "Las trece rosas", en *Historia 16*, nº 106, febrero de 1985, pp. 11-29.

García de la Concha, Víctor (1980): *Historia y crítica de la literatura española. Época contemporánea: 1914-1939*, Tomo 7 (Francisco Rico, dir.), Barcelona, Crítica.

García de la Concha, Víctor (1992): *La poesía española de 1935 a 1975*, Tomos I y II, Madrid, Cátedra.

García Jambrina, Luis (2004): "De la novela al cine: *Soldados de Salamina* o 'el arte de la traición'", en *Ínsula* nº 688, pp. 30-32.

García Jambrina, Luis (2004): "La recuperación de la memoria histórica en tres novelas españolas", en *Revista Iberoamericana*, nº 15, pp. 143-154.

García Sánchez, Jesús (2006): *Capital de la gloria. Poemas de la defensa de Madrid, Antología*, Madrid, Visor.

Garrard, Mary D. (1989): *Artemisia Gentileschi. The image of the female hero in Italian Baroque art*, Princenton, New Jersey, Princenton University Press.

Garrard, Mary D. (2001): *Artemisia Gentileschi around 1622. The Shaping and Reshaping of an Artistic Identity*, Berkeley, University of California Press.

Genette, Gérald (1972): *Figures III*, Paris, Editions du Seuil.

Genette, Gérald (1979): *Fiction et Diction*, Paris, Editions du Seuil.

Gómez López-Quiñones, Antonio (2006): *La guerra persistente. Memoria, violencia y utopía: representaciones contemporáneas de la Guerra Civil española*, Madrid/Frankfurt am Main, Iberoamericana/Vervuert.

González Duro, Enrique (2003): *El miedo en la posguerra*, Madrid, Oberón.

Görling, Reinhold (1986): *"Dinamita cerebral". Politischer Prozeß und ästhetische Praxis im Spanischen Bürgerkrieg (1936-1939)*, Frankfurt am Main, Vervuert.

Görling, Reinhold (1995): "El anarquismo como cultura proletaria: acercamiento al proceso de conservación de una cultura popular", en Hofmann, Bert; Joan i Tous; Tietz, Manfred (eds.): *El anarquismo español y sus tradiciones culturales*, Frankfurt am Main, Vervuert, pp. 139-150.

Görling, Reinhold (2000): "Yo lo vi, -Trauma und Übertragung", en Borsò, Vittoria; Goldammer, Björn (eds.), *Moderne(n) der Jahrhundertwende(n) Spuren der Moderne(n), in Kunst, Literatur und Philosophie auf dem Weg ins 21. Jahrhundert*, Baden-Baden, Nomos, pp. 111-127.

Goytisolo, Juan (2001): *Paisajes de guerra. Sarajevo. Argelia. Palestina. Chechenia*, Madrid, Aguilar.

Gracia, Jordi (1996): *Estado y cultura. El despertar de una conciencia crítica bajo el franquismo (1940-1962)*, Toulouse, Presses Universitaires de Mirail.

Gracia, Jordi (2000): *Historia y crítica de la literatura española. Los nuevos nombres: 1975-2000*, Tomo 9/1 (Francisco Rico, dir.), Barcelona, Crítica.

Gracia, Jordi (2001): *Hijos de la razón. Contraluces de la libertad en las letras españolas de la democracia*, Barcelona, Edhasa.

GRACIA, Jordi (2004): *La resistencia silenciosa. (Fascismo y cultura en España)*, Barcelona, Anagrama.

GRACIA, Jordi; RUIZ CARNICER, Miguel Ángel (2004): *La España de Franco (1939-1975). Cultura y vida cotidiana*, Madrid, Síntesis.

GUMBRECHT, Hans Ulrich (1990): *Eine Geschichte der spanischen Literatur*, Frankfurt am Main, Suhrkamp.

HALBWACHS, Maurice (1994/1925): *Les cadres sociaux de la mémoire*, Paris, Albin Michel.

HALBWACHS, Maurice (1997/1968): *La memoire collective*, Paris, Albin Michel.

HEMINGWAY, Ernest (2002/1962): *Por quién doblan las campanas*, Barcelona, Planeta.

HERNÁNDEZ, Miguel (1978/1977): *Poemas sociales de guerra y de muerte*, Madrid, Alianza.

HERÓDOTO (1996): *Historia*, Barcelona, Círculo de Lectores.

HOFMANN, Werner (eds.) (1980): *Goya. Das Zeitalter der Revolutionen 1789-1830*, Hamburger Kunsthalle 17. Oktober 1980 bis 4. Januar 1981, München, Prestel-Verlag und Hamburger Kunsthalle.

HUETE MACHADO, Lola (2005): "La corta vida de trece rosas", en *El País Semanal*, nº 1524, domingo 11 de diciembre, pp. 23-27.

HUGHES, Robert (2004/2003): *Goya*, Barcelona, Círculo de Lectores.

JACKSON, Gabriel (1967): *La República española y la Guerra Civil. 1931-1939*, México, Grijalbo.

JIMÉNEZ MILLÁN, Antonio (1984): *La poesía de Rafael Alberti (1930-1939)*, Jerez de la Frontera, Diputación Provincial de Cádiz.

JULIÁ, Santos (1999): *Un siglo de España. Política y sociedad*, Madrid, Marcial Pons.

JULIÁ, Santos (2003): "Echar al olvido", en *Claves de razón práctica*, nº 129, pp. 14-25.

JULIÁ, Santos (2004): *Historias de las dos Españas*, Madrid, Taurus.

JULIÁ, Santos (coord.) (1999): *Víctimas de la guerra*, Madrid, Temas de Hoy.

JULIÁ, Santos (dir.) (2006): *Memoria de la guerra y del franquismo*, Madrid, Taurus.

JULIÁ, Santos; PRADERA, Javier; PRIETO, Joaquín (coords.) (1996): *Memoria de la transición*, Madrid, Taurus.

KASTEN, Friedrich W. (ed.) (1987): *Totentanz. Kontinuität und Wandel eines Bildthemas vom Mittelalter bis Heute*, s.l., Bauchladen Verlag.

KAYSER, Wolfgang (1960): *Das Groteske in Malerei und Dichtung*, Oldenburg, Rowohlt.

KERTÉSZ, Imre (2002/1998): *Un instante de silencio en el paredón. El Holocausto como cultura*, Barcelona, Herder.

KRISTEVA, Julia (1998): *Visions capitales*, Paris, Réunion des Musées Nationaux.

LAFUENTE, Isaías (1999): *Tiempos de hambre*, Madrid, Temas de Hoy.

LAFUENTE, Isaías (2002): *Esclavos por la patria. La explotación de los presos bajo el franquismo*, Madrid, Temas de Hoy.

LAÍN ENTRALGO, Pedro (1949): *España como problema*, Madrid, Escelicer.

LÁZARO CARRETER, Fernando (1970): *Teatro medieval*, Madrid, Castalia.

LINK, Jürgen; LINK-HEER, Ursula (1980): *Literatursoziologisches Propädeutikum*, München, Wilhelm Fink Verlag.

LINK, Jürgen; LINK-HEER, Ursula (2002): "Karwoche oder Karneval? Auerbach und Bachtin über literarische Realistik", en Helmich, W.; Meter, H.; Poier-Bernhard, A. (eds.): *Poetologische Umbrüche*, München, Fink.

LINK-HEER, Ursula (1993): "Versuch über das Makabre. Bilder vor und nach Auschwitz", en Köppen, Manuel (ed.): *Kunst und Literatur nach Auschwitz*, Berlin, Erich Schmidt.

LIZCANO, Pablo (1981): *La generación del 56. La Universidad contra Franco*, Barcelona, Grijalbo.

LÓPEZ MONDÉJAR, Plubio (2003): *Alfonso*, Sala de Exposiciones de Santo Domingo, 4 de diciembre 2003-11 de enero 2004, Barcelona, Lungwerg.

LUENGO, Ana (2004): *La encrucijada de la memoria*, Berlin, Edition Tranvía.

MAAßEN, Hanns (Ausgewählt und eingeleitet) (1976/1974): *Brigada Internacional*, Band I, Frankfurt am Main, Röderberg-Verlag.

MACHADO, Antonio (1975/1937): *Madrid. Baluarte de nuestra Guerra de Independencia, 7/XI/1936-7/XI/1937*, Madrid, Servicio Español de Información.

MAINER, José-Carlos (1971): *Falange y literatura*, Barcelona, Labor.

MAINER, José-Carlos (1980): *Historia y crítica de la literatura española. Modernismo y 98*, Tomo 6 (Francisco Rico, dir.), Barcelona, Crítica.

MAINER, José-Carlos (2002): *El aprendizaje de la libertad 1973-1986*, Madrid, Alianza.

MALRAUX, André (2001/1937): *L'espoir. Sierra de Teruel*, Barcelona, Edhasa.

MANNHEIM, Karl (1964/1928): *Wissenssoziologie*, ed. Kurt H. Wolf, Berlin, Hermann Luchterhand Verlag.

MARAVALL, José María (1978): *Dictadura y disentimiento político. Obreros y estudiantes bajo el franquismo*, Madrid, Alfaguara.

MARÍAS, Julián (1985): *España inteligible*, Madrid, Alianza.

MARÍAS, Julián (1998): *Generaciones y constelaciones*, Madrid, Alianza.

MARÍN SILVESTRE, Dolors (2002): *Clandestinos. El maquis contra el franquismo, 1934-1975*, Barcelona, Plaza & Janés.

MARRA LÓPEZ, José R. (1963): *Narrativa Española fuera de España*, Madrid, Guadarrama.

MARRAST, Robert (1978): *El teatre durant la guerra civil espanyola*, Barcelona, Institut del Teatre.

MARTÍ, Octavi: "Simone Veil. Una mujer luchadora", *El País Semanal*, nº 1.514, domingo 2 de octubre de 2005, pp. 17-19.

MARTÍN CASAS, Julio; CARVAJAL URQUIJO, Pedro (2002): *El exilio español (1936-1939)*, Barcelona, Planeta.

MARTÍN GAITE, Carmen (2000/1978): *Usos amorosos de la posguerra*, Barcelona, Anagrama.

MARTÍNEZ DE PISÓN, Ignacio (2005): *Enterrar a los muertos*, Barcelona, Círculo de Lectores.

MARTÍNEZ MARTÍN, Alejo (1993) y (1996): *Madrid en la Poesía*, Tomo I y II, Madrid, Comunidad de Madrid.

MARTÍN-SANTOS, Luis (1999/1980/1961): *Tiempo de silencio*, Barcelona, Seix Barral.

MATE, Reyes (1991): *La razón de los vencidos*, Barcelona, Anthropos.

MATE, Reyes (2003): *Memoria de Auschwitz. Actualidad moral y política*, Madrid, Trotta.

MATE, Reyes (2003): *Por los campos de exterminio*, Barcelona, Anthropos.

MATE, Reyes (2006): *Medianoche en la historia. Comentarios a las tesis de Walter Benjamin "Sobre el concepto de historia"*, Madrid, Trotta.

MENÉNDEZ PIDAL, Ramón (1982/1947): *Historia de España*, Tomo I. Madrid, Espasa-Calpe.

MESA, Roberto (ed.) (1982): *Jaraneros y alborotadores. (Documentos sobre los sucesos estudiantiles de febrero de 1956 en la Universidad Complutense de Madrid)*, Madrid, Universidad Complutense.

MIRALLES, Ricardo (2003): *Juan Negrín*, Madrid, Temas de Hoy.

MOA, Pío (2003): *Los mitos de la Guerra Civil*, Madrid, La Esfera de los Libros.

MOLERO DE LA IGLESIA, Alicia (2000): *La autoficción en España*, Bern, Peter Lang.

MOLINERO, C.; SALA, M; SOBREQUÉS, J. (eds.) (2003): *Una inmensa prisión. Los campos de concentración y la prisiones durante la guerra civil y el franquismo*, Barcelona, Crítica.

MONLEÓN, José (1979): *El Mono Azul*, Madrid, Ayuso.

MORADIELLOS GARCÍA, Enrique (1997): "Las Brigadas Internacionales de la Guerra de España", en *Claves de Razón Práctica*, nº 69, pp. 69-72.

MORÁN, Gregorio (1986): *Miseria y grandeza del Partido Comunista de España 1936-1985*, Barcelona, Planeta.

MORÁN, Gregorio (1995): *El precio de la transición*, Barcelona, Planeta.

MORENO GÓMEZ, Francisco (2001): *La resistencia armada contra Franco. Tragedia del maquis y la guerrilla*, Barcelona, Crítica.

MORODO, Raúl (1985): *La transición política*, Madrid, Tecnos.

MUNDI, Francisco (1987): *El teatro de la guerra civil*, Barcelona, Promociones y Publicaciones Universitarias.

MUÑOZ MOLINA, Antonio (2002/1991): *El jinete polaco*, Barcelona, Planeta.

NASH, Mary (1999): *Rojas. Las mujeres republicanas en la guerra civil*, Madrid, Taurus.

NAVAJAS, Gonzalo (1996): *Más allá de la posmodernidad*, Barcelona, EUB.

NAVAJAS, Gonzalo (2002): *La narrativa española en la era global*, Barcelona, EUB.

NEUSCHÄFER, Hans Jörg (1991): *Macht und Ohnmacht der Zensur: Literatur, Theater und Film in Spanien (1933-1976)*, Stuttgart, Metzler.

NEUSCHÄFER, Hans Jörg (2002): "Noch einmal zur 'Vergangenheitsbewältigung': Carlos Saura und Javier Cercas", en *Tranvía*, Heft 66, pp. 23-26.

NEUSCHÄFER, Hans Jörg (2002): "Vergangenheitsbewältigung à la española: Über die Konjunktur der neuen Memorialistik und die Problematik ihrer Bewertung", en *Tranvía*, Heft 64, pp. 28-32.

NORA, Pierre (dir.) (1984): *Les lieux de mémoire. I La République*, Paris, Gallimard.

NÚÑEZ DÍAZ-BALART, Mirta (2003): *Mujeres caídas*, Madrid, Oberón.

NÚÑEZ DÍAZ-BALART, Mirta; ROJAS FRIEND, Antonio (1997): *Consejo de guerra. Los fusilamientos en el Madrid de la posguerra. (1939-1945)*, Madrid, Literaria.

ORTEGA Y GASSET, José (1965): *En torno a Galileo*, Madrid, Espasa-Calpe.

ORWELL, George (1938/2003): *Homenaje a Cataluña*, Barcelona, Virus.

PALOMO, M. del Pilar (ed.) (1997): *Movimientos literarios y periodismo en España*, Madrid, Síntesis.

PANADÉS GUERRERO, Marta (2005): "Dulce Chacón: La voz dormida", en Bannasch, Bettina; Holm, Christiane (eds.): *Erinnern und Erzählen. Der Spanische Bürgerkrieg in der deutschen und spanischen Literatur und in den Bildmedien*, Tübingen, Gunter Narr, pp. 563-574.

PARKER, Alexander A. (1983/1943): *Los autos sacramentales de Calderón de la Barca*, Barcelona, Ariel.

PAYNE, Stanley G. (1965): *Falange. Historia del fascismo español*, Paris, Ruedo Ibérico.

PINILLA DE LAS HERAS, Esteban (1989): *En menos de la libertad. (Dimensiones políticas del grupo Laye en Barcelona y en España)*, Barcelona, Anthropos.

PONCE DE LEÓN, José Luis S. (1971): *La novela española de la Guerra Civil (1936-1939)*, Madrid, Ínsula.

PRADO, Benjamín (2007/2006): *Mala gente que camina*, Madrid, Alfaguara.

PREGO, Victoria (1995): *Así se hizo la transición*, Barcelona, Plaza & Janés.

PREGO, Victoria (2003): *Diccionario de la Transición*, Barcelona, Mondadori.

PRESTON, Paul (2001): *Palomas de guerra*, Barcelona, Plaza y Janés.

PRESTON, Paul (2004): *La Guerra Civil española*, Barcelona, Debolsillo.

RAMOS ORTEGA, Manuel; Jurado Morales, José (coords.) (2003): *Rafael Alberti libro a libro. El poeta en su centenario. (1902-2002)*, Cádiz, Universidad de Cádiz.

REIG TAPIA, Alberto (1999): *Memoria de la Guerra Civil. Los mitos de la tribu*, Madrid, Alianza.

Rembrandt-Caravaggio (2006). Katalog zur Ausstellung im Van Gogh Museum (24. Februar bis 18. Juni 2006) in Zusammenarbeit mit dem Rijksmuseum in Amsterdam. Waanders Vitgevers b.v. Zwolle.

REQUENA GALLEGO, Manuel; SEPÚLVEDA LOSA, Rosa M. (coords.) (2003): *Las Brigadas Internacionales: el contexto internacional, medios de propaganda, literatura y memorias*, Cuenca, Universidad de Castilla-La Mancha.

REVERTE, Jorge M.; THOMÁS, Socorro (2001): *Hijos de la guerra. Testimonios y recuerdos*, Madrid, Temas de Hoy.

RICHARDS, Michael (1999/1998): *Un tiempo de silencio*, Barcelona, Crítica.

RIVAS, Manuel (2002/1998): *El lápiz del carpintero*, Madrid, Santillana.

RIVAS, Manuel (2000/1998/1995): *¿Qué me quieres, amor?*, Madrid, Alfaguara.

RODRIGO, Javier (2003): *Los campos de concentración franquistas. Entre la historia y la memoria*, Madrid, Siete Mares.

ROMEU ALFARO, Fernanda (1994): *El silencio roto. Mujeres contra el franquismo*, Oviedo, Summa.

RUIZ CARNICER, Miguel A. (1996): *El Sindicato Español Universitario (SEU), 1939-1965*, Madrid, Siglo XXI.

SALAS LARRAZÁBAL, Jesús María (1998): *Guerra Aérea. 1936-1939. La batalla aérea por Madrid*, Tomo I, Madrid, Gráficas Cristal.

SALAÜN, Serge (1985): *La poesía de la guerra de España*, Madrid, Castalia.

SALAÜN, Serge (comp.) (1971): *Romancero libertario*, Barcelona, Ruedo Ibérico.

SALAÜN, Serge (comp.) (1982): *Romancero de la defensa de Madrid*, Barcelona, Ruedo Ibérico.

SÁNCHEZ CUENCA, Ignacio (2003): "Comunistas y héroes. ¿Por qué emociona *Soldados de Salamina*?", en *Claves de la Razón Práctica*, nº 138, pp. 73-78.

SÁNCHEZ MAZAS, Miguel (1976): "Febrero de 1956. El primer desafío al régimen", en *Cuadernos para el diálogo*.

SÁNCHEZ, Clemente (2003): *En las cárceles de Franco*, Madrid, Oberón.

SANZ VILLANUEVA, Santos (1984): *Historia de la literatura española. Literatura actual*, 6/2, Barcelona, Ariel.

SARTORIUS, Nicolás; Alfaya, Javier (1999): *La memoria insumisa. Sobre la dictadura de Franco*, Madrid, Espasa-Calpe.

SATORRÁS PONS, Alicia: (2003): "*Soldados de Salamina* de Javier Cercas, reflexiones sobre héroes", en *Revista Hispánica Moderna*, nº 56, 1, pp. 227-246.

SCHABER, Irme (1994): *Gerta Taro. Fotoreporterin im spanischen Bürgerkrieg. Eine Biografie*, Marburg, Jonas Verlag.

SEIDMAN Michael (2003/2002): *A ras del suelo. Historia social de la República durante la guerra civil*, Madrid, Alianza.

SEMPRÚN, Jorge (1977): *Autobiografía de Federico Sánchez*, Barcelona, Planeta.

SEMPRÚN, Jorge (1978/1969): *La segunda muerte de Ramón Mercader*, Barcelona, Planeta.

SEMPRÚN, Jorge (1982/1981): *La algarabía*, Barcelona, Plaza y Janés.

SEMPRÚN, Jorge (1988/1987): *Netchaiev ha vuelto*, Barcelona, Tusquets.

SEMPRÚN, Jorge (1994): Jorge Semprún: *Ansprachen aus Anlaß der Verleihung*, Frankfurt am Main, Verlag der Buchhändler-Vereinigung.

SEMPRÚN, Jorge (1996/1993): *Federico Sánchez se despide de ustedes*, Barcelona, Tusquets.

SEMPRÚN, Jorge (1998): *Adiós, luz de veranos...*, Barcelona, Tusquets.

SEMPRÚN, Jorge (2001): *Viviré con su nombre, morirá con el mío*, Barcelona, Círculo de Lectores.

SEMPRÚN, Jorge (2002/1995): *La escritura o la vida*, Barcelona, Tusquets.

SEMPRÚN, Jorge (2003): *Veinte años y un día*, Barcelona, Tusquets.

SEMPRÚN, Jorge (2004/1963): *El largo viaje*, Barcelona, Tusquets.

SEMPRÚN, Jorge (2005): "El Holocausto", en *El País Semanal*, nº 1478.

SEMPRÚN, Jorge; WIESEL, Elie (1997/1995): *Schweigen ist unmöglich*, Frankfurt am Main, Suhrkamp.

SENABRE, Ricardo (1977): *La poesía de Rafael Alberti*, Salamanca, Gráficas Europa.

SERRANO, Carlos (selección y presentación) (1987): *Robert Capa. Cuadernos de guerra en España (1936-1939)*, Valencia, Diputación Provincial de Valencia.

SERRANO, Rodolfo; SERRANO, Daniel (2002): *Toda España era una cárcel. Memoria de los presos del franquismo*, Madrid, Ediciones El País.

SERRANO, Secundino (2002): *Maquis. Historia de la guerrilla antifranquista*, Madrid, Temas de Hoy.

SILVA, E.; ESTEBAN, A.; CASTÁN, J.; SALVADOR, P. (coords.) (2004): *La memoria de los olvidados. Un debate sobre el silencio de la represión franquista*, Valladolid, Ámbito.

SILVA, Emilio; MACÍAS, Santiago (2003): *Las fosas de Franco. Los republicanos que el dictador dejó en las cunetas*, Madrid, Temas de Hoy.

SOLÉ I SABATÉ, Josep Maria; VILLARROYA, Joan (2003): *España en llamas. La guerra civil desde el aire*, Madrid, Ediciones Temas de Hoy.

SOLER, Antonio (2000/1999): *El nombre que ahora digo*, Barcelona, Debolsillo.

SONTAG, Susan (1978/1977): *Über Fotografie*, München, Carl Hanser Verlag.

SONTAG, Susan (2003): *Ante el dolor de los demás*, Barcelona, Círculo de Lectores.

STOLZENWALD, Susanna (1991): *Artemisia Gentileschi. Bildung und Befreiung in Leben und Werk einer Malerin*, Stuttgart, Belser Verlag.

THOMAS, Hugh (1995/1976): *La guerra civil española*, Tomos I y II, Barcelona, Mondadori.

TODOROV, Tzvetan (2002): *Memoria del mal, tentación del bien. Indagación sobre el siglo XX*, Barcelona, Península.

TORBADO, José; LEGUINECHE, Manuel (1977): *Los topos*, Barcelona, Círculo de Lectores.

TORRES, Rafael (2003/2000): *Los esclavos de Franco*, Madrid, Oberón.

TRAPIELLO, Andrés (2001): *La noche de los cuatro caminos*, Barcelona, Círculo de Lectores.

TRAPIELLO, Andrés (2002/1994): *Las armas y las letras. Literatura y guerra civil (1936-1939)*, Madrid, Península.

TUÑÓN DE LARA, Manuel (dir.) (1980): *Historia de España. España bajo la dictadura franquista (1939-1975)*, Tomos IX y X, Labor, Barcelona.

TUÑÓN DE LARA, Manuel; ARÓSTEGUI, Julio; VIÑAS, Ángel; CARDONA, Gabriel; BRICALL, Josep M. (1985): *La guerra civil española: 50 años después*, Barcelona, Labor.

TUSELL, Javier (2003, 1996): *Vivir en guerra. Historia ilustrada* 1936-1939. Madrid. Sílex.

TUSELL, Javier (1990): *Manual de Historia de España. Siglo XX*, Tomo 6, Madrid, Temas de Hoy.

TUSELL, Javier (1997): "La transición española. La recuperación de las libertades", en *Historia de España 30*, Madrid, Temas de Hoy.

TUSELL, J.; GARCÍA G.; SOLÉ I SABATÉ, J. A. Biescas; FERNÁNDEZ, Eloy; ALTED, A.; ABELLÁ, R. VILLARROYA, J. (1986): "La guerra civil. Vencedores y vencidos", en *Historia 16*, nº 24.

UPPENKAMP, Bettina (2004): *Judith und Holofernes in der italienischen Malerei des Barock*, Berlin, Dietrich Reimer.

VARGAS LLOSA, Mario (2001): "El sueño de los héroes", en *El País*, 3/9/2001.

VÁZQUEZ MONTALBÁN, Manuel (1986): *Crónica sentimental de España*, Madrid, Espasa-Calpe.

VÁZQUEZ MONTALBÁN, Manuel (1985): *Crónica sentimental de la transición*, Barcelona, Planeta.

VÁZQUEZ MONTALBÁN, Manuel (1998): *La literatura en la construcción de la ciudad democrática*, Barcelona, Mondadori.

VÁZQUEZ MONTALBÁN, Manuel (2000): *Cancionero general del franquismo 1939-1975*, Barcelona, Crítica.

VELÁZQUEZ JORDÁN, Santiago (2002): "Dulce Chacón: La reconciliación real de la guerra civil aún no ha llegado", en *Espéculo*, nº 22, <http://www.ucm.es/info/especulo/numero22/dchacon.html> (02/09/2005).

VICENTE HERNANDO, César de (ed.) (1992 y 1994): *Poesía de la Guerra Civil española 1936-1939*, 2 Tomos, Madrid, Akal.

VILAR, Pierre (1984/1963): *Historia de España*, Barcelona, Crítica.

VILAR, Pierre (1986): *La guerra civil española*, Barcelona, Crítica.

VINYES, Ricard (2002): *Irredentas. Las presas políticas y sus hijos en las cárceles de Franco*, Madrid, Temas de Hoy.

VINYES, Ricard; ARMENGOU, Montse; BELIS, Ricard (2002): *Los niños perdidos del franquismo*, Barcelona, Plaza & Janés.

WACHENFELD, Christa (ed.) (1992): *Die Vergewaltigung der Artemisia. Der Prozess. Mit einem Essay von Roland Barthes*, Freiburg, Kore.

WARDROPPER, Bruce W. (1967): *Introducción al Teatro Religioso del Siglo de Oro. Evolución del Auto Sacramental antes de Calderón*, Salamanca, Anaya.

YNDURÁIN, Domingo (1980): *Historia y crítica de la literatura española. Época contemporánea: 1939-1980*, Tomo 8 (Francisco Rico, dir.), Barcelona, Crítica.

YUSIMOTO DEL VALLE, Carlos (2003): "*Soldados de Salamina*: Indagaciones sobre un héroe moderno", en *Espéculo. Revista de estudios literarios*, nº 23, Universidad Complutense de Madrid.

ZAMORA VICENTE, Alonso (1974): *La realidad esperpéntica*, Madrid, Gredos.

ZÁVALA, José María (2003): *Los horrores de la Guerra Civil*, Barcelona, Plaza & Janés.

ZIOMEK, Henryk (1983): *Lo grotesco en la literatura española del Siglo de Oro*, Madrid, Alcalá.

ZÚÑIGA, Juan Eduardo (1980/2003): *Largo noviembre en Madrid*, Madrid, Alfaguara.

ZÚÑIGA, Juan Eduardo (1989/2003): *La tierra será un paraíso*, Madrid, Alfaguara.

ZÚÑIGA, Juan Eduardo (2003): *Capital de la gloria*, Madrid, Alfaguara.

FILMOGRAFÍA

AMÁN, Carlos (guión y dirección) (1994): *NO-DO. Una Historia Próxima*, RTVE, documental HVS.

ARMENDÁRIZ, Montxo (dir.) (2001): *Silencio roto*, filme DVD, Oria Films.

ARMENGOU, Montse; BELIS, Ricard (2006/2002): "The Spanisch Holocaust", filme DVD 2, en Rossif, Frédéric: *Mourir á Madrid*, Montparnasse.

CAECERO, Carlos; CARNERO, Guillermo (dir.) (2005): *Una inmensa prisión*, documental DVD, número veinticinco, Insularia Producciones.

CAMINO, Jaime, (dir.) (2002): *Los niños de Rusia*, filme DVD, Planeta.

CARVAJAL, Pedro (dir.) (2002): *Exilio. El exilio republicano español. 1939-1978*, documental DVD, Planeta.

CORCUERA, Javier (dir.) (2002): *La guerrilla de la memoria. Recuerdos de los maquis*, documental DVD, Planeta.

CUERDA, José Luis (dir.) (2000): *La lengua de las mariposas*, filme VHS.

GARCÍA BUENO, Lisardo; VIÑAS, Miguel Ángel (2006): "La memoria recuperada", en *Informe Semanal* (dir. Alicia G. Montano), del 16 de diciembre, documental, RTVE.

Jorge Semprún im Gespräch mit Rudolf von Bitter: Zwanzig Jahre und ein Tag, entrevista emitida los días 24 y 26 de agosto de 2006 en la televisión alemana BR-alpha.

La transición española, 7 documentales DVD, producidas por RTVE, de diciembre de 1976 a abril de 1977.

LÓPEZ LINARES, J. L.; RIOYO, Javier (dir.) (2001): *Extranjeros de sí mismos*, documental VHS.

MARTÍN PATINO, Basilio (dir.) (1981): *Canciones para después de una guerra*, filme DVD.

MARTÍN PATINO, Basilio (dir.) (1997): *Caudillo*, filme.

REIXA, Antón (dir.) (2002): *El lápiz del carpintero*, filme DVD, Morena Films, Portozás Visión y Sogecine.

ROSSIF, Frédéric (dir.) (2006/1963): *Mourir à Madrid*, filme DVD 1, Montparnasse.

TRUEBA, David (dir.) (2002): *Soldados de Salamina*, filme DVD, Lolafilms y Fernando Trueba.

Lista de ilustraciones

Página 58:
El Greco, *El entierro del Conde de Orgaz* (1586-1588), Iglesia de Santo Tomé, Toledo

Página 61:
Ernst Friedrich, *Krieg dem Kriege*, 1924

Página: 88:
Fotografía horizontal: Bombardeos de Madrid 1936-1937, Calle de Preciados, 11 (Donación Vaamonde Horcada, Nº F.31.33, IPCE, Ministerio de Cultura)
Fotografía vertical: Bombardeos de Madrid 1936-1937, Puerta del Sol, entrada al metro de Ventas (Donación Vaamonde Horcada, Nº F. 31.62, IPCE, Ministerio de Cultura)

Página 190:
Artemisia Gentileschi, *Judith decapitando a Holofernes*, 1612, Fototeca della Soprintendenza Speciale per il Patrimonio Storico, Artistico, Etnoantropologico e per il Polo Museale della Città di Napoli